In Anne Franks

Haus

Eine bebilderte Reise durch Annes Welt

Mit einem Vorwort von Hans Westra,

Direktor des Anne Frank Hauses

S.FISCHER

»Irgendwann wird dieser schreckliche Krieg doch zu Ende sein, irgendwann werden wir doch wieder Menschen und nicht nur Juden sein! Wir können niemals nur Niederländer oder nur Engländer oder Angehörige welcher Nation auch immer werden, daneben bleiben wir immer Juden und wollen das auch bleiben.«

Anne Frank, 9. April 1944

»Irgendwann wird dieser schreckliche Krieg doch zu Ende sein, irgendwann werden wir doch wieder Menschen und nicht nur Juden sein«, schreibt Anne Frank am 9. April 1944 in ihr Tagebuch. Zu diesem Zeitpunkt sind fast 100.000 der 140.000 jüdischen Bürger der Niederlande in die Konzentrations- und Vernichtungslager abtransportiert worden. Ungefähr 25.000 Juden sind untergetaucht, um diesem Schicksal zu entgehen; 17.000 von ihnen werden den Krieg überleben.

Die Gruppe von acht Untergetauchten, zu der Anne Frank gehörte, wurde am 3. September 1944 verraten und mit dem letzten Zug aus dem niederländischen Lager Westerbork nach Auschwitz gebracht. Wir wissen, dass Anne im März 1945 in Bergen-Belsen gestorben ist. Am 15. April, ein paar Wochen später, wurde das Lager von der englischen Armee befreit. Von den Untergetauchten kehrte nur Otto Frank zurück. Er sorgte für die Veröffentlichung von Annes Tagebuch im Jahr 1947. Mittlerweile ist das Buch in mehr als sechzig Sprachen erschienen.

Anne Franks Tagebuch endet am 1. August 1944. Über ihre schrecklichen Erfahrungen im SD-Gefängnis in Amsterdam und in den Lagern in Westerbork, Auschwitz und Bergen-Belsen hat sie keine Aufzeichnungen hinterlassen. Dennoch ist ihr Tagebuch für viele Leser eine erste Begegnung mit dieser Periode in der Geschichte. Für viele ist Anne Frank das Gesicht der Millionen

Opfer der Shoah geworden. Primo Levi, Schriftsteller und Überlebender von Auschwitz, hat das so formuliert: »Eine Einzelperson wie Anne Frank erweckt mehr Anteilnahme als die Ungezählten, die wie sie gelitten haben, deren Bilder aber im Dunkeln geblieben sind. Vielleicht muss es so sein, müssten oder könnten wir die Leiden aller erleiden, könnten wir nicht leben.«

Anne Franks Tagebuch zu lesen oder die Bühnenfassung anzuschauen, bringt die Realität der Judenverfolgung sehr nah. Das macht es begreiflich, dass so viele Menschen das Versteck sehen wollen, wo Anne ihr Tagebuch schrieb. Im Laufe der Jahre wurden es immer mehr. So entstand die paradoxe Situation, dass Jahr für Jahr Hunderttausende Menschen eine der verborgensten und geheimsten Stätten Amsterdams besuchen wollen.

Das Anne Frank Haus wurde 1960 als kleines Museum eröffnet. Um Besucher empfangen zu können, wurde das Vorderhaus, das ehemalige Firmengebäude, zum Empfangs- und Ausstellungsraum umgebaut. Nur das Hinterhaus wurde im authentischen Zustand belassen. Von 1996 bis 1999 wurde neben den zwei Gebäuden, die bis zu diesem Zeitpunkt zum Museum gehörten, ein Neubau errichtet. Dadurch wurde es möglich, das Vorderhaus des Gebäudes mit dem Unterschlupf wieder in den ursprünglichen Zustand zu versetzen. Dieses Vorderhaus spielte für die Verfolgten eine wichtige Rolle. Wenn das Firmenpersonal nach Hause gegangen war, verließen die Untergetauchten oft ihr Versteck und hielten sich dann in den Betriebs- und Büroräumen auf.

Die Besucher des Hauses Prinsengracht 263 unternehmen eine Reise zurück in jene Zeit. In jedem der Räume vermitteln Zitate aus Anne Franks Tagebuch einen Eindruck davon, was dort während der Zeit des Untertauchens geschah. Die Besucher stoßen auf Spuren der Untergetauchten, aber auch der vier Mitarbeiter Otto Franks, die so viel unternommen haben, um den acht Verfolgten zu helfen.

Dieser Katalog folgt dem Rundgang durch das Anne Frank Haus. Die Zitate und Objekte der Ausstellung finden sich darin wieder, ergänzt um Hintergrundinformationen. Das Hinterhaus wurde nach der Verhaftung am 4. August 1944 von den deutschen Besatzern ausgeräumt. Um dennoch einen Eindruck von den Verhältnissen während der Zeit des Untertauchens zu vermitteln, enthält dieser Katalog Farbfotos von einer vorübergehenden Einrichtung sowohl des Vorder- als auch des Hinterhauses. Die Schwarzweißaufnahmen des Hauses wurden 1954 von der Fotografin Maria Austria angefertigt.

»Wir können niemals nur Niederländer oder nur Engländer oder Angehörige welcher Nation auch immer werden, daneben bleiben wir immer Juden und wollen das auch bleiben«, schrieb Anne am 9. April 1944. Noch immer werden Menschen verfolgt und ermordet, weil sie, wie Anne, »anders« sind und das auch sein wollen. Dadurch erhält ein Besuch des Anne Frank Hauses eine aktuelle Bedeutung.

Hans Westra

Direktor des Anne Frank Hauses

Inhalt

Die Vorgeschichte

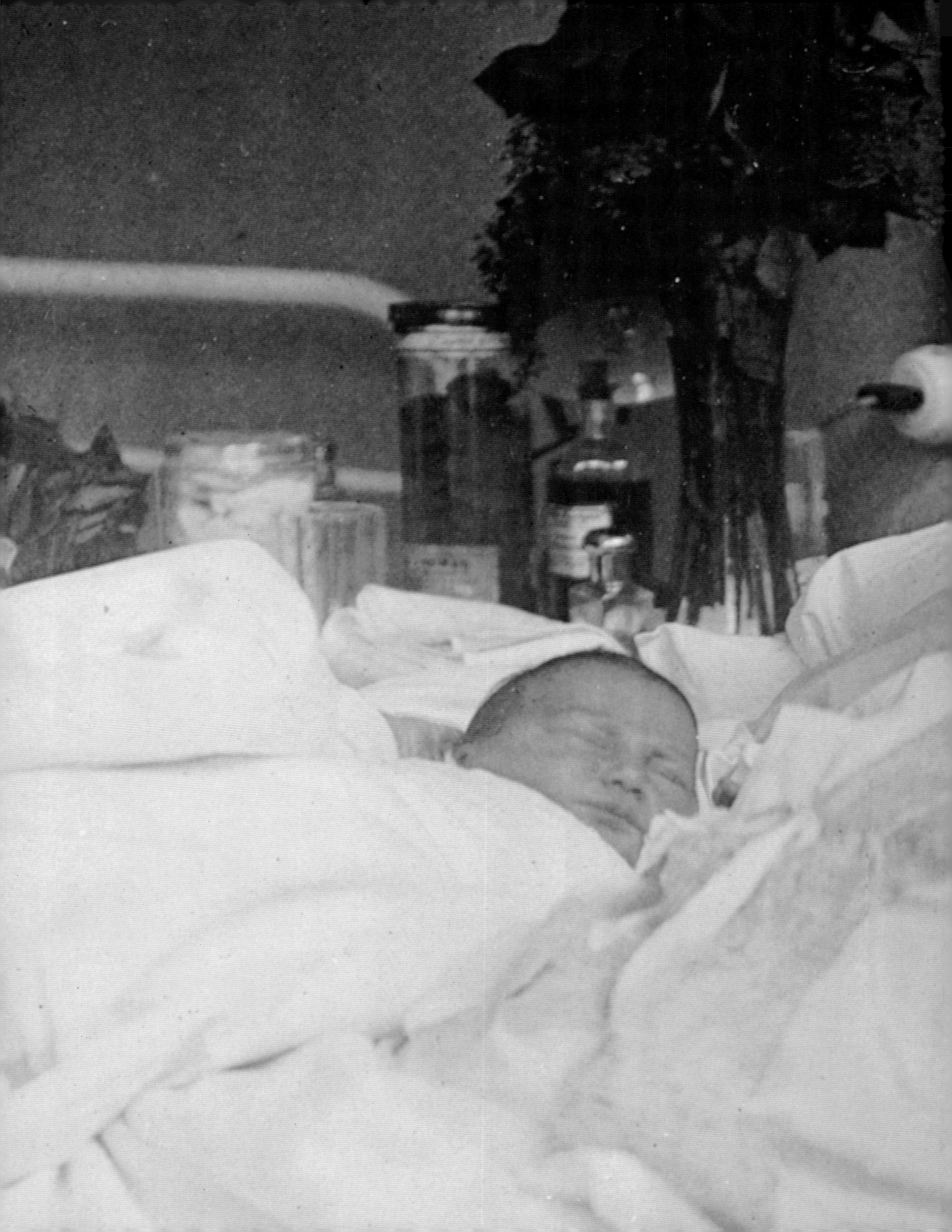

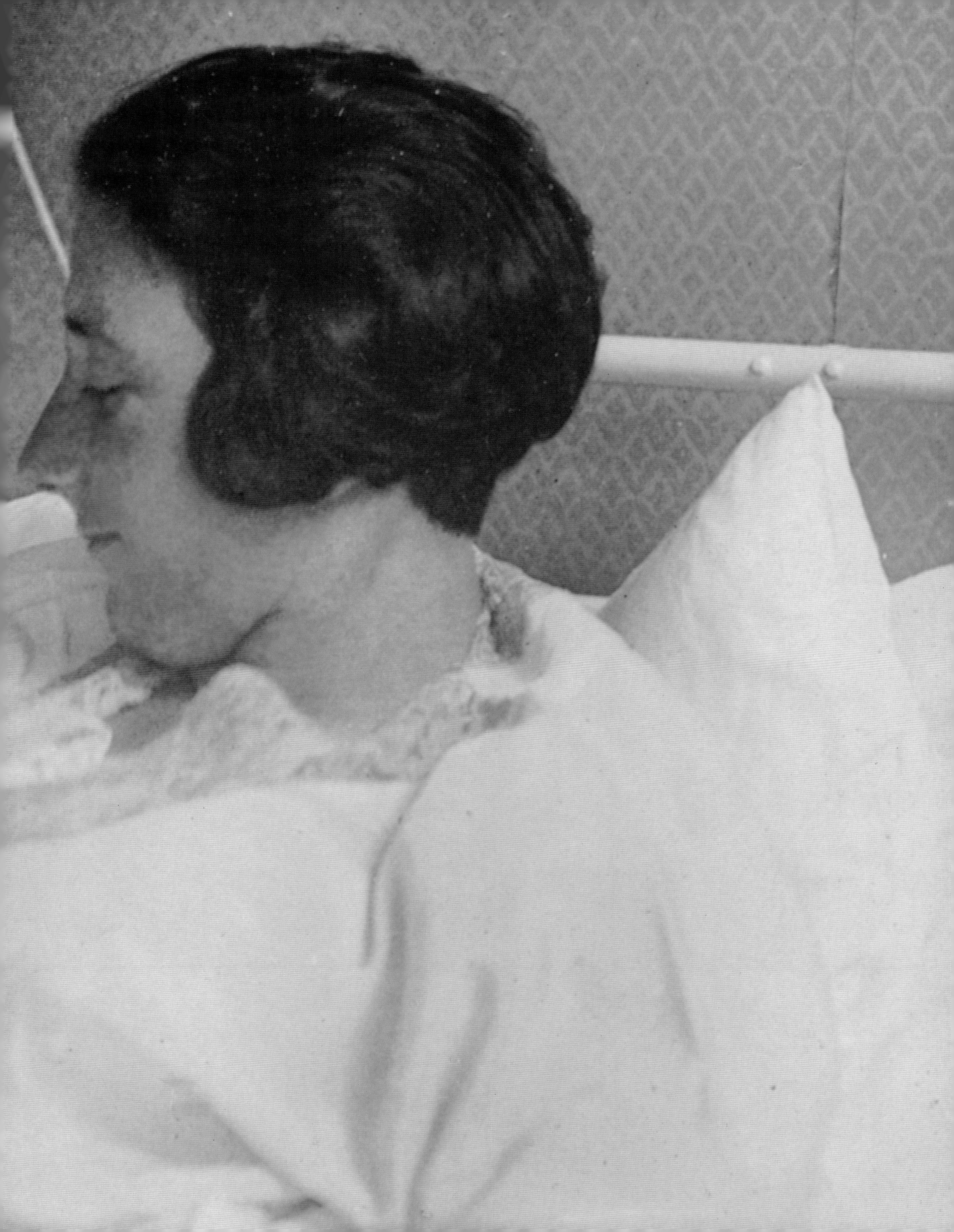

»Mein Vater, der liebste Schatz von einem Vater, den ich je getroffen habe, heiratete erst mit sechsunddreißig Jahren meine Mutter, die damals fünfundzwanzig war. Meine Schwester Margot wurde 1926 geboren, in Frankfurt am Main in Deutschland. Am 12. Juni 1929 folgte ich.« (Anne Frank)

Otto Frank und Edith Holländer heiraten am 12. Mai 1925, an Ottos Geburtstag. Die Trauungszeremonie findet in der Aachener Synagoge statt. Neun Monate später, am 16. Februar 1926, kommt ihre erste Tochter Margot Betti zur Welt. Am 12. Juni 1929 folgt Anne(lies) Marie. Die Franks sind liberale Juden. Annes Eltern fühlen sich der jüdischen Religion verbunden, sind jedoch nicht strenggläubig. Edith besucht regelmäßig die Synagoge. Ediths Vorfahren waren Ende des achtzehnten Jahrhunderts aus den Niederlanden nach Deutschland eingewandert und behielten aus jener Zeit den Namen »Holländer«. Ediths Vater führt ein Handelsunternehmen für industrielle Anlagen, Eisenschrott und Aluminium. Edith wird am 16. Januar 1900 geboren. Sie ist die jüngste von vier Geschwistern. Ihre Brüder Julius und Walter sind zu diesem Zeitpunkt fünf und zwei Jahre alt, ihre Schwester Betti eins. Betti stirbt mit sechzehn an einer Blinddarmentzündung. 1916 macht Edith das Abitur an der »Victoria Schule zu Aachen«, einem privatrechtlichen, evangelischen Lyzeum.

Die Vorfahren von Ottos Mutter leben bereits seit dem siebzehnten Jahrhundert in Frankfurt am Main. Ottos Vater Michael ist Inhaber und Direktor einer Bank sowie Teilhaber einer Firma für Bad Sodener Mineralpastillen. Er und seine Frau Alice bekommen vier Kinder: Robert (*1886), Otto (*1889), Herbert (*1891) und Helene (*1893). Nach dem Gymnasium studiert Otto in Heidelberg Volkswirtschaft, bricht dieses Studium jedoch bald ab. Nach einem Jahr Ausbildung bei einer Bank in Frankfurt geht er für zwei Jahre nach New York und ist dort als Praktikant im Warenhaus Macy's sowie bei einer Bank tätig. 1911 kehrt Otto nach Deutschland zurück und arbeitet in einem Düsseldorfer Industrieunternehmen.

1

2

3

← Anne Frank und ihre Mutter, einen Tag nach der Geburt.
2 Edith Holländer, um 1920.
3 Otto Frank und Edith Frank-Holländer auf Hochzeitsreise in San Remo (Italien), 1925.

Edith Frank-Holländer 1928

»Anne macht viel Unsinn«

Wie bereits für Margot führt Edith auch für Anne ein Babybuch. Während sie bei Margot viele Details festhält, beschränken sich die Eintragungen für ihre zweite Tochter auf Stichwörter. Edith notiert über Annes erste Monate unter anderem Folgendes: »Annelies Marie, geb. 12. Juni 1929 7.30 morgens, 8 1/4 Pf. schwer – 54 cm lang. Am 14. Juni kommen Mutter und Margot das Schwesterchen besuchen. Margot ist ganz begeistert. Am 24. Juni nach Hause. Sechs Wochen schreit sie nachts viel. Am 6. Juli kommen Julius und Walter im Auto her. Anne leidet unter der großen Hitze. Am 14. Juli ein Tränchen. Am 22. Juli mit Papa gelacht. Am 10. August fahren wir mit Anne nach Aachen, unterwegs schreit sie viel, beruhigt sich im Auto, schreit in Aachen weiter. Sie erholt sich zusehends, bekommt bald zwei Flaschen und dann drei täglich. Freut sich, wenn morgens jemand, meist Onkel Julius, zu ihr ins Zimmer kommt und macht viel Unsinn. Am 3. September fahren wir zurück. Anne schläft unterwegs.«

Synagoge und Wochenmarkt in Frankfurt am Main, 1927. Die jüdische Gemeinschaft in Deutschland ist vor allem in großen Städten wie Frankfurt und Berlin konzentriert. 1925 leben etwas mehr als eine halbe Million Juden in Deutschland, weniger als ein Prozent der Bevölkerung.

Eine jüdische Metzgerei in Berlin, 1931. Nach Jahrhunderten der Diskriminierung sind die Juden seit dem Ende des neunzehnten Jahrhunderts auch in Deutschland gleichberechtigt.

Otto Frank 1915

Zuerst die Pferde zu den Besitzern

Otto Frank hat über seine Erfahrungen während des Ersten Weltkriegs später wenig erzählt. Er gehörte zu einem Artillerieregiment. Im November 1917 ist sein Regiment an dem ersten großen Panzerangriff der Geschichte bei Cambrai (Nordfrankreich) beteiligt. Ein Jahr später wird Waffenstillstand geschlossen. Otto Frank erlebt den Krieg als »verzehrend«. Nur die Vergangenheit, schreibt er an seine Mutter, »erfrischt«. Im Rückblick sagt Otto Frank über seinen Vorgesetzten: »(Er) war ein demokratischer Mann, bei dem es keine Offiziersmesse oder Offiziersburschen gab. Ich habe mich später als Leutnant bemüht, es ihm nachzutun.« Auf Antisemitismus ist er in der Armee nicht gestoßen. Nach dem Ende des Ersten Weltkrieges sind Robert und Herbert, Ottos Brüder, bald wieder zu Hause. Die Familie wartet angespannt auf die Rückkehr des dritten Sohnes. Nach zwei Monaten kommt schließlich auch Otto wieder nach Hause. Seine Eltern sind sehr verblüfft, als sie den Grund hören: Otto hat zuerst Pferde, die von seinem Regiment requiriert worden waren, den rechtmäßigen Besitzern zurückgebracht.

4

5

Deutsche Soldaten jüdischen Glaubens feiern Jom Kippur in der Synagoge von Brüssel (Belgien), 1915. Viele Juden fühlen sich mit ihrem Land verbunden: Während des Ersten Weltkriegs kämpfen 100.000 Juden für Deutschland, 12.000 fallen, 30.000 erhalten eine Auszeichnung, 19.000 werden befördert, davon 2.000 zum Offizier.

»Ich kann nicht behaupten, dass ich mich damals nicht als Jude gefühlt hätte. Aber irgendwie war ich ja im Bewusstsein Deutscher. Sonst wäre ich ja sicher nicht im Ersten Weltkrieg deutscher Offizier geworden und hätte für Deutschland gekämpft.« (Otto Frank)

Otto Frank empfindet sich als Deutscher und kämpft, wie seine Brüder Herbert und Robert, im Ersten Weltkrieg (1914 - 1918) für Deutschland. Otto erhält eine militärische Auszeichnung und wird zum Offizier befördert. Seine Mutter arbeitet im Ersten Weltkrieg freiwillig in einem Lazarett. Auch Ediths ältester Bruder, Julius Holländer, ist in der deutschen Armee. Er erleidet einen Armschuss und behält aus dem Krieg einen steifen Ellenbogen zurück. Nach dem Krieg leitet Otto zusammen mit seinem jüngeren Bruder Herbert die Bank der Familie Frank und den Handel mit Mineralpastillen.

Deutschland verliert den Ersten Weltkrieg. Im Friedensvertrag von Versailles 1919 werden Deutschland hohe Reparationszahlungen auferlegt. Das Land befindet sich in einer wirtschaftlichen und politischen Krise. Viele Menschen suchen nach einem Sündenbock und geben der jüdischen Gemeinschaft in Deutschland die Schuld an der politischen und ökonomischen Misere. Ungeachtet jeder Integration existiert Antisemitismus, der sich vor allem in dieser Krisenzeit manifestiert.

Dennoch findet sich in Deutschland neben den großen wirtschaftlichen Problemen, der weitverbreiteten Armut und dem Antisemitismus ein sehr liberales Klima, wenn auch hauptsächlich in den Großstädten. Nach dem Ersten Weltkrieg erhält Deutschland zum ersten Mal eine demokratische Verfassung, die in Weimar beschlossen wurde. Diese Jahre der »Weimarer Republik« werden als die »Goldenen Zwanziger« in die Geschichte eingehen.

6

Um 1923 ist die Inflation in Deutschland so hoch wie nie, das Geld ist nichts mehr wert. Auf dieser Postkarte in die Niederlande kleben für 2,5 Milliarden Mark Briefmarken. Der Absender schreibt auf der Rückseite: »Ich glaube, ich habe genug Briefmarken aufgeklebt, mit den Finanzen ist es ein Durcheinander.«

4 Otto Frank als Offizier, 1918.
5 Ottos Mutter, Alice Frank-Stern, als Freiwillige in einem Lazarett, 1916.
6 Edith Holländer in den zwanziger Jahren.

»Ich erinnere mich schon 1932, dass SA-Gruppen vorbeigezogen sind und gesungen haben ›Wenn das Judenblut am Messer spritzt‹. Also das war schon sehr deutlich sichtbar. Und ich habe gleich mit meiner Frau besprochen: ›Wie können wir wegkommen?‹, aber es ist ja schließlich die Frage: Wie kann man seinen Lebensunterhalt verdienen, wenn man weggeht und alles mehr oder weniger aufgibt?« (Otto Frank)

Das Jahr 1929, Anne Franks Geburtsjahr, steht im Zeichen einer weltweiten Wirtschaftskrise. Deutschland wird schwer getroffen: Zahlreiche Betriebe gehen in Konkurs, und Millionen Menschen werden arbeitslos. Auch in der Bank der Familie Frank laufen die Geschäfte immer schlechter. 1934 stellt sie ihre Tätigkeiten ein.

Für Anne und Margot Frank sind die Jahre in Frankfurt ruhig, von der Krise bekommen sie nicht viel mit. Anne hört sehr gern den Geschichten ihrer Großmutter zu und spielt oft mit ihrer Schwester und den Kindern aus der Nachbarschaft. In dem Viertel wohnen nicht nur Juden, sondern auch Katholiken und Protestanten.

In diesem Klima der Krise kann die Nationalsozialistische Deutsche Arbeiterpartei (NSDAP) gedeihen. Diese kleine, ultranationalistische Partei unter Führung von Adolf Hitler behauptet, die Lösung aller Probleme zu haben. Sie fordert, dass die Bestimmungen aus dem Friedensvertrag von Versailles rückgängig gemacht werden und erklärt die Juden für den verlorenen Krieg und die wirtschaftliche und politische Misere verantwortlich.

7

8

Arbeitslose stehen Schlange vor dem Arbeitsamt in Hannover, um 1930.

Die NSDAP bekommt immer mehr Anhänger und wird bei den Reichstagswahlen im Juli 1932 mit 37,3 Prozent der Stimmen die stärkste Partei. Die politische Mitte fällt weg, die Polarisierung nimmt zu. Otto und Edith Frank machen sich große Sorgen über ihre Zukunft und die Zukunft ihrer Kinder in Deutschland.

Hilde Stab 1931

»Margot war sehr beeindruckt.«

Hilde Stab, eine von Margots Freundinnen, ist katholisch. Bei ihr zu Haus spielen die Kinder oft »Kirche«. Hilde baut dann in ihrem Zimmer einen »Altar« auf und bestimmt in der Rolle des Pfarrers die Hausordnung. Margot erhält die Rolle des Messdieners. Hilde lädt Margot auch zu ihrer Kommunion ein und schenkt ihr zur Erinnerung ein Foto von sich. Auf der Rückseite steht: »Für die liebe Margot zur Erinnerung an Hildes schönsten Tag.« Sie erzählt nach dem Krieg von diesem Tag und ihrer Freundschaft: »Margot Frank wohnte auf der gleichen Etage in der Wohnung neben unserer, und wir waren gute Freundinnen. Wir haben uns gut verstanden und oft miteinander gespielt. Anne war damals noch zu klein, erst zwei. An meine Kommunion erinnere ich mich noch sehr gut. Das war ein wichtiger Tag für mich. Ich weiß auch noch, dass Margot sehr beeindruckt war.« Hilde Stab schließt sich später nicht dem Bund Deutscher Mädel an, einer nationalsozialistischen Jugendorganisation für Mädchen. Ihre Klassenkameradinnen, die größtenteils BDM-Mitglied sind, lassen sie links liegen.

9

10

Versammlung der NSDAP in Nürnberg, 1927.

7 Margot und Anne Frank mit Nachbarskindern, 1930. Auf dem Foto von links nach rechts: Bernd (Buddy) Elias (ihr Cousin), Maitly Könitzer, Gertrud Naumann, Anne, Marianne Stab, Werner Beck, Margot, Hilde Stab, Irmgard Naumann und Butzy Könitzer.
8 Margot Frank, 1929.
9 Margot, Anne und Otto Frank, 1930.
→ Anne und Edith, 1931.

Gertrud Naumann
1933

»Ich habe die Familie Frank gekannt, sie gemocht und sie nie vergessen.«

Gertrud Naumann ist ein Nachbarskind der Familie Frank. Sie kommt oft vorbei, um auf Anne und Margot aufzupassen oder mit ihnen zu spielen. Über den Beschluss der Familie Frank, Deutschland zu verlassen, ist sie sehr traurig. Rückblickend erzählt sie darüber: »Ich hätte Anne so gern noch einmal im Arm gehalten, als sie in den Niederlanden war. Als sie klein war, habe ich ihre Windeln gewechselt, sie gefüttert und mit ihr gespielt. Ich hing an ihr, an Margot, an der ganzen Familie mit allen Freunden und Bekannten. Es war nicht der Wunsch der Familie Frank, in die Niederlande zu gehen. Aber was sollten sie machen? Ich habe die Familie Frank gekannt, sie gemocht und sie nie vergessen.« Bis zu dem Zeitpunkt, als der Zweite Weltkrieg die Korrespondenz zwischen Frankfurt und Amsterdam unmöglich macht, werden viele Briefe hin und her geschickt. Otto Frank und Gertrud Naumann treffen sich zum letzten Mal 1937, als er geschäftlich nach Deutschland muss. Sie werden einander erst nach dem Krieg wiedersehen.

»Am 30. Januar (1933) waren wir zufällig bei Bekannten eingeladen. Wir saßen am Tisch und hörten Radio. Da kam zuerst die Nachricht, dass Hitler Reichskanzler geworden war. Danach kam ein Bericht von dem Fackelzug der SA in Berlin, und wir hörten das Schreien und Jubeln. Am Ende hat Hitler geredet: Gebt mir vier Jahre Zeit … Der Bekannte, bei dem wir eingeladen waren, sagte aufgeräumt: ›Lasst uns doch einmal sehen, was der Mann kann!‹ Ich wusste keine Antwort, und meine Frau war wie erstarrt.« (Otto Frank)

Am 30. Januar 1933 wird Adolf Hitler Reichskanzler. Am 5. März 1933 finden Reichstagswahlen und eine Woche später Kommunalwahlen statt. Die Nationalsozialisten gewinnen beide Wahlen. In Frankfurt am

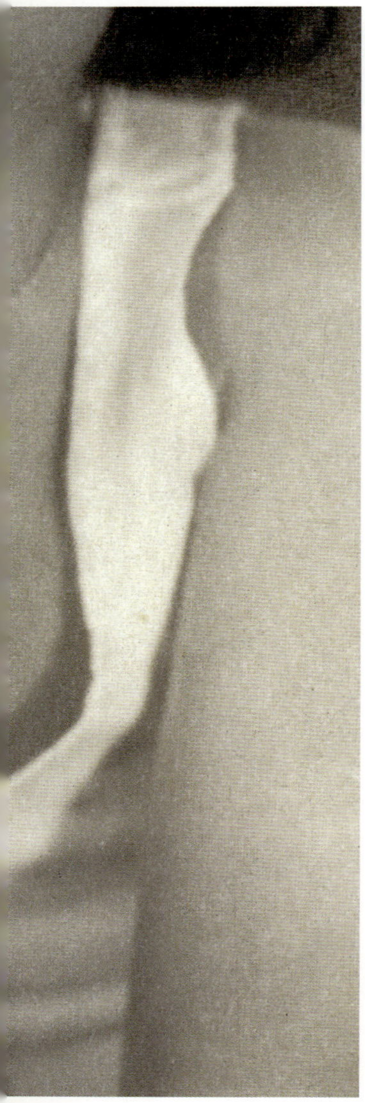

11

12

13

← Anne und Margot in Aachen, Sommer 1933.
12 Anne, Edith und Margot Frank auf einem Foto aus dem Automaten des Kaufhauses Tietz, 10. März 1933.
13 Edith, Margot und Anne Frank an der Hauptwache in Frankfurt, 10. März 1933 .
14 Margot Franks Busfahrkarte, gültig bis Ostern 1933.

In der Nacht vom 30. auf den 31. Januar 1933 jubelt in Berlin eine begeisterte Menschenmenge Hitler zu.

Main hängen überall Hakenkreuzfahnen.
Zwei Tage vorher macht Otto ein Foto von Edith, Anne und Margot an der Hauptwache, einem bekannten Platz in Frankfurt am Main. Vermutlich ist zu diesem Zeitpunkt bereits die Entscheidung für die Emigration gefallen, denn von März an wohnt die Familie Frank, um Kosten zu sparen, bei Ottos Mutter.

Die neuen Machthaber geben ihre Absichten schon bald zu erkennen. Politische Gegner werden verfolgt, und gegen die Juden in Deutschland wird eine Hetze entfesselt. Als ausländische Medien darüber berichten, missbrauchen dies die Nazis, um am 1. April 1933 zum Boykott jüdischer Ärzte, Anwälte, Geschäfte und Kaufhäuser aufzurufen.

Einige Tage später verabschiedet die nationalsozialistische Regierung ein Gesetz, das es möglich macht, oppositionelle und jüdische Beamte zu entlassen. Durch ein weiteres Gesetz wird der Prozentsatz jüdischer Schüler und Studenten an den Schulen und Universitäten begrenzt. Nach Ostern 1933 setzen manche Lehrer ihre jüdischen Schüler separat. Vielen Schülern wird erst in diesem Augenblick bewusst, dass sie den Nazis zufolge »jüdisch« sind. Einige von ihnen müssen die Schule verlassen und wechseln zu jüdischen Schulen.

Ausgefertigt
für Margot Frank
Wohnung Ganghoferstr. 24
Gültig bis Ostern 1933
Verlängert bis

Jeder der zugehörigen Fahrscheine, die in Heften besonders zu lösen sind, ist gültig für die Strecke:
von Rosegger Str.
nach Eschersheimer Landstr. Linde
über

Nur gültig für Fahrten zum Schulbesuch bis 16 Uhr nachm.
Donn.
bis 18 Uhr verlängert.

14

Am 12. März 1933 finden in Frankfurt Gemeinderatswahlen statt. Die NSDAP gewinnt auch hier. Auf dem Rathaus wird einen Tag später die Hakenkreuzfahne gehisst.

»Da wir Vollblut-Juden sind, ging mein Vater 1933 nach Holland. Er wurde Direktor der Niederländischen Opekta-Gesellschaft zur Herstellung von Marmelade. Meine Mutter ging im September auch nach Holland, und Margot und ich gingen nach Aachen. Margot ging im Dezember nach Holland und ich im Februar, wo ich als Geburtstagsgeschenk für Margot auf den Tisch gesetzt wurde.« (Anne Frank)

Otto und Edith Frank beschließen, Deutschland im Sommer 1933 zu verlassen. Durch die Vermittlung seines Schwagers Erich Elias hat Otto die Möglichkeit erhalten, in den Niederlanden eine Vertretung für den Verkauf von Pektin zu gründen. Pektin ist ein Geliermittel zur Herstellung von Marmelade. Otto Frank geht zuerst allein nach Amsterdam, Edith, Anne und Margot ziehen zur Großmutter nach Aachen. Edith pendelt zwischen Aachen und Amsterdam, um zusammen mit Otto eine geeignete Wohnung zu finden. Er beginnt mit dem Aufbau seines Betriebes. Miep Santrouschitz und Victor Kugler sind seine engsten Mitarbeiter, später kommen Jo(hannes) Kleiman und Bep Voskuijl dazu. Außerdem arbeiten noch mehrere Leute im Magazin und im Verkauf.

Seit der Machtübernahme im Januar 1933 agitieren die Nationalsozialisten immer heftiger gegen Juden und politische Gegner. Vor allem Kommunisten und Sozialdemokraten werden verfolgt und in Konzentrationslager gesperrt. Auch bestimmte Kunst, Literatur und Musik werden verboten. Bücher werden auf der Straße verbrannt. Viele oftmals jüdische Schriftsteller, Künstler

15

16

15 Otto Frank und Miep Santrouschitz im Büro, 1933.
16 Teilnehmerkarte Otto Franks für eine Messe in Rotterdam, September 1933.
17 Anne Frank vor der Firma ihres Vaters am Singel, um 1934. Ende November 1940 wird die Firma in das Haus an der Prinsengracht 263 umziehen.

In Deutschland werden politische Gegner von den Nationalsozialisten verhaftet, eingesperrt und in vielen Fällen gefoltert und ermordet.

und Wissenschaftler fliehen ins Ausland. Vom Sommer 1933 an ist die NSDAP die einzige zugelassene politische Partei in Deutschland.

1933 verlassen auch andere Verwandte Anne Franks Deutschland. Oma Frank-Stern zieht nach Basel in der Schweiz, wo Annes Tante Helene und Onkel Erich Elias bereits seit drei Jahren leben. Herbert Frank hat Deutschland schon früher, im Jahr 1932, verlassen. Er lebt in Paris. Onkel Robert und seine Frau gehen 1933 nach England. Sie eröffnen in London einen Kunsthandel. Oma Holländer und ihre beiden Söhne Julius und Walter, Annes Onkel, bleiben noch in Deutschland. Anne und Margot besuchen von den Niederlanden aus die Großmütter in Aachen und Basel noch mehrmals für ein paar Tage.

Victor Kugler 1941

»Anne und Margot fanden mich okay!«
Victor Kugler stammt aus Hohenelbe im damaligen Österreich-Ungarn. Im Ersten Weltkrieg dient er in der k.u.k. Marine. 1920 emigriert er in die Niederlande und arbeitet für eine Firma, die mit Pektin handelt. Als sein Chef sich 1933 zurückzieht, wird Otto Frank sein neuer Arbeitgeber. Später nimmt Victor Kugler die niederländische Nationalität an. An die erste Begegnung mit Margot und Anne Frank erinnert er sich auch nach vielen Jahren noch sehr gut: »Ich sah Anne Frank zum erstenmal im März 1934. Frau Frank besuchte ihren Mann und brachte zum erstenmal die Töchter mit. Die Mädchen fanden mich okay, denn wir haben schon bald miteinander geplaudert. In diesem Alter gab es bereits einen großen Unterschied zwischen den beiden Mädchen. Margot, die ältere, schaute sich in Ruhe um. Anne dagegen war lebhaft und untersuchte alles, was sie interessierte. Später brachte Frau Frank sie öfter mit. Das Kind war sehr froh, seinen Vater zu sehen, und ihr Vater war genauso froh, seine jüngste Tochter zu sehen. Mit ihrem fröhlichen Geplapper war sie immer eine willkommene Unterbrechung.«

urs van de Dameskroniek
29 Sept. tot en met Zondag 8 Oct. 1933
Hal B „Nenijto" - Rotterdam

ANTENKAART
oorloopend geldig)

ank

Opekta".

ikt persoonlijk. DE DIRECTIE.

Im Mai 1933 werden in großen Städten Deutschlands Bücher von Schriftstellern verbrannt, die in den Augen der Nazis »undeutsch« sind.

Max van Creveld
1993

»Die Familien van Pels und Frank waren eng befreundet.«
Hermann van Pels, seine Frau Auguste und der 1926 geborene Sohn Peter stammen aus Osnabrück, einer Stadt nahe der niederländischen Grenze. Im Jahr 1937 sind sie aus Deutschland emigriert. Hermann van Pels ist gebürtiger Niederländer, seine Frau erhält diese Nationalität durch die Heirat. Die Familie van Pels wohnt im selben Viertel wie die Familie Frank. Die Gärten hinter den Häusern grenzen aneinander. Schon bald werden die ersten Kontakte geknüpft. Später fällt die Entscheidung, die Betriebe zusammenzulegen. 1938 wird Hermann van Pels Kompagnon von Otto Frank. »Die Familien van Pels und Frank waren eng befreundet, die Männer und auch die Frauen«, erzählt Max van Creveld, der 1940 und 1941 ein möbliertes Zimmer bei der Familie van Pels bewohnte. »Ich hatte ein eigenes Zimmer, und wir aßen jeden Abend zusammen. Herr van Pels war sehr liebenswürdig, und Frau van Pels auch. Peter war ein feiner Kerl. Welche Schule er besuchte, weiß ich eigentlich nicht mehr, aber ich erinnere mich noch daran, dass er (zuletzt) an einem Kurs zum Beziehen von Polstermöbeln teilgenommen hat.«

In Deutschland werden die Juden immer mehr von den Nichtjuden isoliert. In vielen Städten und Dörfern stehen Schilder mit der Aufschrift, Juden seien dort nicht erwünscht.

»Das Leben in Holland war nach den Erfahrungen in Nazi-Deutschland wieder unser eigenes Leben. Da gingen unsere Kinder in die Schule, und da verlief unser Leben wieder völlig normal, wenigstens zu Beginn. Wir konnten damals einen Neubeginn wagen und uns frei fühlen.« (Otto Frank)

Die Familie Frank wohnt am Merwedeplein in einem Neubauviertel von Amsterdam. In der Stadt lassen sich immer mehr jüdische Flüchtlinge aus Deutschland nieder. Anne und Margot lernen in kurzer Zeit Niederländisch. Beide haben sowohl niederländische als auch deutsche Freundinnen. Durch den Briefwechsel mit Freunden bleibt die Familie Frank über das, was sich in Deutschland abspielt, auf dem Laufenden.

Edith vermisst das Leben in Frankfurt. Sie versucht sich einzugewöhnen und nimmt Niederländisch-Unterricht, hört aber schon nach der zweiten Stunde wieder damit auf.

In Deutschland bessert sich die Wirtschaftslage. Die Begeisterung für Hitler und seine Partei ist groß. Die Maßnahmen der NSDAP gegen jüdische Mitbürger stoßen auf keinen großen Widerstand. So werden 1935 die antisemitischen »Nürnberger Gesetze« verabschiedet. Nur »Staatsangehörige deutschen oder artverwandten Blutes« sind vollwertige Bürger, alle anderen sind Bürger zweiter Klasse. Ständig werden neue Maßnahmen erlassen, um Kontakte zwischen Juden und Nichtjuden zu verhindern und zu bestrafen. Diese Vorschriften zeigen Wirkung, auch wenn sich einige dagegen wehren. Die Juden in Deutschland werden immer mehr isoliert.

Otto und Edith Frank lernen Hermann und Auguste van Pels und deren Sohn Peter kennen, die später mit ihnen zusammen untertauchen. Die Familie van Pels ist 1937 aus Osnabrück geflohen. Hermann van Pels wird 1938 Kompagnon in Otto Franks Firma. Sein Spezialgebiet ist die Zubereitung von Gewürzmischungen zur Wurstfabrikation. Otto Franks Betrieb wird dadurch weniger saisonabhängig.

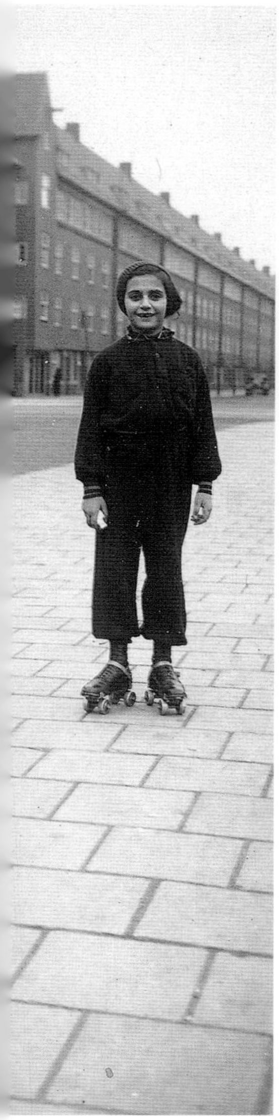

20

21

In Deutschland ist die Begeisterung über den wirtschaftlichen Aufschwung und den wiedergewonnenen Stolz groß. Die harten Maßnahmen gegen politische Gegner und Juden betrachten viele als notwendiges Übel.

18 Anne Frank in der zweiten Klasse der Montessorischule bei Lehrer van Gelder, 1936.
19 Margot Frank, 1934.
20 Peter van Pels (Mitte) und seine Freunde in Osnabrück, um 1936.
→ Anne mit ihren Freundinnen im Sandkasten, Juli 1937. Von links nach rechts: Hannah Goslar, Anne Frank, Dolly Citroen, Hannah Toby, Barbara und Susanne Ledermann.

»Unser Leben verlief mit recht viel Aufregung, da der Rest der Familie in Deutschland nicht von Hitlers Judengesetzen verschont blieb. Nach den Pogromen 1938 flohen meine beiden Onkel, Mutters Brüder, und landeten sicher in Nordamerika.« (Anne Frank)

In der Nacht vom 9. auf den 10. November 1938 werden in Deutschland 236 Menschen ermordet und 177 Synagogen, 7500 Läden sowie zahlreiche Wohnungen von den Nazis verwüstet. Ungefähr 30.000 jüdische Männer werden auf der Grundlage vorbereiteter Listen verhaftet und in Konzentrationslager deportiert. Unter ihnen befinden sich auch Annes Onkel, Julius und Walter Holländer. Julius wird sofort wieder freigelassen, weil er Kriegsveteran ist. Walter wird in das Konzentrationslager Sachsenhausen deportiert. Er bleibt längere Zeit in Haft und kommt erst wieder frei, als er sich bereit erklärt, Deutschland sofort zu verlassen. Erst jetzt wird ihnen die große Gefahr wirklich bewusst. Sie beschließen, aus Deutschland zu fliehen.

Walter landet in einem Flüchtlingslager in Amsterdam. Es dauert gut ein Jahr, bis Dezember 1939, ehe er per Schiff in die Vereinigten Staaten reisen kann. Sein Bruder hat sich bereits im April 1939 nach New York eingeschifft. Mit großer Mühe gelingt es ihnen, sich in der Nähe von Boston eine Existenz aufzubauen. Immer mehr Länder schließen ihre Grenzen für Flüchtlinge. Manchmal wird für Kinder noch eine Ausnahme gemacht. Zwischen 1933 und 1939 verlässt die Hälfte aller Juden Deutschland.

22

23

22 Anne Frank.
23 Margot Frank.
24 Fritz Pfeffer und seine katholische Freundin Charlotte Kaletta.

Am 7. November 1938 erschießt Herschel Grynszpan, ein siebzehnjähriger polnischer Jude, in Paris einen Beamten der Deutschen Botschaft. Er ist verzweifelt, weil seine Eltern aus Deutschland ausgewiesen wurden. Die Nazis benutzen dies als Anlass, ein Pogrom gegen die Juden in Deutschland zu organisieren, das sie später als »Kristallnacht« bezeichnen. Am Morgen des 10. November betrachten Passanten einen verwüsteten Laden in Berlin.

Im Amsterdam scheinen die jüdischen Flüchtlinge sicher zu sein. An manchen Samstagnachmittagen lädt die Familie Frank zu Kaffee und Kuchen ein. Meist haben sie ein Dutzend Gäste, hauptsächlich Deutsche jüdischen Glaubens, darunter Hermann und Auguste van Pels wie auch Fritz Pfeffer und Charlotte Kaletta. Auch Miep Santrouschitz und ihr Verlobter Jan Gies sind oft da.

Charlotte Kaletta
um 1940

»Mein Mann war Jude, ich bin Katholikin.«

Fritz Pfeffer ist ein jüdischer Zahnarzt aus Berlin. Er ist geschieden und hat einen Sohn, Werner, der bei ihm lebt. Seine katholische Freundin Charlotte Kaletta ist ebenfalls geschieden und hat auch einen Sohn. Wegen der Nürnberger Rassengesetze dürfen die beiden nicht heiraten. Über ihren Glaubensunterschied sagt Charlotte Kaletta nach dem Krieg: »Mein Mann war Jude, ich bin Katholikin. Wir haben darüber gesprochen, wenn es uns gut tat, und wir haben darüber geschwiegen, wenn es uns gut tat.« Im Dezember 1938 emigrieren Fritz Pfeffer und Charlotte Kaletta in die Niederlande. In den Niederlanden wollen die meisten Leute Charlotte und Fritz nicht glauben, wenn sie von der Situation in Deutschland berichten: »Wir verließen Berlin nach der furchtbaren Nacht im November 1938 und emigrierten nach Holland, aber viele Holländer glaubten uns nicht, was wir ihnen aus Deutschland erzählten, nicht einmal die Juden in Holland konnten es glauben.« Fritz Pfeffer und Charlotte Kaletta versuchen vergeblich, zuerst in den Niederlanden und später in Belgien zu heiraten. Beide Länder respektieren die rassistischen deutschen Gesetze von 1935.

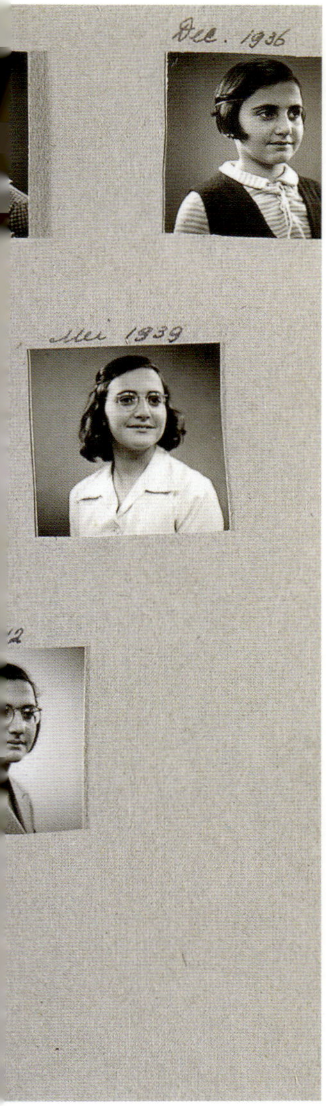

Nach der »Kristallnacht« fliehen Tausende von Juden aus Deutschland. Andere Länder schließen immer öfter ihre Grenzen. Zuletzt werden oft nur noch Kinder zugelassen. Diese Mädchen gehören zu einer Gruppe von fünfhundert Kindern aus Wien. Sie kommen am 12. Dezember in Harwich (Großbritannien) an.

Hannah Goslar
1939

Befreundet seit dem Kindergarten

Bereits im Kindergarten lernt Anne Frank eine ihrer besten Freundinnen kennen, Hannah Goslar. Wie Anne ist auch Hannah 1933 mit ihren Eltern aus Deutschland geflohen. Auch die Familie Goslar wohnt am Merwedeplein. An den ersten Tag im Kindergarten kann Hannah sich noch gut erinnern: »Als ich hineinkam, stand Anne gegenüber der Tür bei den Glocken und ließ sie bimmeln. Sie drehte sich um, ich fiel ihr in die Arme, und meine Mutter konnte beruhigt nach Hause gehen.« Später gingen sie zusammen in die Grundschule. Manchmal spielten Anne und Hannah im Büro von Otto Frank im Haus an der Prinsengracht, dem späteren Versteck. Hannah erzählt darüber nach dem Krieg: »Sonntags gingen wir sehr oft mit ihrem Vater in das Büro von Herrn Frank und spielten dort. In jedem Raum gab es ein Telefon, so dass wir die Gelegenheit hatten, unser Lieblingsspiel zu spielen: von einem Zimmer zum anderen zu telefonieren. Das war ein großes Erlebnis.« Als jüdische Kinder 1941 in spezielle jüdische Schulen wechseln müssen, gehen Anne und Hannah in das jüdische Gymnasium.

Ehefrau

Lichtbild

Unterschrift des Paßinhabers

Frau Rosa Sara Holländer

und seiner Ehefrau

./.

Es wird hiermit bescheinigt, daß der Inhaber die durch das obenstehende Lichtbild dargestellte Person ist und die darunter befindliche Unterschrift eigenhändig vollzogen hat.

Aachen, den 8. Februar 1939

Polizei-Obermeister

2

25

26

25 Im März 1939 kommt Großmutter Holländer in die Niederlande.

26 Das Geburtstagskind Anne Frank mit Freundinnen, 12. Juni 1939. Von links nach rechts: Lucie van Dijk, Anne Frank, Susanne Ledermann, Hannah Goslar, Juultje Ketellapper, Kitty Egyedi, Mary Bos, Ietje Swillens und Martha van den Bergh.

27 Die Familie Frank auf dem Merwedeplein, um 1940.

Deutsche Soldaten demütigen, misshandeln und ermorden polnische Juden. Auch gegen die nichtjüdischen Bürger werden Verbrechen begangen.

»Ab Mai 1940 ging es bergab mit den guten Zeiten: zuerst der Krieg, dann die Kapitulation, der Einmarsch der Deutschen, und das Elend für uns Juden begann.«
(Anne Frank)

Im März 1939 flieht Großmutter Holländer in die Niederlande und zieht bei der Familie Frank ein. Fast alles, was sie besitzt, muss sie zurücklassen. Anne und Margot Frank gehen zur Schule, spielen viel mit ihren Freundinnen und merken wenig von der großen Bedrohung. Am 12. Juni 1939 wird Anne Frank zehn. Sie lädt acht Freundinnen ein, von denen vier wie sie ursprünglich aus Deutschland kommen. Es ist ihr letzter Geburtstag in Friedenszeiten.

Am 23. August 1939 schließt Deutschland einen Nichtangriffspakt mit der Sowjetunion. Am 1. September 1939 rücken deutsche Truppen in Polen ein. Die Wehrmacht räumt große Gebiete für deutsche Kolonisten, die sich dort ansiedeln sollen. Die jüdischen Bewohner müssen in Ghettos umziehen, abgeschlossene Viertel in großen Städten. Die polnische Elite, darunter viele Juden, wird ermordet. In Polen leben zu diesem Zeitpunkt mehr als drei Millionen Juden. Die andere Hälfte Polens wird von der Roten Armee besetzt.

In Westeuropa erfährt man wenig über die Grausamkeiten, die in Polen begangen werden. Wie auch viele Niederländer gehen Otto und Edith Frank davon aus, dass die Niederlande wie im Ersten Weltkrieg neutral bleiben. Im Mai 1940 beginnt jedoch der Krieg im Westen. Die deutsche Wehrmacht besetzt die Niederlande, Belgien und Frankreich. Anders als in Polen betrachten die Nazis die nichtjüdischen Bewohner dieser Länder als »Brudervolk« und begehen keine vergleichbaren Gräueltaten. Alle Bewohner müssen jedoch einen sogenannten Ariernachweis ausfüllen. Sie müssen angeben, ob und falls ja, wie viele jüdische Großeltern sie haben. Auf diese Weise werden alle 140.000 Juden in den Niederlanden registriert.

Der Einmarsch der deutschen Wehrmacht in Amsterdam am 16. Mai 1940. Im Hintergrund der Turm der Westerkirche.

»Judengesetz folgte auf Judengesetz, und unsere Freiheit wurde sehr eingeschränkt. Juden müssen einen Judenstern tragen; Juden müssen ihre Fahrräder abliefern; Juden dürfen nicht mit der Straßenbahn fahren; Juden dürfen nicht mit einem Auto fahren, auch nicht mit einem privaten; Juden dürfen nur nachmittags zwischen 3 und 5 Uhr einkaufen; Juden dürfen nur zu einem jüdischen Friseur gehen; Juden dürfen von 8 Uhr abends bis 6 Uhr morgens nicht auf die Straße; Juden dürfen sich nicht in Theatern, Kinos und an anderen Stätten aufhalten, die der Unterhaltung dienen; Juden dürfen nicht ins Schwimmbad, auch nicht auf Tennis-, Hockey- oder andere Sportplätze; Juden dürfen nicht rudern; Juden dürfen in der Öffentlichkeit keinerlei Sport treiben; Juden dürfen nach acht Uhr abends nicht mehr in ihrem Garten sitzen, auch nicht bei Bekannten; Juden dürfen Christen nicht zu Hause besuchen; Juden müssen in jüdische Schulen gehen und dergleichen mehr.«
(Anne Frank)

In allen besetzten Ländern ist die Registrierung der Juden eine der ersten Maßnahmen der Deutschen. Der nächste Schritt ist die Isolation. Wie zuvor in Deutschland werden immer mehr Verordnungen gegen die Juden erlassen, um sie von der nichtjüdischen Bevölkerung abzusondern. Anne und Margot besuchen von September 1941 an eine spezielle jüdische Schule, das Jüdische Gymnasium. In der ganzen Stadt hängen Schilder mit der Aufschrift: »Für Juden verboten.« Juden dürfen auch nicht mehr eine eigene Firma besitzen. Otto Frank ernennt deshalb Jo Kleiman zum Direktor von Opekta, bleibt jedoch im Hintergrund aktiv. Auch die Gewürzfirma Pectacon bekommt einen neuen Besitzer und heißt nun Gies & Co., nach Jan Gies, Mieps Ehemann. Vom Sommer 1941 an ist Otto Frank damit beschäftigt, im leerstehenden Hinterhaus seines Unternehmens an der Prinsengracht 263 ein Versteck einzurichten.

28

29

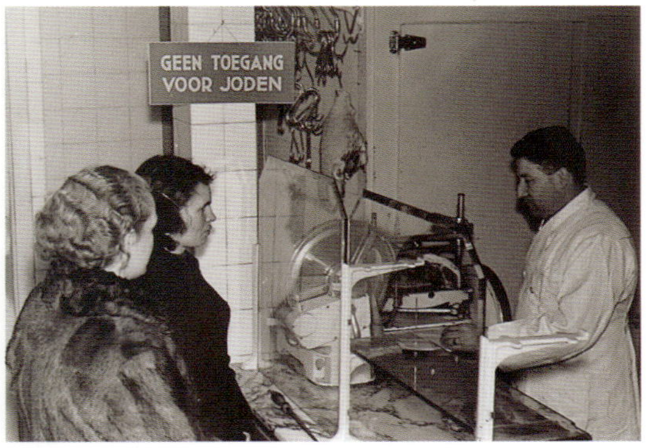

Wie zuvor in Deutschland werden auch in den besetzten Ländern in raschem Tempo antijüdische Maßnahmen verkündet.

Miep Gies 1941

»Ich habe gesagt: selbstverständlich.«

Vom Sommer 1941 an schaffen Otto Frank und Jo Kleiman heimlich Nahrungsmittel und andere notwendige Dinge in das Hinterhaus. Möbel und Tapeten liefern sie mit einem Lastwagen ab. Neben Edith Frank und Hermann und Auguste van Pels weiß nur Jo Kleiman von dem Plan, unterzutauchen. Miep Gies erzählt nach dem Krieg: »Eines Morgens rief Otto Frank mich zu sich und informierte mich über seine Absicht, unterzutauchen. ›Miep, meine Frau, Margot, Anne und ich haben vor, unterzutauchen. Zusammen mit van Pels und seiner Frau und ihrem Sohn.‹« Otto fragte, ob sie Einwände dagegen habe. Miep berichtet über diesen Augenblick: »Ich sagte, ich hätte keine Einwände. Otto holte tief Luft und fragte: ›Miep, bist du bereit, die Verantwortung für unsere Versorgung zu übernehmen, solange wir untergetaucht sind?‹ ›Selbstverständlich‹, erwiderte ich. ›Miep, auf der Hilfe für Juden stehen schwere Strafen: Gefängnis, sogar ...‹ Ich unterbrach ihn. Ich habe gesagt: selbstverständlich. Und das meine ich ernst.‹ ›Gut. Nur Kleiman weiß davon. Nicht einmal Anne und Margot sind bis jetzt eingeweiht. Ich werde die anderen einen nach dem anderen fragen.‹«

30

31

Vom 3. Mai 1942 an müssen alle Juden in den Niederlanden, die sechs Jahre und älter sind, einen Judenstern tragen.

28 Anne und ihre Freundin Hannah auf dem Merwedeplein, 1939.

29 Anne in ihrem letzten Schuljahr in der Montessorischule. Nach den Sommerferien von 1941 müssen jüdische Kinder gesonderte Schulen besuchen.

30 Am 16. Juli 1941 heiraten Miep Santrouschitz und Jan Gies. Anne und Otto sind unter den Gästen. Edith bleibt zu Hause: Margot und die Großmutter sind krank.

→ Otto und Anne unter den Hochzeitsgästen, 16. Juli 1941.

Jacqueline Sanders-van Maarsen 1999

»Wie wichtig das Tagebuch noch werden würde, sollte sie nie erfahren.«

Den dreizehnten Geburtstag feiert Anne mit ihren Freunden und Freundinnen. In ihr Tagebuch notiert sie: »Wir haben uns einen Film angesehen. ›Der Leuchtturmwärter‹ mit Rin-tin-tin, der bei meinen Klassenkameraden sehr gut angekommen ist.« Otto Frank führt außerdem einen Werbefilm seiner Firma vor. Weiter schreibt Anne: »Wir hatten viel Spaß, und es war sehr lustig. Es waren viele Jungen und Mädchen da.« Eines dieser Mädchen und eine von Annes besten Freundinnen war Jacqueline van Maarsen. Nach dem Krieg erinnert sie sich: »Anne ist für mich noch immer die Freundin von damals. Ich erinnere mich an ihren dreizehnten Geburtstag. Mit leuchtenden Augen sah sie die Freunde und Freundinnen hereinkommen und machte erwartungsvoll die Päckchen auf. Sie fand es herrlich, im Mittelpunkt zu stehen, und genoss es auch später noch, als alle gegangen waren und wir zusammen noch ihre Geschenke sortierten. Ich kann mich noch so gut daran erinnern, weil ich ihr Tagebuch nicht mehr dabeiliegen sah, was mich wunderte, weil es ihr wichtigstes Geschenk war. Wie wichtig es noch werden würde, sollte sie nie erfahren.«

»Im Sommer 1941 wurde Oma (Holländer) sehr krank. Sie musste operiert werden, und aus meinem Geburtstag wurde nicht viel. Im Sommer 1940 war das auch schon so, da hatte gerade der Krieg in den Niederlanden angefangen. Oma starb im Januar 1942. Niemand weiß, wie oft ich an sie denke und wie lieb ich sie noch habe. Diesen Geburtstag 1942 haben wir dann gefeiert, um alles nachzuholen, und Omas Kerze stand daneben.« (Anne Frank)

Am 12. Juni 1942 wird Anne dreizehn. Zu diesem Geburtstag erhält sie auch Geschenke von Peter van Pels und Charlotte Kaletta. Ihre Eltern schenken ihr zum dreizehnten Geburtstag ein Tagebuch. In dieses Tagebuch schreibt sie alles, was sie erlebt, fühlt und

32

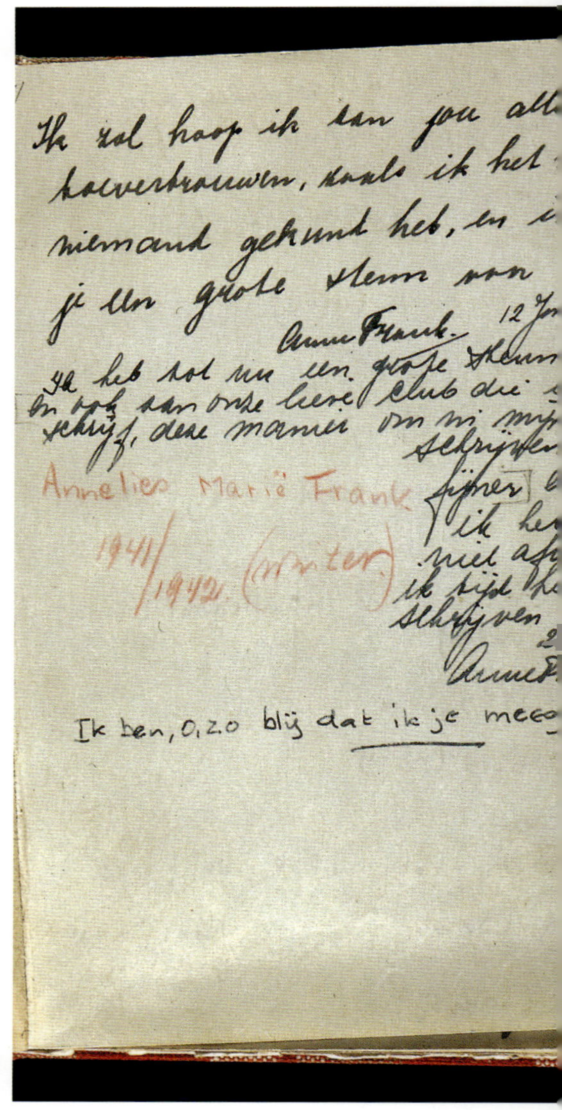

33

32 Zu ihrem dreizehnten Geburtstag bekommt Anne ein Tagebuch geschenkt.

33 *»Ich kann dir, so hoffe ich, alles anvertrauen, wie ich es sonst bei niemandem konnte, und ich hoffe, du wirst mir eine große Stütze sein.«*

34 Anne Frank, Mai 1942.

35 Anne und Margot Frank, um 1942.

Deportation jüdischer Bürger Hanaus, 30. Mai 1942.

denkt. Einige Wochen lang geht es in ihrem Tagebuch um Schule, Klassenkameraden und Freundinnen, danach verändert sich ihr Leben gänzlich.

Die Registrierung und Isolation der Juden wird in Deutschland und in den meisten besetzten Gebieten Ende 1941 vollendet. Auf der geheimen »Wannseekonferenz« in Berlin am 20. Januar 1942 arbeiten hohe Nazifunktionäre die »Endlösung der Judenfrage« aus. Der Beschluss, alle elf Millionen Juden in Europa zu ermorden, wurde vermutlich bereits eher, im Sommer 1941, gefasst. Pläne zur Deportation und Vernichtung werden von nun an ausgeführt. In den meisten besetzten Ländern und in Deutschland erhalten Juden einen Aufruf, sich für ein Arbeitslager zu melden. In Wirklichkeit werden Juden von Oktober 1941 an systematisch in Konzentrations- und Vernichtungslager deportiert, von denen die meisten im besetzten Polen errichtet wurden. In diesen Lagern werden viele von ihnen sofort ermordet oder sterben nach kurzer Zeit an Unterernährung, Auszehrung und Krankheiten.

34

35

Nach dem Angriff auf die Sowjetunion im Juni 1941 exekutieren Sonderkommandos der Wehrmacht mehr als eine Million Juden, ebenso Hunderttausende anderer Bürger und Kriegsgefangene.

»Am Sonntagmorgen lagen Hello und ich in der Sonne auf unserem Balkon. Sonntagnachmittag sollte er wiederkommen, aber ungefähr um 3 Uhr kam ein Polizist zu Mutter und rief unten in der Tür: ›Fräulein Margot Frank.‹ Mutter ging hinunter, und der Polizist gab ihr eine Karte, auf der stand, Margot Frank müsse sich bei der SS melden. Mutter war ganz durcheinander und ging sofort zu Herrn van Pels, der kam sofort mit zu uns.« (Anne Frank)

Op 5. Juli 1942 erhielten tausend Juden in den Niederlanden, hauptsächlich junge jüdische Flüchtlinge aus Deutschland, einen Aufruf, sich zum »Arbeitseinsatz« zu melden. Unter ihnen befinden sich Jugendliche, die wie die sechzehnjährige Margot Frank am Sonntagnachmittag einen Aufruf erhalten. Sie müssen die Reise ohne ihre Eltern antreten. Annes Freund Hello kommt später an diesem Tag noch einmal vorbei, aber er darf nicht mehr hereinkommen. Am selben Nachmittag erhält Anne auch noch einen Telefonanruf von ihrer Freundin Jacqueline. Sie reden kurz miteinander, aber Anne darf weiter nichts zu ihr sagen.

Margot und Anne werden aus dem Zimmer geschickt, weil Hermann van Pels allein mit Edith Frank beratschlagen will. Anne und Margot ahnen nun bereits, dass sie untertauchen werden, und beginnen schon, ein paar Sachen zusammenzusuchen. In eine Schultasche stopft Anne ihr Tagebuch, Lockenwickler, Taschentücher, Schulbücher, einen Kamm und einige alte Briefe.
Um fünf kommt Otto Frank nach Hause. Er hatte einen Bekannten im jüdischen Krankenhaus besucht. Otto und Edith beschließen, gleich am nächsten Tag unterzutauchen. Sie rufen Kleiman an und bitten ihn, am Abend zu kommen, um alles zu besprechen. Van Pels geht, um Miep Gies zu holen. Miep kommt und nimmt einige Kleidungsstücke mit, um sie ins Versteck zu bringen, und verspricht, am Abend wiederzukommen. Abends um elf kommen Miep und ihr Mann Jan, um noch mehr Sachen in den Unterschlupf zu schaffen.

36

37

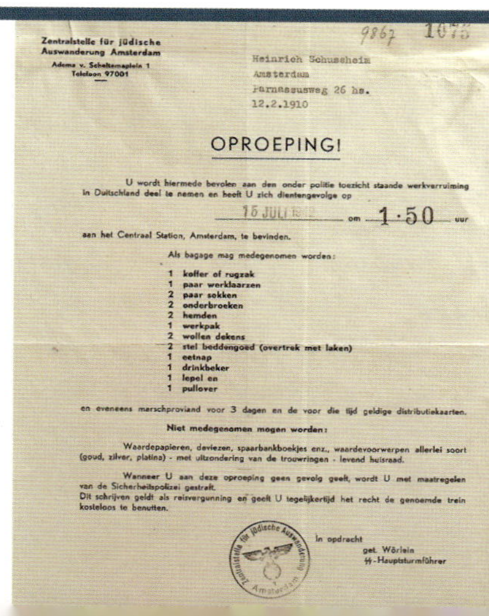

9867 1075

Zentralstelle für jüdische Auswanderung Amsterdam
Adema v. Scheltemaplein 1
Telefoon 97001

Heinrich Schusshein
Amsterdam
Parnassusweg 26 hs.
12.2.1910

OPROEPING!

U wordt hiermede bevolen aan den onder politie toezicht staande werkverruiming in Duitschland deel te nemen en heeft U zich dientengevolge op 15 JULI om 1·50 uur aan het Centraal Station, Amsterdam, te bevinden.

Als bagage mag medegenomen worden:

1 koffer of rugzak
1 paar werklaarzen
2 paar sokken
2 onderbroeken
2 hemden
1 werkpak
2 wollen dekens
2 stel beddengoed (overtrek met laken)
1 eetnap
1 drinkbeker
1 lepel en
1 pullover

en eveneens marschproviand voor 3 dagen en de voor die tijd geldige distributiekaarten.

Niet medegenomen mogen worden:

Waardepapieren, deviezen, spaarbankboekjes enz., waardevoorwerpen allerlei soort (goud, zilver, platina) - met uitzondering van de trouwringen - levend huisraad.

Wanneer U aan deze oproeping geen gevolg geeft, wordt U met maatregelen van de Sicherheitspolizei gestraft.
Dit schrijven geldt als reisvergunning en geeft U tegelijkertijd het recht de genoemde trein kosteloos te benutten.

Zentralstelle für jüdische Auswanderung Amsterdam

In opdracht
get. Wörlein
SS-Hauptsturmführer

In dem Aufruf steht genau, was die Juden mitnehmen dürfen. So wird der Eindruck erweckt, dass es sich um ein Arbeitslager handelt.

Hello Silberberg
1942

»Die Tür blieb zu.«

Anne Frank lernt Helmuth (Hello) Silberberg am 23. Juni 1942 kennen. Hello ist nach der »Kristallnacht« von seinen Eltern in den Zug nach Amsterdam gesetzt worden, wo er bei seinen Großeltern lebt. Hello erzählt gut fünfzig Jahre später über diese erste Begegnung mit Anne Frank: »Ich fand sie sofort sehr außergewöhnlich, obwohl sie vier Jahre jünger war. Altersmäßig hätte ich eigentlich auf Margot fliegen müssen. Anne war noch ein kleines Mädchen, aber ich war von ihr fasziniert, wie sie bei sich zu Hause im Wohnzimmer fast völlig in den großen Sesseln verschwand. Sie imitierte alle anderen. Ich musste immer lachen, weil sie sich den Arm aus- und wieder einkugeln konnte.« Seit diesem Tag radeln Anne und Hello zusammen zur Schule. Manchmal gehen sie abends spazieren. Hello erinnert sich auch noch daran, dass er an diesem Sonntagnachmittag zurückkam und Anne nicht sehen durfte: »Ich war enttäuscht und fragte mich, was wohl geschehen war. Am nächsten Tag klingelte ich noch mehrmals, aber die Tür blieb zu. Ich machte mir nicht wirklich Sorgen, ich war schon daran gewöhnt, dass Leute plötzlich spurlos verschwunden waren.«

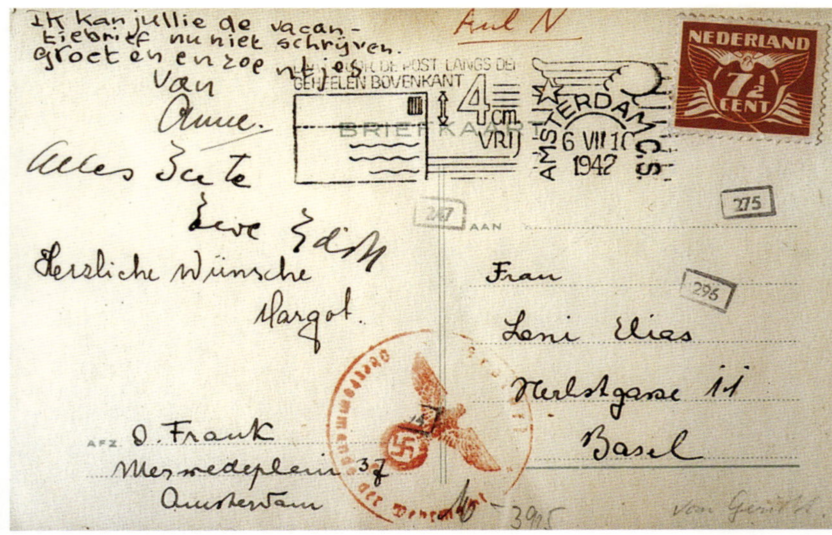

Ik kan jullie de vacantiebrief nu niet schrijven. groeten en zoentjes van Anne.

Alles Gute Liebe Edith

Herzliche Wünsche Margot.

O. Frank
Merwedeplein 37
Amsterdam

AAN
Frau
Leni Elias
Herbstgasse 11
Basel

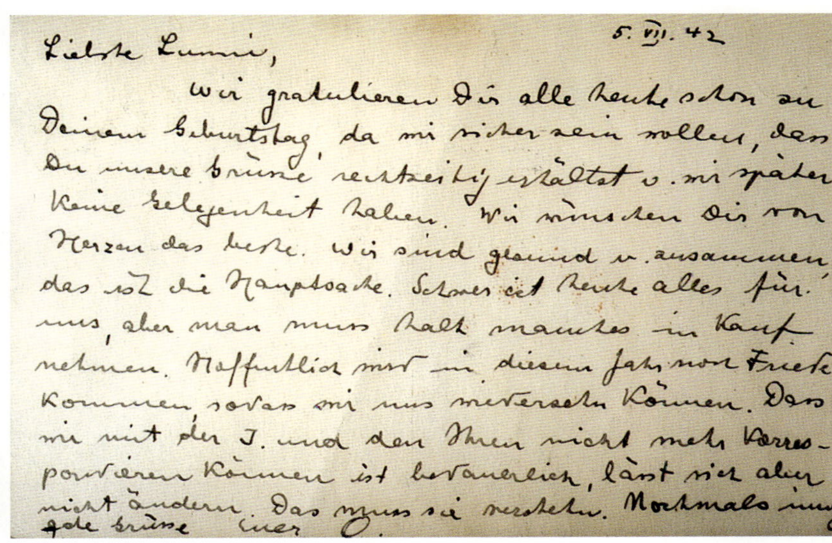

Liebste Lunni, 5. VII. 42

wir gratulieren Dir alle heute schon zu Deinem Geburtstag da wir sicher sein wollen, dass Du unsere Grüsse rechtzeitig erhältst u. wir später keine Gelegenheit haben. Wir wünschen Dir von Herzen das beste. Wir sind gesund u. zusammen das ist die Hauptsache. Schwer ist heute alles für uns, aber man muss halt manches in Kauf nehmen. Hoffentlich wird in diesem Jahr noch Friede kommen, sodass wir uns wiedersehen können. Dass wir mit der J. und den Ihren nicht mehr korrespondieren können ist bedauerlich, lässt sich aber nicht ändern. Das muss sie verstehen. Nochmals innige gute Grüsse Euer O.

38

Längst nicht jeder, der einen Aufruf erhält, meldet sich. Die Besatzer versuchen deshalb, Juden durch Razzien zu ergreifen: Ein ganzes Stadtviertel wird abgeriegelt, und die Häuser werden systematisch durchsucht.

36 Anne Frank auf dem »Balkon« des Hauses am Merwedeplein, um 1940.

37 Bereits seit dem Sommer 1941 richten Otto Frank und seine späteren Helfer das Versteck an der Prinsengracht ein.

38 Der letzte Gruß an die Familie in Basel. Trotzdem findet die Familie Frank auch während der Zeit im Versteck noch Wege, an Informationen über das Wohl und Wehe der Angehörigen in Basel zu gelangen.

Montag, 6. Juli 1942

»So liefen wir dann durch den strömenden Regen, Vater, Mutter und ich, jeder mit einer Schul- oder Einkaufstasche, bis obenhin vollgestopft mit Sachen, die bunt durcheinander lagen. Die Arbeiter, die früh zur Arbeit gingen, sahen uns mitleidig nach; in ihrem Gesicht war deutlich Bedauern zu lesen, dass sie uns keinerlei Fahrzeug anbieten konnten, der auffällige gelbe Stern sprach für sich.« (Anne Frank)

Am Montag, dem 6. Juli, wird Anne Frank um 5.30 von ihrer Mutter geweckt. Es ist nicht so warm wie am Sonntag, und es regnet den ganzen Tag. Die Familie zieht sich dick an, um noch möglichst viele Kleidungsstücke mitzunehmen. Anne trägt zwei Hemden, drei Höschen, ein Kleid, darüber einen Rock, eine Jacke und einen Sommermantel, zwei Paar Strümpfe, feste Schuhe, eine Mütze, einen Schal und noch einiges mehr. Miep Gies kommt vorbei, und sie und Margot fahren mit ihren Rädern zum Versteck.

Um halb acht verlässt auch der Rest der Familie das Haus am Merwedeplein und geht zu Fuß zum Hinterhaus des Betriebes von Otto Frank an der Prinsengracht. Die Wohnung am Merwedeplein lassen sie so zurück, dass es aussieht, als seien sie übereilt geflohen. Eine Woche später taucht auch die Familie van Pels, Hermann, Auguste und der Sohn Peter, unter und versteckt sich ebenfalls im Hinterhaus. Am 16. November 1942 kommt noch ein achter Verfolgter dazu, Fritz

39

40

39 Otto Franks Betrieb an der Prinsengracht.
40 Das Versteck, das Hinterhaus von Ottos Firma.

Pfeffer. Diese acht Menschen werden von den engsten Mitarbeitern Otto Franks versorgt: Miep Gies, Jo Kleiman, Victor Kugler und Bep Voskuijl. Gut zwei Jahre werden sich die Untergetauchten in diesem Versteck aufhalten.

»Das Hinterhaus ist als Zufluchtsort ideal. Obwohl feucht und schiefgezogen, wird man in ganz Amsterdam, ja vielleicht in ganz Holland, kein Versteck für Untergetauchte finden, das so komfortabel eingerichtet ist.« (Anne Frank)

Die Untergetauchten

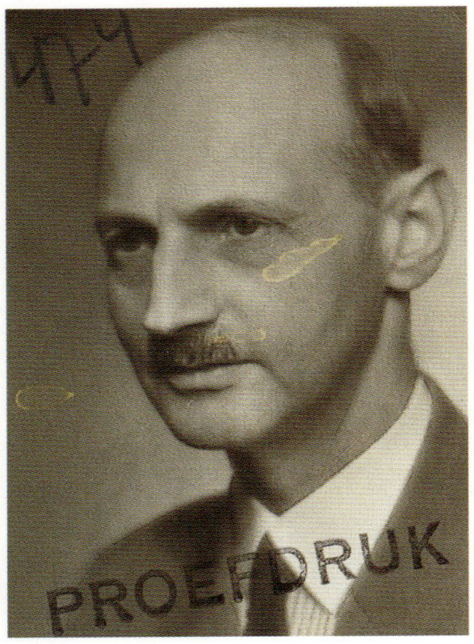

Otto Frank

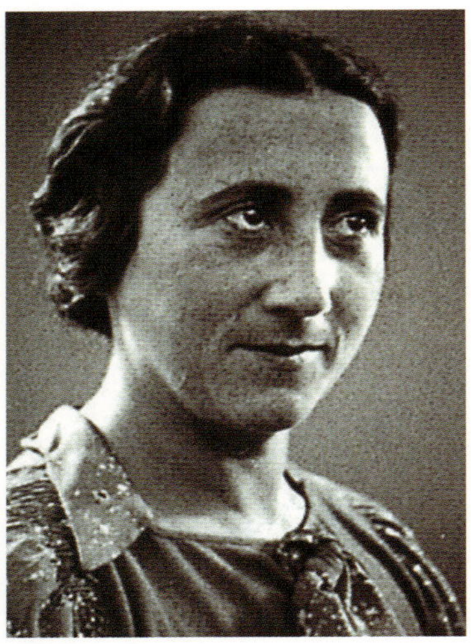

Edith Frank-Holländer

Margot Frank

Anne Frank

Hermann van Pels

Auguste van Pels-Röttgen

Peter van Pels

Fritz Pfeffer

Die Helfer

Miep Gies-Santrouschitz

Jo Kleiman

Victor Kugler

Bep Voskuijl

46 Magazin

58 Privatbüro und Küche

68 Büro Victor Kugler

74 Büro Miep Gies, Jo Kleiman und Bep Voskuijl

90 Lagerraum

98 Treppenpodest mit Drehregal

108 Zimmer Otto, Edith und Margot Frank

126 Zimmer Anne Frank und Fritz Pfeffer

148 Waschraum

154 Zimmer Hermann und Auguste van Pels

170 Zimmer Peter van Pels und Dachboden

Vorder- und Hinterhaus

Untergetaucht

»Im Erdgeschoss ist ein großes Magazin, wo die Waren gelagert werden. Es ist in verschiedene Bereiche unterteilt, den Mahlraum, wo Zimt, Nelken und Pfefferersatz gemahlen werden, und den Vorratsraum.«

9. Juli 1942

Magazin

Im Erdgeschoss befindet sich das Magazin. Dort arbeiten mehrere Lagerarbeiter unter dem Lagerverwalter Johan Voskuijl, dem Vater der Helferin Bep Voskuijl, die im Büro der Firma tätig ist. Die Lagerarbeiter mahlen die Gewürze für Gies & Co. und sorgen für die Auslieferung der Opekta-Artikel. Büro und Magazin sind getrennte Bereiche. Die Büroangestellten kommen selten ins Magazin.

»Tagsüber müssen wir immer sehr leise gehen und leise sprechen, denn im Magazin dürfen sie uns nicht hören.«

11. Juli 1942

Mit Ausnahme von Johan Voskuijl wissen die Lagerarbeiter nichts von dem Versteck. Wie die Nachbarn sind sie deshalb für die Untergetauchten ein ständiger Anlass zur Besorgnis. Als Johan Voskuijl ernsthaft erkrankt, kommt Willem van Maaren als Ersatz. Alle Bewohner des Hinterhauses misstrauen ihm.

Opekta

1 Betriebsamkeit an der Prinsengracht in den dreißiger Jahren. Nummer 263 ist seit dem 1. Dezember 1940 der Sitz von Otto Franks Firma. In diesem Teil der Prinsengracht befinden sich viele Lagerhallen und kleine Firmen wie Kaffee-, Tee- und Gewürzhandlungen sowie kleine Fabriken. Die Waren und Rohstoffe werden per Schiff oder mit Lieferfahrrädern transportiert.

»Wir haben große Angst, dass die Nachbarn uns hören oder sehen könnten. Rechts neben uns ist eine Filiale von Keg, einer Firma aus Zaandam, links eine Möbeltischlerei. Diese Leute sind nach der Arbeitszeit also nicht in den Gebäuden, aber trotzdem könnten Geräusche nach außen dringen. Wir haben Margot auch verboten, nachts zu husten, obwohl sie sich eine schwere Erkältung eingefangen hat, und geben ihr große Mengen Codein.« (11. Juli 1942)

2 Der hintere Bereich des Magazins, wo die gemahlenen Gewürze abgewogen und verpackt werden. Hermann van Pels ist für diesen Zweig der Firma verantwortlich. Im Krieg herrscht große Nachfrage nach Gewürzersatzprodukten. Der Handel mit echten Gewürzen, größtenteils Kolonialwaren aus Indonesien, dem ehemaligen Niederländisch-Indien, ist durch den Krieg praktisch zum Erliegen gekommen.

3 Das Pektin für die Zubereitung von Marmelade und Gelee wird in Tütchen und kleine Flaschen verpackt. Außerdem liefert die Firma Opekta Einmachcellophan zum luftdichten Verschließen von Marmeladengläsern. Opekta beliefert Drogerien und Lebensmittelgeschäfte und schult Hausfrauen in der Verwendung der Produkte.

4 Anne Frank ist über die Firma ihres Vaters manchmal begeistert: *»So eine tolle Firma wie unsere gibt es auf*

1

3

der ganzen Welt nicht mehr.« (25. September 1942). Das Werbeplakat von Opekta hängt sie auch in ihrem Zimmer auf. Ein andermal findet sie das Unternehmen ihres Vaters nur langweilig.

5 Pectacon, die Firma für Gewürze und Kräutermischungen, ist während des Krieges und danach auf den Namen der nichtjüdischen Helfer eingetragen: Gies & Co. Der Sitz der Firma ist im Firmenlogo zu erkennen: der Turm der Westerkirche. Für die Gewürzmischungen werden spezielle Sorten fabriziert, wie die EFWEKA, die Feinen Wurstkräuter.

»Liebe Kitty, Wir haben eine neue Beschäftigung, nämlich Päckchen mit Bratensoße (in Pulverform) zu füllen. Diese Bratensoße ist ein Fabrikat von Gies und Co; Herr Kugler kann keine Abfüller finden, und wenn wir es machen, ist es auch viel billiger. Es ist eine Arbeit, wie sie auch Häftlinge in Gefängnissen machen müssen, ausgesprochen langweilig, und man wird davon schwindlig und albern.« (13. Januar 1943)

2

4

N.V. HANDELSVEREENIGING GIES & C°.

Specerijen en Conserveermiddelen

PRINSENGRACHT 263 – AMSTERDAM – TELEFOON 40152 – GIRO 492105
AMSTERDAMSCHE BANK, DAMRAK – NED. MIDDENSTANDSBANK, AMSTERDAM
GEM. GIRO AMSTERDAM G. 1465

Gelieve bij overschrijving op bank of giro dit nummer te vermelden

Nr.................... Dank U!

Voor aan UEd. geleverd:

5

1 Der Mahlraum der Firma Gies & Co im mittleren Bereich des Magazins. Außer Zimt, Nelken und Pfefferersatz nennt Anne im Tagebuch auch noch die Gerüche von Pfeffer und Thymian.

»Wir können nicht atmen, ohne zu niesen und zu husten, so viel Pfeffer wird dort durch die Mühlen gedreht. Jeder, der heraufkommt, begrüßt uns mit ›hatschi‹. Frau van Pels behauptet, dass sie nicht nach unten geht, weil sie krank würde, wenn sie noch mehr Pfeffer riecht. Vaters Firma finde ich überhaupt nicht schön. Nichts als Geliermittel oder scharfer Pfeffer. Wenn man schon mit Lebensmitteln handelt, muss doch auch was zu naschen dabei sein.« (4. März 1943)

2 Geschäftsbuch des Großhändlers, der am 20. Oktober 1942 für Gies & Co Muskatnussbutter kauft.

3 Folgende Gewürze und Kräuter werden von Gies & Co gehandelt, wie aus den Geschäftsunterlagen des Großhändlers hervorgeht: Muskatnuss, weißer und schwarzer Pfeffer, Piment, Zimt, Cassia Lignea, marokkanischer Koriander, Mazis, Nelken, gemahlene Paprika, Koriandersamen, Kurkuma und pulverisierter Ingwer.

4 Nicht nur von der Straßenseite, sondern auch von der Gartenseite droht die Gefahr der Entdeckung. Die Lagerarbeiter dürfen tagsüber nichts von den Untergetauchten hören. Die Nachbarn dürfen selbstverständlich auch nichts merken, deshalb sind Geräusche auch am Abend gefährlich. Je länger der Krieg andauert, desto öfter wird in das Firmengebäude eingebrochen. Für die Menschen im Unterschlupf bedeutet das eine ständige Gefahr.
»Wir hatten wieder ziemlich viel Aufregung, weil eingebrochen wurde. Was war nun passiert? Der Dieb muss einen Nachschlüssel gehabt haben, denn die Tür war nicht aufgebrochen. Es ist sehr mysteriös. Wer kann hier unseren Schlüssel haben? Und warum ist der Dieb nicht ins Magazin gegangen? Wenn der Dieb einer der Lagerarbeiter ist, weiß er jetzt also, dass abends jemand im Haus ist.« (1. März 1944)

5 Hans Wijnberg ist eines der nichtjüdischen Nachbarskinder in der Prinsengracht. Er kommt oft ins Magazin und stromert durch die Gärten der Nachbarschaft. Als die Versorgungslage im Krieg immer schwieriger wird, wollen Hans und seine Schwester Els ihrer Mutter helfen. So machen sie sich im Magazin von Opekta und Gies & Co auf die Suche nach etwas Essbarem.

Hans Wijnberg
1998

Els Schönbeck-
Wijnberg 1998

Hans und Els Wijnberg erzählen Jahre später über ihren »Einbruch«:
»Wir wohnten hier in der Gegend. Ich (Hans) war ungefähr zehn und schnüffelte in Lagerräumen und Werkstätten herum. So kam ich auch in das Magazin von Nummer 263. Ich erinnere mich an den Geruch von Pfeffer, Nelken und Zimtstangen. Der ›Einbruch‹ war eigentlich ein Einschleichen, kein richtiger Einbruch, denn wir konnten so hinein, ohne das Schloss aufzubrechen. Ich wusste, dass dort irgendwo noch Gewürze lagern mussten und wollte irgendwann abends oder am Wochenende etwas davon holen. Zusammen mit meiner Schwester Els ging ich durch den Garten, sie zwängte sich durchs Fenster und öffnete die Tür. Wir hatten bereits ein paar Muskatnüsse eingepackt, als ich plötzlich hörte, dass auf der Toilette die Wasserspülung abgezogen wurde. Das Rohr verlief hinten, wie in unserem Haus, also war mir sofort klar, dass jemand im Haus war, und ich dachte: Nichts wie weg! Wir haben keinem etwas davon erzählt. Wir waren es gewohnt, den Mund zu halten, bei uns zu Hause hat sich auch ab und zu jemand versteckt, und wir hatten in dem Magazin ja auch nichts zu suchen.«

de N.V. Handelsverg Gies & Co
20 October 1942
van de Heeren Schier & Remij, Alhier.
Alhier.
GEKOCHT
200 à 250 Kilogram Nootmuskaatboter volgens monster à F. 8.-
Kilo, Netto Contant. Af pakhuis Amsterdam.
Hoogachtend,

2

5

3

4

1

1 Das Haus an der Prinsengracht ist so verwinkelt, dass ein neuer Arbeiter das Versteck nicht schnell entdecken wird, vor allem, weil die Lagerarbeiter praktisch immer unten bleiben. Der einzige Lagerist, der Bescheid weiß, Johan Voskuijl, wird 1943 aufgrund einer schweren Krankheit arbeitsunfähig. Am 15. Juni jenes Jahres schreibt Anne: *»Für uns ist es eine Katastrophe, dass uns der gute Voskuijl nicht mehr auf dem Laufenden hält über alles, was im Magazin passiert und was man dort hören kann. Er war unsere beste Hilfe und Stütze, wenn es um die Vorsicht geht, wir vermissen ihn sehr.«* Während der Zeit im Versteck wechselt das Lagerpersonal häufiger.

»Wir bekommen einen neuen Lagerarbeiter, der alte muss nach Deutschland, das ist schlimm, aber für uns sehr gut, weil ein neuer das Haus nicht kennt. Wir haben noch immer Angst vor den Lagerarbeitern. Unser Gemüsehändler weiß, dass wir uns verstecken, und kommt darum auch immer schön in der Mittagszeit, wenn im Magazin keiner ist.« (4. März 1943)

2 Der vordere Bereich des Magazins. Mit dem Lieferrad werden die verpackten Gewürze und Opekta-Artikel ausgeliefert. Im Laufe des Krieges wird der Treibstoff immer knapper, und man transportiert die Waren mit Hilfe von Menschen- oder Pferdekraft.

3 Der Eingang des Magazins in den frühen fünfziger Jahren, mit einem unbekannten Arbeiter. Im Krieg stehen die Magazintüren tagsüber häufig offen. Dadurch beobachten die Lagerarbeiter ungewöhnliche Dinge – wie Lammert Hartog, der seit dem Frühjahr 1944 hier arbeitet. Ihm fällt auf, dass der Bäcker so viel Brot liefert, und er redet mit seiner Frau Lena darüber, die in der Firma putzt. Auch der neue Lagerverwalter

1

3

van Maaren ist misstrauisch. Er vermutet, dass abends Leute im Gebäude sind.

»Wahrscheinlich ist van Maaren auch misstrauisch wegen uns; er legt im Magazin die Bücher und Papiere auf die äußersten Kanten, so dass sie schon herunterfallen müssen, wenn man nur hindurchgeht. Mit Kleiman, der inzwischen hier war, Kugler und den beiden Herren wurde hin und her überlegt, wie man diesen Kerl loswerden könnte. Unten finden sie es zu riskant. Ist es so nicht noch viel riskanter?« (25. April 1944)

Willem van Maaren um 1965

1948 finden auf Antrag von Jo Kleiman und Otto Frank polizeiliche Ermittlungen statt, die ans Licht bringen sollen, wer die Untergetauchten an der Prinsengracht verraten hat. Einer der Verdächtigen ist Willem van Maaren. Auch den anderen Lagerarbeitern wird auf den Zahn gefühlt. Van Maaren leugnet entschieden, sich des Verrats schuldig gemacht zu haben. Aus seiner Erklärung vom 31. März 1948: »Ich bin im Frühjahr 1943 als Lagerarbeiter in den Dienst der Firma Opekta getreten. Meine Tätigkeit verrichtete ich ausschließlich im Lager, das im Erdgeschoss des Gebäudes gelegen war. Allerdings begann ich im Laufe der Jahre 1943 - 1944 zu ahnen, dass in dem Haus etwas Ungewöhnliches im Gange war, aber ohne dabei an untergetauchte Juden zu denken. Der Grund für meine Vermutung war, dass vom Bäcker, Milchmann und Gemüsehändler ziemlich große Mengen Lebensmittel geliefert wurden.« Van Maaren betont, dass auch andere Besucher in das Haus gekommen seien und auch die Nachbarn eine Gefahrenquelle gebildet hätten. Die Frage, wer den Verrat beging, wurde nie beantwortet. Es gab keine Beweise.

1 Abends gehen die Untergetauchten manchmal in das Magazin. Hermann van Pels verliert dort einmal sein Portemonnaie; Peter kontrolliert unten immer alles, ehe die Bewohner des Hinterhauses schlafen gehen. Nachts ist das Magazin die Domäne von Katzen und Ratten.

»Moffi ist die Magazin- und Bürokatze und hält im Lagerraum die Ratten fern. Auch für ihren politischen Namen gibt es eine einfache Erklärung. Eine Zeitlang hatten Gies & Co zwei Katzen, eine für das Magazin und eine für den Dachboden. Es kam schon mal vor, dass sich die beiden begegneten, dann gab es immer große Kämpfe. Die Magazinkatze war immer diejenige, die angriff, während das Dachbodentier am Ende doch siegte. Wie in der Politik, also wurde die Magazinkatze der Deutsche oder Moffi genannt und die Dachbodenkatze der Engländer oder Tommy.« (12. März 1943)

1

3

2

4

Eines Abends geht durch einen Kurzschluss das Licht aus. »*Neue Sicherungen waren zwar im Haus, aber die Sicherung musste ganz hinten im dunklen Magazin eingeschraubt werden, abends nicht gerade eine angenehme Aufgabe. Trotzdem riskierten es die Herren, und nach 10 Minuten konnten wir unsere Kerzenbeleuchtung wieder wegräumen.*« (20. Oktober 1942)

2 Einem Grachtenhaus kann man von außen nicht ansehen, wie es im Innern aufgeteilt ist. Jedes Grachtenhaus ist anders. Die beiden Türen links vom Magazin führen direkt zu einer Treppe. Durch die linke Tür gelangt man zu der langen, steilen »Beinbrechtreppe«, die in den zweiten Stock hinaufführt, durch die rechte Tür zu einer kurzen Treppe, die zum Büro im ersten Stock führt. Diese Treppe benutzen die Büroangestellten. Durch die Türen (rechts) gelangt man in das Magazin. So haben »Büro« und »Magazin« jeweils einen separaten Eingang.

3 Der Durchgang vom Magazin zur Büroetage. Tagsüber müssen Büroangestellte und Magazinarbeiter des öfteren etwas besprechen. Dann wird dieser Durchgang benutzt.
»*Vom Vorderhaus aus führt auf der anderen Seite auch noch eine lange, hypersteile, echte holländische Beinbrechtreppe zur zweiten Haustür.*« (9. Juli 1942)

4 Die lange, steile »holländische Beinbrechtreppe«

5 Die Treppe zu den Büros im ersten Stock. Unangemeldeter Besuch kommt nicht weiter als bis zu der Tür mit der Luke, auf der »Büro« steht.

5

»Vier Stufen hinauf zum Prunkstück des ganzen Hauses, dem Privatbüro. Vornehme, dunkle Möbel, Linoleum und Teppiche, Radio, schicke Lampe, alles prima-prima. Nebenan eine große, geräumige Küche mit Warmwasserboiler und zwei Gaskochern, daneben die Toilette.«

9. Juli 1942

Privatbüro und Küche

Wenn das Personal nach Hause gegangen ist, verlassen die Untergetauchten oft ihr Versteck. Sie gehen dann in die Büro- und Betriebsräume, aber auch in das Chefzimmer oder Privatbüro, wie Anne es nennt. Dieses Büro befindet sich im ersten Stock, direkt unter dem Versteck, und wird gelegentlich für geschäftliche Besprechungen benutzt. Außerdem werden hier manchmal Vorräte für die Untergetauchten abgestellt. Die Küche ist vor allem für die Wäsche wichtig.

»Gestern abend sind wir alle vier ins Privatbüro gegangen und haben den englischen Sender angestellt, ich hatte so schreckliche Angst, jemand könnte es hören, dass ich Vater buchstäblich angefleht habe, wieder mit nach oben zu gehen; Mutter verstand meine Angst und ging mit.«

11. Juli 1942

Für die Untergetauchten ist das Privatbüro abends und am Wochenende ein Ort, wo sie sich gründlich waschen, arbeiten und Radio hören können. Sie waschen sich hin und wieder in der Küche und Anne manchmal auch auf der Toilette. Warmes Wasser holen sie sich aus der Küche. Anne und Peter lugen ab und zu durch die Fenster nach draußen.

Opekta

1 Jo Kleiman und A.W. Kwakernaak im Privatbüro, 1954

Anne schreibt, dass zweimal Vertreter der Pomosin-Werke aus Frankfurt kommen, um Opekta-Lieferungen zu besprechen. Am 1. April 1943 notiert sie: *»Die Frankfurter Herren kamen, Vater bibberte schon im voraus über den Ausgang der Besprechung. ›Wenn ich doch dabei sein könnte, wäre ich doch bloß unten‹, rief er. ›Dann leg dich doch hin und halt dein Ohr an den Boden, die Herren kommen ja ins Privatbüro, dann kannst du alles hören.‹ Vaters Gesicht hellte sich auf, und gestern morgen um halb 11 nahmen Margot (zwei Ohren hören mehr als eins!) und Pim (Vater) ihre Stellung auf dem Fußboden ein.«*

»Die Besprechung wurde am Vormittag nicht beendet, aber am Nachmittag war Vater nicht mehr imstande, die Abhöraktion fortzusetzen. Durch die ungewohnte und unbequeme Haltung war er wie gerädert. Um halb drei nahm ich seinen Platz ein. Margot leistete mir Gesellschaft; das Gespräch war zum Teil so weitschweifig und langweilig, dass ich plötzlich auf dem harten, kalten Linoleumboden eingeschlafen war. Margot wagte mich nicht anzurühren, aus Angst, sie könnten uns unten hören, und rufen ging erst recht nicht. Ich schlief eine gute halbe Stunde, wachte dann erschrocken auf und hatte alles von der wichtigen Besprechung vergessen. Zum Glück hatte Margot besser aufgepasst.« (1. April 1943)

→ Über diese Treppe gelangen die Helfer zu dem Versteck. Die Treppe endet vor dem Bücherregal. Abends schleichen die Untergetauchten über diese Treppe in das Privatbüro oder in die Küche.

2 In der ersten Zeit hören die Untergetauchten im Privatbüro Radio. Am 21. September 1942 schreibt Anne:

»Ich gehe jeden Samstagabend ans Radio, da gibt es dann aus Deutschland einen bunten Abend, aber es wird jedes Mal fader seit dem ersten Abend, da hieß die Sendung ›Verliebt, verlobt, verheiratet‹. Später steht ein Radio im Hinterhaus, im Zimmer der Familie van Pels. Jeden Tag hören die Untergetauchten Nachrichten.

»Letzten Samstag kamen die ausländischen Herren wieder zu Besuch. Sie sind bis sechs Uhr geblieben, wir saßen alle oben und wagten uns nicht zu rühren. Wenn sonst niemand im Haus oder in der Nachbarschaft an der Arbeit ist, hört man im Privatbüro jeden Schritt. Ich habe wieder das Sitzfieber, so lange mäuschenstill sitzen ist wirklich nicht angenehm.« (27. April 1943)

3 Während sich die Franks verstecken müssen, kommen mindestens zweimal Geschäftspartner Otto Franks von den Pomosin-Werken aus Frankfurt am Main nach Amsterdam. Einer von ihnen berichtet darüber nach dem Krieg: »Otto Frank und ich waren Geschäftspartner und das noch, als Otto Frank schon nach Holland emigriert war. Ich habe Otto Frank dann noch öfters in Amsterdam getroffen, aber eines schönen Tages war er weg. Seine Partner, Kleiman und Kugler, arbeiteten weiter im Kontor Prinsengracht, und so kam es auch, dass ich mit ihnen verhandeln musste. Und damals, am 1. April, ging es um Otto Frank, der ja als Jude keine führende Stellung mehr bekleiden durfte. Sie können sich denken, wie unerfreulich für mich diese Verhandlungen gewesen sind. Und ich versuchte, das Menschenmöglichste dabei herauszuholen. Nun las ich nach dem Kriege Annes Tagebuch. Und ich war natürlich überrascht, ihm entnehmen zu können, dass Otto Frank und Anne gerade dieses Gespräch anhören konnten.«

2

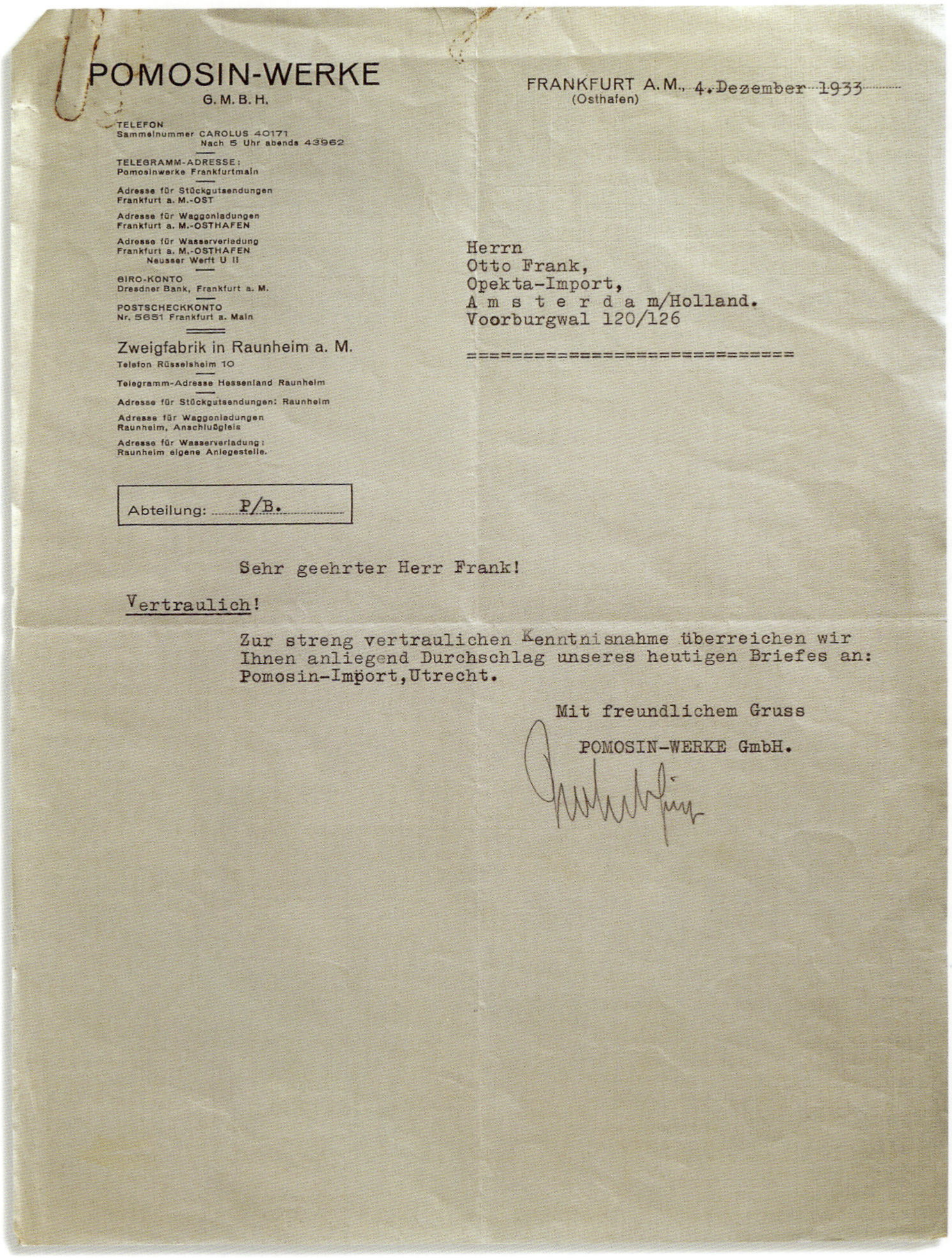

POMOSIN-WERKE
G. M. B. H.

TELEFON
Sammelnummer CAROLUS 40171
Nach 5 Uhr abends 43962

TELEGRAMM-ADRESSE:
Pomosinwerke Frankfurtmain

Adresse für Stückgutsendungen
Frankfurt a. M.-OST

Adresse für Waggonladungen
Frankfurt a. M.-OSTHAFEN

Adresse für Wasserverladung
Frankfurt a. M.-OSTHAFEN
Neusser Werft U II

GIRO-KONTO
Dresdner Bank, Frankfurt a. M.

POSTSCHECKKONTO
Nr. 5651 Frankfurt a. Main

Zweigfabrik in Raunheim a. M.
Telefon Rüsselsheim 10

Telegramm-Adresse Hessenland Raunheim

Adresse für Stückgutsendungen: Raunheim

Adresse für Waggonladungen
Raunheim, Anschlußgleis

Adresse für Wasserverladung:
Raunheim eigene Anlegestelle.

Abteilung: P/B.

FRANKFURT A. M., 4. Dezember 1933
(Osthafen)

Herrn
Otto Frank,
Opekta-Import,
A m s t e r d a m/Holland.
Voorburgwal 120/126

Sehr geehrter Herr Frank!

Vertraulich!

Zur streng vertraulichen Kenntnisnahme überreichen wir Ihnen anliegend Durchschlag unseres heutigen Briefes an: Pomosin-Import, Utrecht.

Mit freundlichem Gruss
POMOSIN-WERKE GmbH.

3

1 Im Sommer 1944 werden 24 Kistchen Erdbeeren im Büro abgeliefert. Die Untergetauchten werden eingeschaltet, um in der Büroküche Marmelade daraus zu kochen. *»Am Abend wurden sofort die ersten sechs Gläser eingeweckt und acht Gläser Marmelade gemacht.«* Am nächsten Nachmittag müssen alle helfen.

»Halb eins, Außentür abschließen, Kistchen abholen, Peter, Vater, van Pels poltern auf der Treppe, Anne warmes Wasser vom Boiler einfüllen, Margot Eimer holen, alle Mann an Deck! Mit einem ganz komischen Gefühl im Magen ging ich in die überfüllte Büroküche, Miep, Bep, Kleiman, Jan, Vater, Peter, Versteckte und Versorgungskolonne alle durcheinander, und das am hellichten Tag! Vorhänge und Fenster offen, lautes Reden, schlagende Türen, ich schlotterte vor Aufregung. Ja, aber verstecken wir uns überhaupt noch? fuhr es mir

1

3

durch den Kopf, so ein Gefühl muss das sein, wenn man sich wieder der Welt zeigen darf.« (8. Juli 1944)

2 Abends holen die Untergetauchten manchmal warmes Wasser aus der Küche. Vor den Fenstern sind Vorhänge, so dass sie niemand vom Garten aus sehen kann.

»Ich ging ganz allein nach unten und schaute im Privatbüro und in der Küche aus dem Fenster. Es ist keine Einbildung, dass der Anblick des Himmels, der Wolken, des Mondes und der Sterne mich ruhig und abwartend macht. Dieses Mittel ist viel besser als Baldrian oder Brom, die Natur macht mich demütig und bereit, alle Schläge mutig entgegenzunehmen! Es hat so sollen sein, dass ich die Natur nur ausnahmsweise und dann noch durch dick verstaubte Fenster mit schmutzigen Vorhängen sehen darf.« (13. Juni 1944)

3 *»Noch kurz ein paar Zeilen, heute habe ich gebadet, das geht sehr sonderbar vor sich, ich muss nämlich eine kleine Waschschüssel unten in die große Toilette stellen, dort gieße ich dann heißes Wasser vom Boiler in der Büroküche nebenan in die Schüssel und stelle mich mit den Füßen hinein, inzwischen setze ich mich auf die Toilette und fange an, mich zu waschen, aber natürlich geht alles daneben und später, wenn ich dann sauber bin, muss ich alles wieder mit dem schmutzigen Lappen aufwischen.«* (27. September 1942)

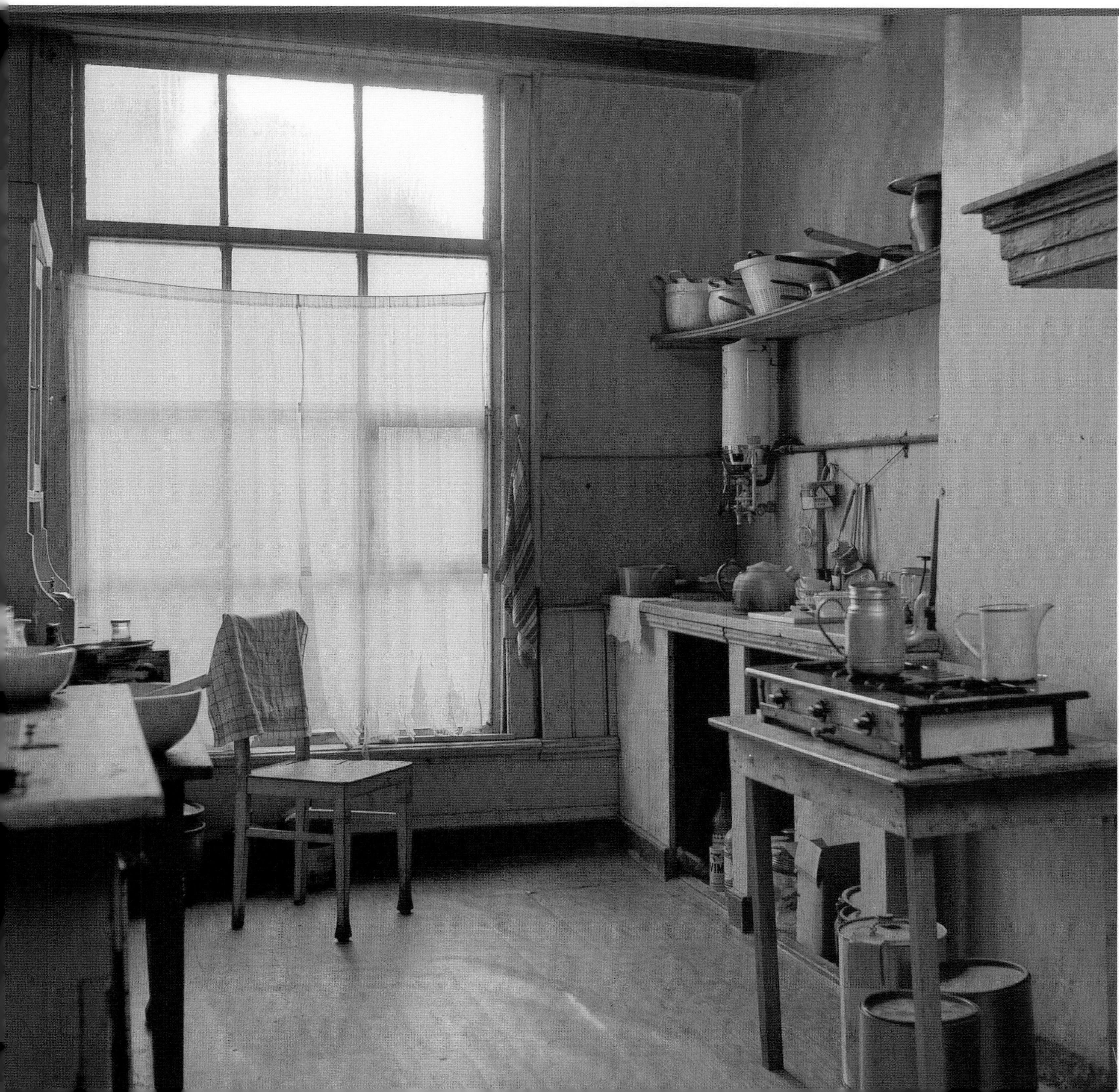

»Vom vorderen Büro aus kommt man durch ein Kabinett mit Tresor, Garderobe und großem Vorratsschrank in das kleine, muffige, ziemlich dunkle Hinterzimmer. Dort saßen früher Herr Kugler und Herr van Pels, jetzt arbeitet da nur noch ersterer.«

9. Juli 1942

Büro Victor Kugler

Bevor die Verfolgten im Hinterhaus untertauchten, war dieses Büro der Arbeitsplatz von Victor Kugler und Hermann van Pels. Während der Zeit des Untertauchens arbeitet Victor Kugler hier allein. Er schleust Gelder aus dem Betrieb zu den Untergetauchten und fühlt sich für deren Sicherheit verantwortlich. Meist schließt er abends das Haus ab. Außerdem versorgt er die Untergetauchten

»Kugler, dem die kolossale Verantwortung für uns acht manchmal zu gewaltig wird und der vor unterdrückter Nervosität und Aufregung fast nicht mehr sprechen kann.«

26. Mai 1944

mit Zeitungen und Zeitschriften. Kuglers Büro ist ausschließlich durch das vordere Büro und eine Tür im Gang zu erreichen, die sich nur von innen öffnen lässt. Niemand kann also von draußen durch den Gang direkt zu der Treppe weitergehen, die zum Versteck führt. Die Untergetauchten und vor allem Fritz Pfeffer benutzen dieses Büro an den Wochenenden und abends als Schreibraum.

HOE MEN VAN EEN POND ABRIKOZEN
MET Opekta
IN 10 MINUTEN
IN ELK JAARGETIJDE 8 POND
HEERLIJKE JAM KAN MAKEN

1 Victor Kugler an seinem Schreibtisch, 1941. Er ist vor allem für den Gewürzzweig der Firma verantwortlich. Mittags isst er zusammen mit den anderen Helfern bei den Verfolgten in ihrem Versteck.

In dem kleinen Raum zwischen Kuglers Büro und dem Vorzimmer verstecken die Helfer am 5. Dezember 1942 kleine Geschenke zum Nikolaustag für die Untergetauchten. Ein paar Tage später schreibt Anne über diese Überraschung und über das vorausgegangene jüdische Chanukkafest: *»Chanukka und Nikolaus fielen dieses Jahr fast zusammen, es war nur ein Tag Unterschied. Für Chanukka haben wir nicht viele Umstände gemacht, ein paar hübsche Kleinigkeiten hin und her und dann die Kerzen. Der Nikolausabend am Samstag war viel schöner. Bep und Miep hatten uns sehr neugierig gemacht, weil sie die ganze Zeit beim Essen mit Vater flüsterten, so dass wir schon ahnten, dass etwas vorbereitet wurde.«* (7. Dezember 1942)

»Um 8 Uhr gingen wir alle die Holztreppe hinunter, durch den stockdunklen Flur (mir war unheimlich zumute, und ich wünschte mir, schon wieder sicher oben zu sein!) in das kleine Durchgangszimmer, da konnten wir Licht anmachen, weil dieser Raum keine Fenster hat. Als das geschehen war, öffnete Vater den großen Schrank. ›Oh, wie schön‹, riefen wir alle. In der Ecke stand ein großer Korb, mit Nikolauspapier geschmückt, und oben war eine Schwarze-Piet-Maske befestigt. Schnell nahmen wir den Korb mit nach oben. Darin war für jeden ein schönes Geschenk mit einem passenden Vers.« (7. Dezember 1942)

2 Victor Kugler nimmt jede Woche Zeitschriften und Zeitungen für die Untergetauchten mit, wie »Prins«, »Rijk der Vrouw«, »Haagse Post« und manchmal »Das Reich«. Anne freut sich vor allem auf das Blatt »Cinema & Theater«: *»Herr Kugler macht mir jeden Montag eine Freude, wenn er mir die Cinema & Theater mitbringt. Obwohl die unmondänen Mitbewohner diese Verwöhnung oft als Verschwendung bezeichnen, staunen sie jedesmal von neuem, wie genau ich noch nach einem Jahr die Schauspieler in einem bestimmten Film aufzählen kann.«* (28. Januar 1944)

3 Während der Zeit im Versteck arbeitet Anne Frank manchmal im Büro von Kugler. Mal übt sie Steno, mal hilft sie bei der Büroarbeit. In Steno schreibt sie in ihr Tagebuch: *»Ich bin sehr stolz darauf, dass ich so etwas kann, denn ich glaube nicht, dass es viele Kinder, in welcher Schule auch immer, gibt, die in der Sekunda schon Steno können. … Wenn ich auf Beps Stenoblock gucke, kann ich mir nicht vorstellen, wie jemand so ein*

1

Gekritzel lesen kann, aber sie scheint es fertig zu bringen. Bei Kugler im Büro geschrieben, bei offenem Fenster, am 2. Mai 1943, Sonntag.«

»Donnerstag abend war ich mit Vater unten und habe in Kuglers Büro die Debitorenlisten gemacht, es war da unten sehr unheimlich, und ich war froh, als die Arbeit fertig war.« (7. November 1942)

»Ich konnte nicht anders. Ich musste ihnen helfen: Sie waren meine Freunde«, sagt Victor Kugler nach dem Krieg. »Meiner Frau habe ich nichts davon gesagt, sie war sehr krank. Ich wollte sie nicht beunruhigen und konnte deshalb zu Hause nicht darüber reden. Für die Untergetauchten änderte sich das Leben völlig. Sie mussten vollkommen still sein, vor allem tagsüber. Aber auch für uns, die Helfer, war es eine angespannte und angstvolle Zeit. Unsere größte Furcht war, dass das Versteck entdeckt würde. Im Kontakt mit ehemaligen Geschäftspartnern Otto Franks, vor Kunden und Nachbarn musste ich gut schauspielern. Und trotzdem ging das Leben in und außerhalb des Hinterhauses weiter. Anne sah mich immer mit Augen an, die zu fragen schienen: ›Haben Sie mir die Cinema & Theater mitgebracht? Sie wissen, wie verrückt ich danach bin.‹ Ab und zu versteckte ich das Blatt in meiner Tasche, um länger in diese fragenden Augen blicken zu können. Manchmal, wenn ich mit meinen täglichen Arbeiten beschäftigt war, konnte ich kaum glauben, dass schon zwei Jahre vergangen waren. Ihre einzige Hoffnung auf eine bessere Zukunft war der geheime Unterschlupf, wo sie den Sturm zu überleben versuchten. Sie hofften, aus diesem Versteck wieder als freie Menschen hervorzukommen.«

Victor Kugler
um 1950

3

»Dies ist das große vordere Büro, sehr groß, sehr hell, sehr voll. Tagsüber arbeiten dort Bep, Miep und Herr Kleiman.«

9. Juli 1942

Büro Miep Gies, Jo Kleiman und Bep Voskuijl

Im vorderen Büroraum arbeiten drei Leute: Miep Gies, Jo Kleiman und Bep Voskuijl. Alle drei sind als Helfer für die Untergetauchten unentbehrlich. Tagsüber muss die Arbeit so normal wie möglich weitergehen. Morgens um neun kommt das Büropersonal. Ein Stockwerk tiefer haben die Lagerarbeiter bereits um halb neun angefangen. In dieser halben Stunde müssen die Untergetauchten besonders still sein. Kein einziges Geräusch darf nach außen dringen. Sobald die Büroangestellten da sind, ist das weniger schlimm. Sie wissen ja Bescheid, und die Lager-

»Das beste Beispiel sind ja wohl unsere Helfer, die uns bis jetzt durchgebracht haben. Nie haben wir auch nur ein Wort gehört, das auf die Belastung anspielt, die wir ja bestimmt für sie sind.«

28. Januar 1944

arbeiter können denken, das Geräusch käme aus dem Büro. Trotzdem müssen die Untergetauchten immer möglichst still sein, denn manchmal kommen Vertreter ins Büro. Die Helfer sind auch immer auf der Hut. Abends um halb sechs geben die Helfer dem Hinterhaus ein Zeichen, dass die Lage »sicher« ist. Nach diesem Zeitpunkt und am Wochenende kommen die Untergetauchten auch in diesen vorderen Büroraum.

Jams en Geleiën
10
MET
Opekta
droog
INHOUD 20 GRAM · PRIJS 15 CTS.
Nu zelf
JAM
maken met
OPEKTA

6
MAANDAG

1 Das Büropersonal 1941, ein Jahr vor dem Untertauchen. Von links: Victor Kugler (sitzend am Schreibtisch von Jo Kleiman), Esther, Bep Voskuijl, Pine und Miep Gies. Die Nachnamen von Esther und Pine sind nicht bekannt. 1942 sind sie nicht mehr in der Firma beschäftigt.

2 Auf dieser Schreibmaschine tippt Miep Gies unter anderem Briefe des »Opekta-Informationsdienstes«. Diese Briefe enthalten Instruktionen zur Herstellung von Marmelade mit Opekta. Die Maschine wird auch von Kugler für die deutschen Geschäftsbriefe benutzt. Um sie gegen Diebstahl zu schützen, nimmt Otto Frank die Schreibmaschinen oft ins Hinterhaus mit. *»Pim (Vater) schleppt Schreibmaschinen nach oben«*, berichtet Anne am 10. August 1943.

»Jeden Tag kommen sie alle herauf, sprechen mit den Herren über Geschäft und Politik, mit den Damen über Essen und die Belastungen der Kriegszeit, mit den Kindern über Bücher und Zeitungen. Sie machen sooft sie können ein fröhliches Gesicht, bringen uns zu Geburts- und anderen Festtagen Blumen, stehen uns immer und überall zu Diensten. Das ist es, was wir nie vergessen dürfen – während andere im Krieg oder gegenüber den Deutschen Heldenmut zeigen, beweisen unsere Helfer Heldenmut in ihrer Fröhlichkeit und Liebe.« (28. Januar 1944)

3 Durch diese Luke erteilen die Mitarbeiter des Büros den Opekta-Vertretern Instruktionen.

»Miep und Kugler tragen die größte Last durch uns und die anderen Versteckten. Kleiman und Bep sorgen auch gut für uns, sehr gut sogar, aber sie können das Hinterhaus manchmal vergessen, wenn auch nur für ein paar Stunden, einen Tag oder vielleicht zwei. Sie haben ihre

eigenen Sorgen, Kleiman wegen seiner Gesundheit, Bep wegen ihrer Verlobung, um die es nicht so rosig steht, und neben diesen Sorgen haben sie noch ihre Ausflüge, ihre Besuche, ihr ganzes Leben normaler Menschen.« (26. Mai 1944)

Otto Frank und die vier Helfer. Von links: Miep Gies, Jo Kleiman, Otto Frank, Victor Kugler und Bep Voskuijl. Das Foto wurde nach dem Krieg aufgenommen, wahrscheinlich von Kugler mit Selbstauslöser.

3

4

2

1 Miep Gies sorgt zusammen mit Bep Voskuijl für die täglichen Einkäufe. Sie weiß vorher nie, was zu bekommen ist: »*Von Mal zu Mal schien es in den Läden weniger Waren zu geben, dafür aber waren die Käuferschlangen länger.*« Miep bringt außerdem jeden Samstag fünf Bücher aus der Bibliothek mit, und sie hält die Untergetauchten über die Ereignisse in der Außenwelt auf dem Laufenden. Anfangs erzählt sie alles über die Razzien auf der Straße, aber als sie merkt, wie deprimierend das für die Bewohner des Hinterhauses ist, verschweigt sie es später.

»Miep ist ein richtiger Packesel, sie rackert sich ab. Fast jeden Tag hat sie irgendwo Gemüse aufgetrieben und bringt alles in großen Einkaufstaschen auf dem Fahrrad mit. Wir warten schon immer ungeduldig auf den Samstag, weil dann die Bücher kommen, wie kleine Kinder auf ein Geschenk. Normale Leute wissen auch nicht, was einem Bücher bedeuten, wenn man eingesperrt ist. Lesen, lernen und das Radio sind unsere einzige Ablenkung.« (11. Juli 1943)

2 Der Gemüseladen Leliegracht 58 mit Riek van Hoeve in der Tür, um 1940. Miep hat vertraute Adressen, um Gemüse und Fleisch zu besorgen. Gemüsehändler Henk van Hoeve weiß von den Untergetauchten und liefert ohne Marken und zum normalen Preis.

3 Am 25. Mai 1944 wird Henk van Hoeve verhaftet, weil er zwei Juden bei sich zu Hause versteckt hat. Er überlebt vier Konzentrationslager. Die Porträtaufnahme wurde kurz nach seiner Rückkehr aus den Lagern gemacht.

4 Während der Besatzung sind verschiedene Waren nur »auf Marken« erhältlich, damit jeder einen Teil der knappen Produkte kaufen kann. Im Laden muss der Kunde neben der normalen Bezahlung mit Geld auch solche Marken abgeben. Um sie zu erhalten, muss man beim zuständigen Amt eine Lebensmittelbezugskarte vorzeigen. Untergetauchte, die illegal leben, besitzen so eine Karte natürlich nicht. Der Widerstand sorgt für gefälschte Papiere. Mieps Mann, Jan Gies, besorgt die Lebensmittelkarten für die Untergetauchten im Hinterhaus.

5 Der Ausweis von Jan Gies. Die deutsche Besatzungsmacht verpflichtet alle Bürger der Niederlande, immer einen Ausweis bei sich zu haben. In die Ausweise der Juden ist ein großes J gestempelt.

6 Ausweis von Miep Gies-Santrouschitz.

»Miep und Jan haben bei uns übernachtet. Margot und ich haben für eine Nacht bei unseren Eltern geschlafen,

2

5

6

3

4

so dass das Ehepaar Gies unsere Plätze einnehmen konnte. Das Menü ihnen zu Ehren war köstlich. Nach einem geselligen Frühstück ging Miep nach unten. Es regnete in Strömen, und sie war froh, dass sie nicht erst mit dem Rad ins Büro fahren musste.« (20. Oktober 1942)

Miep Gies 1996

»Ich habe geholfen, weil ich weiß, wie schnell Menschen in Not geraten, ohne etwas Falsches getan zu haben«, erzählt Miep Gies 1998. »Ich konnte sie nicht retten, aber ich habe doch geholfen. Das Wort ängstlich kannten wir nicht, aber später dachte ich manchmal: Wie soll das nun weitergehen. Tagsüber sprachen wir nicht so viel über die Untergetauchten. Alles musste seinen Gang gehen, denn wenn man darüber gesprochen hätte, hätte man unter Druck gestanden. Auf die Außenwelt musste es so entspannt wie möglich wirken. Manchmal dachte ich nachts im Bett: Ach, wie schlimm, dass sich die Leute dort verstecken müssen. Wie würde ich mich dort fühlen? Nun, ich habe eine Nacht dort geschlafen, und ich habe es gewusst! Es war beklemmend, entsetzlich beklemmend! Vor allem das Eingeschlossensein, die Tatsache, dass man nicht hinausdurfte. Gut, für uns alle war Krieg, aber Jan und ich hatten die Freiheit, nach Belieben zu Hause zu bleiben oder nach draußen zu gehen. Diese Leute steckten in einem Gefängnis, einem Gefängnis mit Türen, die von innen verschlossen waren.«

In einem Rundfunkinterview nach dem Krieg sagt Kleiman: »An der Versorgung von Otto Frank und seiner Familie in der Zeit, als er untertauchen musste, habe ich mich beteiligt, weil ich ihn als einen seriösen Geschäftsmann und einen hochanständigen und sehr hilfsbereiten Menschen, der wegen dieser Eigenschaften auch allgemein geachtet war, kennen gelernt hatte.« Kleimans Hilfe beginnt in der Vorbereitungsphase: »Einige Monate vor dem Untertauchen haben wir das Hinterhaus als Wohnung eingerichtet, wo sie relativ gut leben konnten. Nach halb sechs Uhr abends konnten sich die Untergetauchten im ganzen Haus bewegen. Aus dem Fenster zu schauen war nicht möglich, denn wir hatten überall dicke Vorhänge aufgehängt. Dass Anne so viel in ihr Tagebuch schrieb, auch über uns, die Helfer, wusste ich überhaupt nicht. Meine Frau wusste alles über das Versteck, meiner Tochter aber hatten wir zuerst nichts erzählt. Irgendwann versprach ich mich jedoch, und da stellte sich heraus, dass sie Bescheid wusste. Anne war dreizehn, als sie hierher kam, und fünfzehn, als sie abgeholt wurde. In der Zwischenzeit war sie vom Kind zur jungen Frau geworden.«

Jo Kleiman 1945

»Zum Glück war Herr Kleiman da«, seufzt Anne regelmäßig in ihrem Tagebuch. In allen möglichen Momenten ist Jo Kleiman eine große Stütze für die Untergetauchten. Schon bei den Vorbereitungen für das Untertauchen helfen Kleiman und sein Bruder. Otto Frank bespricht alle Geschäftsangelegenheiten mit ihm. Für Opekta unterhält Kleiman den Kontakt mit dem Baseler Lizenzinhaber Erich Elias, Otto Franks Schwager. Bei Kalamitäten wie einem Einbruch, einer Flohplage oder einem unerwarteten Besuch ist Kleiman der erste, der die Lage sondiert. Außerdem ist er Anne zufolge *»eine hervorragende Quelle für die letzten Neuigkeiten aus der Stadt«*.

1 Auszug aus dem Handelsregister. Bereits seit dem 16. Dezember 1941 sind die Firmen von Otto Frank auf die Namen der Helfer eingetragen. *»Herr Kleiman hat ›Opekta‹ übernommen und Herr Kugler ›Gies und Co.‹,*

3

die Firma für Gewürzersatz«, schreibt Anne am 5. Juli 1942. In der täglichen Praxis bleibt Otto Frank jedoch der Chef. Während der Zeit des Untertauchens beraten sich Kleiman und Kugler täglich mit ihm.

2 So sieht das Etikett einer Flasche Geliermittel zur Marmeladenzubereitung aus.

3 Die Krankheit Jo Kleimans (links) ist ein ständiger Anlass zur Sorge. 1943 und 1944 hat er Probleme mit dem Magen. Zwischendurch ist er so oft wie möglich im Büro.

»Unser Aufmunterer, Herr Kleiman, hat gestern eine schlimme Magenblutung bekommen und muss mindestens drei Wochen das Bett hüten. Du musst wissen, dass er oft an Magenblutungen leidet, gegen die anscheinend kein Kraut gewachsen ist.« (1. April 1943)

4 *»Herr Kleiman bringt mir alle vierzehn Tage ein paar Mädchenbücher mit, wie nett er doch ist, er bringt alles genau zur rechten Zeit«*, schreibt Anne am 21. September 1942. So überrascht Kleiman sie mit »Het boek voor de jeugd« (Das Buch für die Jugend). Später bringt er Anne und Margot Bücher mit, die seine Tochter ausgelesen hat. Manchmal besucht er das Hinterhaus zusammen mit seiner Frau. Anne fragt dann Frau Kleiman über das Leben ihrer Tochter und über die Außenwelt Löcher in den Bauch.

»Ich habe schon öfter geschrieben, dass wir alle so viel mit Stimmungen zu tun haben, und ich glaube, dieses Leiden nimmt bei mir vor allem in letzter Zeit stark zu. ›Himmelhoch jauchzend, zu Tode betrübt‹ passt hier sicher. ›Himmelhoch jauchzend‹ bin ich, wenn ich daran denke, wie gut wir es hier haben und wenn ich mich mit anderen jüdischen Kindern vergleiche, und ›zu Tode betrübt‹ überfällt mich zum Beispiel, wenn Frau Kleiman hier war und von Jopies Hockeyclub, Kanufahrten, Theateraufführungen und Teenachmittagen mit Freunden erzählt hat.« (24. Dezember 1943)

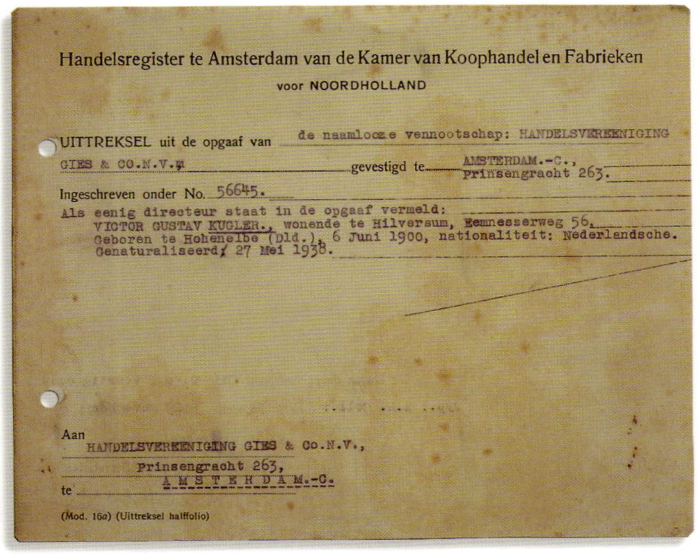

Handelsregister te Amsterdam van de Kamer van Koophandel en Fabrieken
voor NOORDHOLLAND

UITTREKSEL uit de opgaaf van de naamlooze vennootschap: HANDELSVEREENIGING GIES & CO.N.V. gevestigd te AMSTERDAM.-C., Prinsengracht 263.

Ingeschreven onder No. 56645.

Als eenig directeur staat in de opgaaf vermeld:
VICTOR GUSTAV KUGLER., wonende te Hilversum, Eemnesserweg 56,
Geboren te Hohenelbe (Dld.), 6 Juni 1900, nationaliteit: Nederlandsche.
Genaturaliseerd; 27 Mei 1938.

Aan
HANDELSVEREENIGING GIES & Co.N.V.,
Prinsengracht 263,
te AMSTERDAM.-C.

(Mod. 16a) (Uittreksel halffolio)

1

4

2

1 Bep Voskuijl (links) mit ihren Kolleginnen Miep, Esther und Pine vor dem Haus an der Prinsengracht, 1941. Bep ist zusammen mit Miep Gies für die Versorgung mit Lebensmitteln verantwortlich. Sie ist die älteste von sechs Geschwistern. Eigentlich heißt sie Elisabeth, wird aber meist Bep genannt. Weil bei ihr zu Hause nicht genug zu essen für alle da ist, isst sie jeden Tag mit den Untergetauchten. Wie Miep und Jan übernachtet auch Bep einmal im Hinterhaus, am 30. Oktober 1942. Bei der Familie Voskuijl zu Hause wird nicht über die Untergetauchten gesprochen, aber trotzdem hilft sowohl der Vater als auch die Schwester Corry mit. Vater Voskuijl zimmert das Bücherregal, und Corry schneidert Kleider für Anne und Margot.

2 Der Ausweis von Bep Voskuijl. Anfangs arbeitet sie als Dienstmädchen und in einem Nähatelier. Sie nimmt an Abendkursen teil, um sich zur Büroangestellten ausbilden zu lassen. Dieser Beruf gehört zu den wenigen guten Berufsmöglichkeiten für Mädchen aus der Arbeiter- und Mittelschicht; er verlangt eine Ausbildung und wird angemessen bezahlt.

3 Vorderer Büroraum, 1940. Von links: Esther, Hermann van Pels und Miep Gies, vorn Bep Voskuijl

»Ist kein Hinterhaus-Familienmitglied, aber doch Haus- und Tischgenossin. Bep hat einen gesunden Appetit. Lässt nichts stehen, ist nicht wählerisch. Mit allem kann man sie erfreuen, und gerade das erfreut uns. Fröhlich und gut gelaunt, willig und gutmütig, das sind ihre Eigenschaften.« (9. August 1943)

»Bep hatte diese Woche eine halbe Nervenkrise, so viel wurde sie herumgeschickt. Zehnmal am Tag musste sie Besorgungen machen, immer wurde darauf gedrängt, dass sie sich beeilen solle, dass sie noch einmal gehen müsse oder dass sie etwas verkehrt gemacht hätte. Wenn man dann noch bedenkt, dass sie unten im Büro ihre Arbeit erledigen muss, Kleiman krank ist und auch Miep mit einer Erkältung zu Hause sitzt, sie selbst einen verstauchten Knöchel, Liebeskummer und zu Hause einen nörgelnden Vater hat, kann man sich gut vorstellen, dass sie nicht aus noch ein weiß.« (29. September 1943)

»Bep hat für Margot, Peter und mich bei irgendeinem Verein einen Steno-Fernkurs bestellt. Ich finde es enorm wichtig, so eine Geheimschrift richtig zu lernen.« (*1. Oktober 1942*)

→ Auch in ihr Tagebuch schreibt Anne manchmal ein paar Sätze in Steno.

1

2

Nach dem Krieg führt Bep Voskuijl ein Album, in das sie alles einklebt, was sie über Anne Frank findet. Es enthält auch einen Zeitungsausschnitt mit einem der wenigen Interviews mit Bep aus dem Jahr 1960: »Ich aß jeden Abend bei den Franks. Anne saß immer neben mir, und bald fragte sie mich, ob ich mich nach einem stabilen Heft mit Pappeinband umsehen könnte, in das sie ihre alltäglichen Erlebnisse notieren wollte. Leider war in ganz Amsterdam nichts dergleichen mehr aufzutreiben, und darum gab ich Anne unbeschriebene Folioblätter. Das Kind freute sich unbändig darüber. Ich habe auch einmal im Hinterhaus übernachtet. Ehrlich gesagt hatte ich furchtbare Angst. Wenn ich einen Baum knarren hörte oder wenn unten auf der Straße ein Auto vorbeifuhr, fürchtete ich mich. Ich war dankbar, als der Tag anbrach und ich wieder ganz normal an meine Arbeit gehen konnte. Ich sehe Anne noch vor mir, wie sie hier unter meinen Schreibtisch kriecht, um einen kurzen Blick auf die Außenwelt zu werfen, auf die Straße, die Gracht. Dabei musste sie natürlich vorsichtig sein, denn niemand durfte wissen, dass sich noch mehr Leute in diesem Haus aufhielten als wir hier vom Büro.«

Bep van Wijk-Voskuijl um 1960

3

12 Oct. 1942.

…rdag

Beste Pop…

Allweer 2 … …och scha
delijk. Rosel… …ehaald,
waarom da… …elukkig,
Miep gaat… …teno gaat
het goed v… …nen een
wat inste… …n Bep,
gevraagd … …en geluk
kig. Moeder… …este
maatjes, da… …iger. Ik
11 lig nu bijna… …d. We
hebben ero… …raapn ver 12
zorgster… …en fijn
vak, maar… …ers, in-
plaats v… …er toch
ook wel ee… …ind
krijgt, want… …eng voor
me zelf. Ma… …kou den.
maar dat z… …us is me
2 broers en… …d, dat
was nog een… …e lang.
Mijn h. v. Pel… …n verteld,
ik zal ze hier…

de andere kant, een meneer. De mannelijke heeft van het paartje klopt het vrouwelijke steeds op zijn achterste terwijl hij zegt: „Ach was ein schönes popöchen, von wem ist den das schöne popöchen?" Daar roept de man aan de andere kant: „Es wird sich doch noch raus-stellen lassen, von wem das verdamte asch ist!

Ze zijn wel goed hé! Beste Pop veel nieuws is er niet meer, en ik vind altijd dat als ik de brieven doorlees er niets leuks instaat dus daag, ik hoop dat ik spoedig bericht krijg.

Anne Frank.

Steno.

[steno] = de kat zit op de hak.

[steno] = ik moet melken.

Wie doet 999 maal tik en 1 maal tak?
Een 1000 poot met 1 klompvoet.

Wie is zwart, zit op het dak, heeft twee poten en kan fluiten?
De leerling van den schoornsteenmeester.
(Papi)

In een hotel zijn de muren net als bij ons beten geld, en daar kan men dus alles door horen. Op een keer is aan de ene kant een paartje en aan

2 Nov 1942

97 b

...jnh. „Fräulein es blitzt!"
...f. „Licht mam ?" ~~Ist es arg~~
...nh. „Nein, nur der Unterrock!"

. ——— . ——— . ——— . ——— .

... de oorlog gauw afgelopen is. Mijnh.
...haler heeft weer 12 Panorama's mee
...bracht, nu hebben we weer wat te lezen.
...liep was bij mevr. Stoppelman het arme
...ens houdt het niet uit in haar schuil- 7.
...aats van heimwee en honger. Bep heeft 8
... het snoeten winkeltje waar ze altijd koopt,
...n vroeger meisje van de „Tokita" ont-
...ekt met haar kind van 3 jaar. Ik vroeg
...irect „is die dan getrouwd, dat was na-
...uurlijk niet het geval, en men neemt
...an, dat het het zoveelste kind van Ro-
...endael is. Schandalig, wat een man.
...iep heeft van iemand verteld die uit
...esterbork gevlucht is, nou het is daar,
...erschrikkelijk, en als het daar al zo
...rg is hoe moet het dan wel in Polen
...ijn) De mensen krijgen haast niets te eten,
...at staan drinken, want ze hebben maar
...uur per dag water en 1 w.c. en 1 wastafel
...oor een paar 1000 mensen. Slapen doen ze
...llemaal door elkaar mannen en vrouwen
...n die laatste + kinderen krijgen vaak de
...aren afgeschoren, als ze dan vluchten
...an iedereen ze herkennen.

Anne Frank.

te vragen ... Anne Frank.

Abends und am Wochenende, wenn der Betrieb geschlossen ist, verlassen die Untergetauchten oft ihr Versteck. Sie gehen dann auch hin und wieder in das vordere Büro, wo die dicken Vorhänge nach den Bürostunden zugezogen sind. Für Anne, die sich nach dem Anblick der Außenwelt sehnt, ist dies ein spannender Raum.

»Margot und ich haben das vordere Büro als Planschplatz gewählt. Am Samstagnachmittag sind dort die Vorhänge zugezogen. Dann waschen wir uns im Dunkeln, wobei diejenige, die nicht an der Reihe ist, durch einen Vorhangspalt aus dem Fenster schaut und sich über die drolligen Menschen wundert.«

29. September 1942

»Ich sitze ganz gemütlich im vorderen Büro und schaue durch einen Spalt der schweren Vorhänge hinaus. Es ist hier schummrig, aber gerade noch hell genug, um zu schreiben.
Es ist ein sehr komischer Anblick, die Menschen unten auf der Straße, es sieht so aus, als hätten sie es alle furchtbar eilig und würden fast über ihre eigenen Füße stolpern. Die Radfahrer, na, mit dem Tempo kommt man überhaupt nicht mit, ich kann nicht mal sehen, was für eine Art Individuum auf dem Vehikel sitzt.«

13. Dezember 1942

»Die Leute hier in der Nachbarschaft sehen nicht gerade sehr anziehend aus, vor allem die Kinder sind so schmutzig, dass man sie nicht mit der Zange anfassen mag, richtige Gossenkinder mit Rotznasen, ihre Sprache kann ich kaum verstehen. Als Margot und ich uns gestern nachmittag hier wuschen, sagte ich: ›Wenn wir nun die Kinder, die hier vorbeilaufen, Stück für Stück mit einer Angel heraufangelten, in den Waschzuber steckten, sie gründlich waschen und ihre Sachen flicken und sie dann wieder laufen lassen würden, dann …‹ Darauf erwiderte Margot: ›Sähen sie morgen wieder genauso schmutzig und zerlumpt aus wie vorher.‹ «

13. Dezember 1942

»Gestern habe ich, als wäre es ein Weltwunder, durch den Vorhang zwei Juden gesehen. Das war so ein seltsames Gefühl, als hätte ich diese Menschen verraten und würde sie nun in ihrem Unglück belauern.«

13. Dezember 1942

»Das Brot für uns legen die Damen immer in den Küchenschrank, aber da ist es diesmal nicht: Es ist vergessen worden. Peter will im vorderen Büro suchen. Er kriecht auf allen vieren zu dem Stahlschrank, nimmt das Brot und will verschwinden, aber ehe er richtig mitkriegt, was passiert, ist Mouschi über ihn hinweggesprungen. Peter sucht in allen Ecken, ha, dort sieht er die Katze, wieder kriecht er ins Büro und zieht das Tier am Schwanz. Mouschi faucht, Peter seufzt. Mouschi sitzt nun direkt am Fenster und putzt sich, sehr zufrieden, Peter entwischt zu sein. Nun hält Peter der Katze als letztes Lockmittel ein Stückchen Brot hin, und tatsächlich, Mouschi lässt sich anlocken, und die Tür schließt sich.«

10. August 1943

»Verstecken, wo sollten wir uns verstecken, in der Stadt, auf dem Land, in einem Haus, in einer Hütte, wann, wie, wo ...?«

8. Juli 1942

Lagerraum

Die zweite Etage des Vorderhauses dient in den Kriegsjahren als Speicher. Im hinteren Bereich lagert ein Vorrat an Gewürzen. Weil diese kein Licht vertragen, werden die Fenster mit blauer Farbe abgedunkelt. Dadurch ist das Versteck den Blicken entzogen, falls sich einmal ein Außenstehender in dieses Stockwerk verirrt. Von den Helfern, aus dem Radio und von dem später angekommenen Untergetauchten Fritz Pfeffer hört Anne Frank die Nachrichten von der unabläs-

»Zahlreiche Freunde und Bekannte sind weg, zu einem schrecklichen Ziel. Abend für Abend rattern die grünen oder grauen Militärautos vorbei. Keiner kann sich seinem Schicksal entziehen, wenn er sich nicht versteckt.«

19. November 1942

sigen Judenverfolgung. Diese Nachrichten beschreibt sie in ihrem Tagebuch. Schritt für Schritt treibt Nazi-Deutschland die europäischen Juden in die Enge. Unter der Tarnung, es handle sich um »Arbeitslager«, deportieren die Nazis eine große Zahl von Juden »in den Osten«. Das genaue Ziel halten sie geheim, ebenso die wahre Art der angeblichen Arbeitslager.

Jams en Geleiën
Opekta
Opekta Nieuws
1940

Sonja Souget 1999

Sonja Souget war es zum Zeitpunkt der Razzia fast gelungen, offiziell als »arisch« zu gelten. Das Dienstmädchen aus ihrer Kinderzeit half ihr dabei. Sie gab sich als Sonjas Mutter aus. Als die »Arisierung« fast abgeschlossen ist, findet die Razzia statt. Sämtliche »Arisierungspapiere« stecken in Sonjas Handtasche. »Sehr viele SS-Leute waren an diesem 26. Mai eingesetzt. Und die haben alle die Leute aus ihren Wohnungen geholt. Sie klingelten, sie hämmerten an die Tür, sie kamen hinein und schauten unter die Betten, neben die Betten, hinter die Betten, in die Schränke. Überall nichts als Soldaten. Wir waren umzingelt, wir konnten nicht weglaufen. Sonst hätte ich das bestimmt gemacht. Ich war Manns genug, wegzulaufen. Es war vollkommen unerwartet.« Zusammen mit den anderen verhafteten Juden wird sie in einer nahen Synagoge festgehalten. Mit einer Ausrede schafft sie es, freigelassen zu werden. Einige Zeit später erhält sie tatsächlich ihren neuen, nicht-jüdischen Ausweis. Damit entgeht sie weiterer Verfolgung.

1 Der Lagerraum im Jahr 1954. Während des Krieges stehen hier Mischtrommeln von Opekta. Außerdem werden hier Verpackungsmaterialien und Grundstoffe gelagert. Die Untergetauchten kommen fast nie hierher, auch nicht am Abend.

»Es ist wirklich wie die Sklavenjagd, die früher abgehalten wurde. Ich sehe oft abends im Dunkeln die Schlangen guter, unschuldiger Menschen gehen, mit weinenden Kindern, immer nur laufen, kommandiert von ein paar Kerlen, geschlagen und gequält, bis sie fast umfallen. Keiner wird geschont, alte Leute, Kinder, Babys, schwangere Frauen, Kranke, alle, alle gehen mit beim Zug in den Tod.« (19. November 1942)

2 Warten auf den Deportationszug, Muiderpoort-Bahnhof in Amsterdam, 25. Mai 1943. Anne hat Mitleid mit den Juden, die festgenommen werden. Dabei denkt sie

auch an ihre frühere Schulfreundin Hannah Goslar. *»Ich sah sie vor mir, in Lumpen gekleidet, das Gesicht eingefallen und abgemagert. Und ich kann ihr nicht helfen. Ich kann nur zuschauen, wie andere Menschen leiden und sterben. Ich muss untätig dasitzen und kann Gott nur bitten, sie zu uns zurückzuführen.«* (27. November 1943)

»Wenn wir uns nur nicht so ängstigen würden um alle, die uns so teuer waren und denen wir nicht mehr helfen können. Ich fühle mich schlecht, weil ich in einem warmen Bett liege, während meine liebsten Freundinnen irgendwo draußen niedergeworfen werden oder zusammengebrochen sind. Ich bekomme selber Angst, wenn ich an alle die denke, mit denen ich mich immer so eng verbunden fühlte und die nun den Händen der grausamsten Henker ausgeliefert sind, die es je gegeben hat. Und das alles, weil sie Juden sind.« (19. November 1942)

3 Eines der seltenen Fotos von einer Razzia in Amsterdam. Es ist der 26. Mai 1943, sehr früh am Morgen. Die Innenstadt Amsterdams ist umzingelt. Dreitausend Juden werden aus ihren Wohnungen geholt. Mit dem Zug werden sie nach Westerbork gebracht und von dort aus in die Vernichtungslager transportiert. Auf der Geldersekade fotografiert der Apotheker, wie seine Nachbarn abgeführt werden. Auf der Höhe der Straßenlaterne geht Sonja Souget.

4 Zettel, der als Hilferuf aus dem Deportationszug geworfen wurde. *»17. Dezember 1943. Schwester, hilf mir. Ich bin nach Westerbork gebracht worden, hilf schnell in Gottes Namen, küsse meine Lieben, Meta.«* Ende 1943 erhält Sonja Souget diesen Zettel von ihrer Schwester, die später in Sobibor ermordet wurde.

3

2

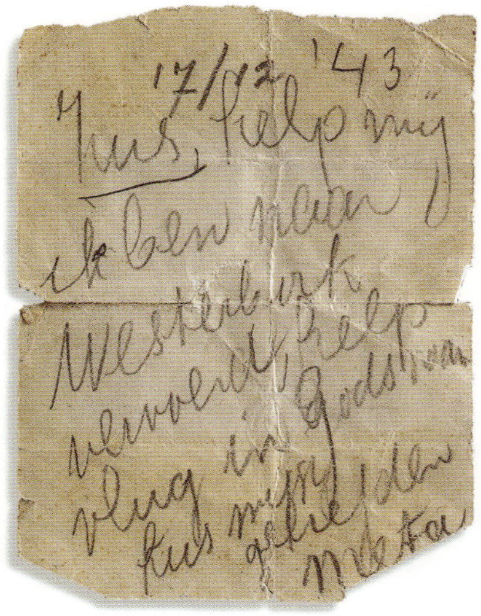
17/12 '43
Zus, help mij
ik ben naar
Westerbork
vlug in Godsnaam
kus mijn geliefden
Meta

4

1 Festgenommene Juden warten auf ihren Transport nach Westerbork, 1942. Anne schreibt am 3. Oktober jenes Jahres: »*Heute morgen hat uns Miep wieder erzählt, dass sie gestern abend in Amsterdam-Süd wieder Haus für Haus Juden abgeholt haben. Man kann sich nicht vorstellen, wie schrecklich es ist, ich bin ja so froh, dass wir hier sind.*« Am 2. und 3. Oktober 1942 finden überall in den Niederlanden große Razzien statt. Gegen Ende 1942 sind bereits vierzigtausend Juden aus den Niederlanden deportiert worden.

2 Amsterdam, April 1943. Diese Straßenbahn transportiert Juden zum Muiderpoort-Bahnhof; von dort aus werden sie mit dem Zug in das Durchgangslager Westerbork deportiert. Auf dem Trittbrett steht ein bewaffneter deutscher Soldat. Meist finden diese Transporte frühmorgens statt, doch sie werden trotzdem von vielen Umstehenden beobachtet. Die letzten großen Razzien in Amsterdam finden am 20. Juni und 29. September 1943 statt. Von den 140.000 Juden in den Niederlanden werden 107.000 deportiert. Nur 5.000 von ihnen überleben die Lager.

»Miep erzählt all diese Gräuelgeschichten so ergreifend und ist dabei selbst ganz aufgeregt. Erst vor kurzem zum Beispiel saß eine alte, gelähmte Jüdin vor ihrer Haustür und musste auf die Gestapo warten, die ein Auto holte, um sie abzutransportieren. Die arme alte Frau hatte solche Angst vor dem lauten Schießen auf die englischen Flieger, die über die Stadt flogen, und auch vor den grell blitzenden Scheinwerfern. Trotzdem wagte Miep nicht, sie hereinzuholen, das würde niemand machen. Die Herren Deutschen geizen nicht mit ihren Strafen.« (9. Oktober 1942)

1

2

3

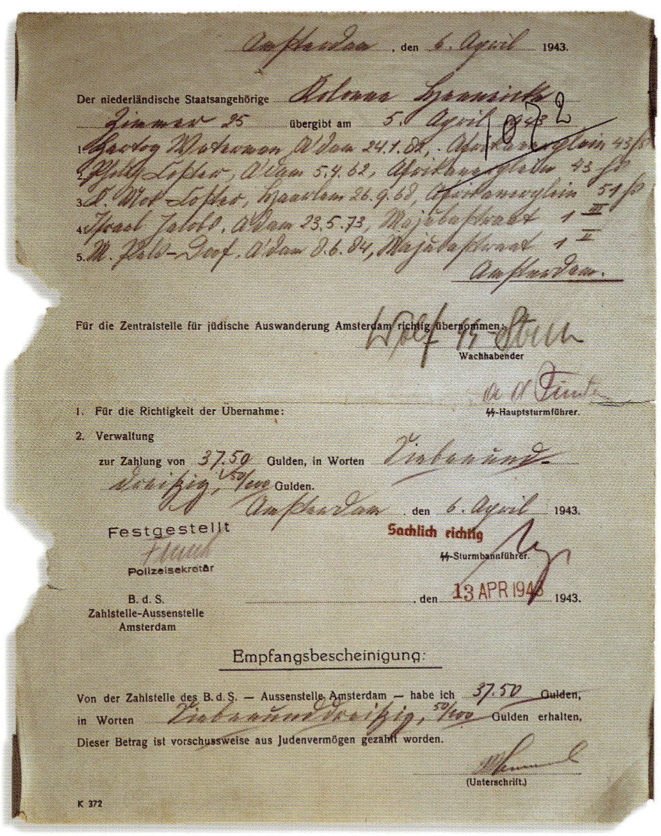

Amsterdam, den 6. April 1943.

Der niederländische Staatsangehörige ...

Zimmer 25 übergibt am 5. April 1943

1.
2.
3.
4.
5.

Amsterdam.

Für die Zentralstelle für jüdische Auswanderung Amsterdam richtig übernommen:

Wachhabender

1. Für die Richtigkeit der Übernahme: SS-Hauptsturmführer.

2. Verwaltung

zur Zahlung von 37.50 Gulden, in Worten Siebenunddreißig, 50/100 Gulden.

Amsterdam, den 6. April 1943.

Festgestellt

Polizeisekretär

Sachlich richtig

SS-Sturmbannführer.

B. d. S.
Zahlstelle-Aussenstelle
Amsterdam

, den 13 APR 1943 1943.

Empfangsbescheinigung:

Von der Zahlstelle des B. d. S. – Aussenstelle Amsterdam – habe ich 37.50 Gulden, in Worten Siebenunddreißig, 50/100 Gulden erhalten. Dieser Betrag ist vorschussweise aus Judenvermögen gezahlt worden.

(Unterschrift.)

K 372

4

»Untertauchen und sich verstecken ist für jeden etwas ganz Normales geworden, und du kannst dir nicht vorstellen, wie viel von Organisationen wie ›VrijNederland‹ getan wird. Tausende und Abertausende Ausweise und Lebensmittelkarten werden beschafft, teils umsonst und teils für Geld. Wie viele gefälschte Ausweise sind nicht im Umlauf. Jüdische Bekannte laufen unter gebräuchlichen christlichen Namen herum, und es gibt bestimmt nicht viele Untergetauchte wie uns, die keinen Ausweis haben und nie auf die Straße gehen. (28. Januar 1944)

Einem kleinen Teil der Juden gelingt es, der Verhaftung und Deportation zu entgehen, zum Beispiel, indem sie eine andere Identität annehmen. Vom Widerstand erhalten oder kaufen sie gefälschte Personalausweise. Im Laufe des Krieges nimmt der Organisationsgrad und die Kraft des Widerstandes gegen die Besatzungsmacht zu.

4 Ende 1943 ist der größte Teil der jüdischen Bevölkerung deportiert. Die Nazis verstärken ihre Anstrengungen, untergetauchte Juden festzunehmen. Stattliche Belohnungen werden für diejenigen ausgesetzt, die Juden verraten. Hier eine Empfangsbescheinigung vom 6. April 1943 über 37,50 Gulden, an jemanden gezahlt, der fünf Juden verraten hat. Von den vierundzwanzig- bis fünfundzwanzigtausend Juden, die in den Niederlanden untergetaucht waren, werden ungefähr achttausend verraten und doch noch deportiert.

5 Victor Kugler erklärt 1948, dass er den Lagerarbeiter van Maaren einmal in diesem Raum antraf: *»Um das sogenannte Hinterhaus vor Blicken zu verbergen, hatten wir einige Fensterscheiben an der Rückseite des Vorderhauses mit blauer Farbe angestrichen, angeblich wegen der Verdunklung. Ich ertappte van Maaren einmal dabei, dass er die blaue Farbe abkratzte, worauf er sagte: ›He, dort bin ich noch nie gewesen.‹ «* *In dem Raum wurden nicht nur Gewürze und andere Betriebsvorräte gelagert, sondern auch Lebensmittel für die Untergetauchten, wie aus Annes Tagebuch hervorgeht: »Wir haben außerdem noch 1 ½ Zentner Winterkartoffeln hinten im Gewürzraum.«* (3. Februar 1944)

5

»Vom unteren Flur aus führt eine normale Holztreppe nach oben. Oben ist eine kleine Diele, die als Treppenpodest bezeichnet wird. Rechts vom Treppenpodest liegt ›das Hinterhaus‹.«

9. Juli 1942

Treppenpodest mit Drehregal

Als sich die Familien Frank und van Pels schon gut einen Monat im Versteck befinden, beschließen sie, den Zugang zum Hinterhaus zu tarnen. Zu diesem Zweck müssen zwei Treppenstufen entfernt werden, und die graugestrichene Tür zum Hinterhaus wird niedriger gemacht. Lagerverwalter Voskuijl zimmert das Drehregal. Von dem Absatz vor dem Regal führt eine kleine Treppe nach

»Unser Versteck ist nun erst ein richtiges Versteck geworden. Herr Kugler hielt es nämlich für besser, vor unsere Zugangstür ein Regal zu stellen.«

21. August 1942

unten in die Büroetage im ersten Stock. Die Helfer benutzen diese Treppe, wenn sie das Hinterhaus besuchen. Abends und am Wochenende, wenn die Untergetauchten das Hinterhaus verlassen, gehen sie die Treppe hinunter, um in die Büroräume zu gelangen.

KÖNIGREICH BELGIEN
SIMPLEX
RADO
K14
KALFF

R. I. B.
RADO

Als die Untergetauchten am 6. Juli 1942 im Hinterhaus ankommen, befindet sich hier noch eine normale Tür. Über zwei Treppenstufen gelangt man ins Hinterhaus. Anne schreibt darüber: *»Kein Mensch würde vermuten, dass hinter der einfachen, grau gestrichenen Tür so viele Zimmer versteckt sind. Vor der Tür sind zwei Stufen, und dann ist man drinnen.«* (9. Juli 1942) Victor Kugler kommt auf die Idee, ein Drehregal zu bauen, um den Zugang zu verbergen.

»Herr Voskuijl hat das Ding gezimmert; vorher mussten die Wände des Treppenhauses tapeziert werden. Wenn wir nun nach unten wollen, müssen wir uns zuerst bücken und dann springen. Nach drei Tagen sind wir alle mit Beulen an der Stirn herumgelaufen, weil sich jeder an der niedrigen Tür gestoßen hat. Peter hat es dann so weich wie möglich gemacht, indem er ein Tuch mit Holzwolle darangenagelt hat. Mal sehn, ob's hilft!« (21. August 1942)

1 Nach der Entfernung der beiden Stufen muss man einen Schritt von ungefähr einem halben Meter machen, um ins Hinterhaus zu gelangen.

2 Die Abdeckung, durch die die Türöffnung ein Stück niedriger gemacht wird, ist noch sehr gut zu sehen. Das oberste Stück der Türöffnung wird durch eine Holzverkleidung abgedeckt, und eine Landkarte wird davor gehängt.

3 Kleiman demonstriert nach dem Krieg, wie sich das Drehregal von außen öffnen lässt. Wenn man an einer Kordel zieht, die neben dem Regal hängt, löst sich der Haken. Dann kann man das Regal drehen. An dem Bügel können die Untergetauchten die Tür von innen zuziehen und einhaken. An dem Drehregal hängt noch das Tuch mit Holzwolle, das Peter über die Tür nagelte.

4 Dieses Foto wurde vom Treppenpodest in Richtung Lagerraum aufgenommen. Einer der fünf Minimax-Feuerlöscher, von denen Anne in ihrem Tagebuch spricht, ist noch zu sehen. Eines Tages kommt ein Monteur, um die fünf Feuerlöscher im Betrieb zu kontrollieren. Die Untergetauchten sind nicht gewarnt und hören plötzlich Hammerschläge vor der Tür zum Hinterhaus. Sie bekommen einen furchtbaren Schreck, ebenso wie Bep, die gerade zum Essen bei ihnen ist.

»Vater und ich postierten uns an der Tür, um zu horchen, wann der Mann weggehen würde. Nachdem er eine Viertelstunde gearbeitet hatte, legte er da draußen seinen Hammer und andere Werkzeuge auf unser Regal und klopfte an die Tür. Wir wurden blass, sollte er doch etwas gehört haben und nun dieses geheimnisvolle Monstrum untersuchen wollen? Es schien so, das Klopfen, Ziehen, Schieben und Rütteln hörte nicht auf. Ich fiel vor Angst

1

2

fast in Ohnmacht. Und gerade als ich dachte, nun hätte ich die längste Zeit gelebt, hörten wir Herrn Kleimans Stimme: ›Macht mal auf, ich bin's.‹ « (20. Oktober 1942)

5 Ein Minimax-Feuerlöscher von der Art, wie sie am 20. Oktober 1942 repariert wird. Von Jo Kleiman erfahren die Untergetauchten, was geschehen ist. Anne schreibt: *»Der Haken, mit dem das Tür-Regal festgesetzt wird, hatte geklemmt, deshalb konnte uns keiner vor dem Zimmermann warnen.«* Als der Mann gegangen ist, geht Kleiman wieder nach oben, um Bep zu holen, bekommt aber die Drehtür nicht auf. *»Ich kann dir kaum sagen, wie erleichtert ich war. Puh, zum Glück ist es diesmal sehr gut für uns ausgegangen.«* (20. Oktober 1942)

4

3

5

Johan Voskuijl, der Vater der Helferin Bep, zimmert auf Bitten der Untergetauchten im August 1942 das Drehregal. Willy, eine jüngere Schwester von Bep, erinnert sich: »Wir wussten nicht, dass die Familie Frank untergetaucht war. Das einzig Auffällige war, dass Bep und Vater nach dem Essen oft ganz leise miteinander sprachen.« Johan Voskuijl ist eigentlich von Beruf Buchhalter, tritt aber durch Beps Vermittlung als Magazinverwalter in die Firma Opekta ein. Bereits seit 1937 leidet er an Magenkrebs. Anne berichtet in ihrem Tagebuch mehrmals über seine Krankheit. Bep Voskuijl schreibt am 21. März 1951 an Otto Frank: »Anne war immer sehr nett zu mir und erkundigte sich oft nach meiner Familie. Als Vater so krank war, fragte sie jeden Tag nach ihm und sagte einmal: ›Pim (Otto Frank) und ich gehen als erstes zu deinem Vater, wenn wir hier heraus sind.‹ « Otto Frank schätzt Johan Voskuijl sehr. Nach seiner Rückkehr aus Auschwitz ist er freudig überrascht, dass Vater Voskuijl noch lebt. Doch ihm ist nicht mehr viel Zeit beschieden. Johan Voskuijl stirbt im November 1945.

Johan Voskuijl
um 1931

← Von der Büroetage aus führt eine Holztreppe nach oben zum Treppenpodest vor dem Drehregal. Die Helfer benutzen diese Treppe, wenn sie ins Hinterhaus wollen. *»Kugler kommt holterdiepolter die Treppe herauf, er klopft einmal kurz und kräftig an die Tür und kommt händereibend herein, je nach Stimmung gut gelaunt und lebhaft oder schlecht gelaunt und still.«* (5. August 1943)

← Die Situation heute: Das Treppenhaus ist mit einer durchsichtigen Platte verschlossen. Während der Zeit des Untertauchens kommt plötzlich ein Polizist über diese Treppe herauf, am 8. April 1944. Wieder einmal war in das Firmengebäude eingebrochen worden. Die Haustür war demoliert, und ein vorbeigehendes Ehepaar hatte die Polizei benachrichtigt. Im obersten Stockwerk zusammengedrängt, wagen die Untergetauchten sich nicht zu rühren.

1

2

»Dann, um Viertel nach elf, unten ein Geräusch. Bei uns war das Atmen der ganzen Familie hörbar, ansonsten rührten wir uns nicht. Schritte im Haus, im Privatbüro, in der Küche, dann … unsere Treppe, keiner atmete nun hörbar, 8 Herzen hämmerten, Schritte auf unserer Treppe, dann Rütteln am Drehregal. Dieser Augenblick ist unbeschreiblich: ›Jetzt sind wir verloren!‹ sagte ich und sah uns alle fünfzehn noch in derselben Nacht von der Gestapo mitgenommen. Rütteln am Drehregal, zweimal, dann fiel eine Dose zu Boden, die Schritte entfernten sich, vorerst waren wir gerettet! Ein Schauder durchfuhr uns alle, aus unbestimmten Richtungen hörte ich Zähneklappern, keiner sagte ein Wort, so saßen wir bis halb zwölf.« (11. April 1944)

Die Fenster im Treppenhaus sind im Krieg zugeklebt, damit sie undurchsichtig sind. Der Polizist kann deshalb das Hinterhaus nicht sehen und geht wieder. Aber die Untergetauchten sind nach wie vor sehr unruhig. *»Drei Dinge taten wir nun, Vermutungen äußern, vor Angst zittern und aufs Klosett müssen.«* (11. April 1944) Sie trauen sich nicht, die Toilette eine Etage tiefer zu benutzen. Alle zusammen verbringen eine schlaflose Nacht im obersten Stockwerk.

2 Regelmäßig schreibt Anne über die Spannungen und die oft bedrückte Stimmung im Hinterhaus. Eine der Ursachen ist ihr ständiges Gefühl der Unsicherheit. Anne kann sich zum Beispiel nicht vorstellen, dass die Lagerarbeiter nichts merken. Die Einbrüche haben zur Folge, dass die Untergetauchten neue Sicherheitsmaßnahmen verabreden. Abends um halb zehn muss jeder wieder im Hinterhaus sein, und das Drehregal wird geschlossen.

»Peter macht jeden Abend um halb zehn mit Herrn van Pels die letzte Runde, und dann darf keiner mehr nach unten. Ab abends acht darf die Klospülung nicht mehr gezogen werden, auch morgens nach acht nicht mehr. Die Fenster werden morgens erst geöffnet, wenn in Kuglers Büro Licht brennt, und abends dürfen keine Stöckchen mehr dazwischengesteckt werden.« (25. April 1944)

2

»Im Zimmer von Papa und Mama standen zwei Schlafcouchen und zwei kleine Tische mit einem Rauchtisch und einem Bücherregal. Im Wandschrank waren 150 Dosen Gemüse und allerlei Vorräte.«

8. Juli 1942

Zimmer Otto, Edith und Margot Frank

Die Zimmer im Hinterhaus sind heute leer. Das Mobiliar und alle anderen Besitztümer der Untergetauchten wurden kurz nach der Verhaftung abgeholt. Auf der Tapete in diesem Zimmer, dem Wohnzimmer der Familie Frank, blieben Wachstumsmarkierungen von Anne und Margot und eine Karte der Normandie zurück.

»Es war am Freitagnachmittag nach fünf; ich war aus meinem Zimmer gekommen, um mich an den Tisch zu setzen und zu schreiben, als ich grob beiseite geschubst wurde und für Margot und Vater Platz machen musste, die ihr Latein übten.«

11. November 1943

Während der Zeit des Untertauchens verbringt die Familie Frank große Teile des Tages in diesem Zimmer. Margot schläft nach der Ankunft von Fritz Pfeffer hier bei ihren Eltern. Die Spannungen zwischen den Familienmitgliedern nehmen manchmal stark zu, aber es gibt auch immer wieder harmonische Zeiten.

1 Als die Familie Frank in ihrem Unterschlupf ankommt, sind alle Räume mit Möbeln, Kartons und Lebensmitteln vollgestellt. Anne schreibt darüber: *»In unserem Wohnzimmer und allen anderen Räumen herrschte ein unbeschreibliches Durcheinander. Alle Pappkartons, die in den letzten Monaten ins Büro geschickt worden waren, standen auf dem Fußboden und auf den Betten.«* (10. Juli 1942)

»Mutter und Margot konnten kein Glied mehr rühren. Sie lagen auf den kahlen Betten, waren müde, schlapp und noch wer weiß was alles. Aber Vater und ich, die beiden Aufräumer der Familie, wollten sofort anfangen. Wir packten den ganzen Tag Kartons aus, räumten Schränke ein, hämmerten und schafften Ordnung, bis wir abends todmüde in die frisch bezogenen Betten fielen.« (10. Juli 1942)

2 Während der Bürozeiten müssen die Untergetauchten still sein. Meist wird in dieser Zeit gelernt oder gelesen. Anne: *»Still! Die Uhr schlägt! Nun ist das Bild der Idealfamilie vollkommen. Ich möchte lesen oder lernen, Margot auch, ebenso unsere Eltern. Vater sitzt (natürlich mit Dickens und dem Wörterbuch) auf dem Rand des ausgeleierten Quietschbettes, in dem nicht mal anständige Matratzen liegen. Zwei Keilkissen übereinander tun es auch. Mutter sitzt auf dem Klappbett, liest, näht, strickt oder lernt, was gerade an der Reihe ist.«* (23. August 1943)

3 *»Wir vertreiben uns die Zeit mit allerlei verrückten Sachen. Rätsel aufgeben, Gymnastik im Dunkeln, Englisch oder Französisch sprechen, Bücher kritisieren - aber auf die Dauer wird alles langweilig. Gestern abend habe ich etwas Neues erfunden, und zwar, mit einem scharfen Fernglas in die beleuchteten Zimmer der*

Nachbarn zu linsen. Tagsüber dürfen unsere Vorhänge nicht einmal einen Zentimeter beiseite geschoben werden, aber wenn es so dunkel ist, kann nichts passieren. Ich wusste früher nie, dass Nachbarn so interessante Leute sein können, jedenfalls unsere. Einige habe ich beim Essen angetroffen, eine Familie sah sich gerade einen Film an, und der Zahnarzt von gegenüber hatte eine alte, ängstliche Dame in Behandlung.« (28. November 1942)

»Bitte versteh mich nicht falsch, ich liebe Vater, und Margot liebt Vater und Mutter immer noch genauso, aber wenn man so alt ist wie wir, möchte man auch ein klein wenig selbst entscheiden, möchte man sogar auch einmal vom Gängelband der Eltern los. Wenn ich nach oben gehe, wird gefragt, was ich vorhabe, Salz darf ich nicht nehmen, um Viertel nach acht fragt Mutter unweigerlich jeden Abend, ob ich mich noch nicht ausziehen sollte, jedes Buch, das ich lesen will, muss vorher geprüft werden.« (17. März 1944)

→ Wahrscheinlich das letzte Foto von Margot und Anne

→ Seit dem Beginn des Untertauchens halten Otto und Edith fest, wie ihre Töchter wachsen. In diesen zwei Jahren wächst Anne gut dreizehn und Margot etwa fünf Zentimeter.

Am 12. Juni 1943 wird Anne Frank vierzehn. Ihr Vater macht für sie ein Gedicht auf Deutsch, das Margot ins Niederländische übersetzt. Otto Frank schreibt unter anderem:

»Das Lebensjahr, das nun beendet,
Hast Du sehr nützlich angewendet.
Durch Lernen, Arbeit und viel Lesen
Ist's doch nie ›langweilig‹ gewesen.

Und nun zur Kleidung: Ich höre Dich fragen:
›Was kann ich eigentlich noch tragen?
Mein Kleid, mein Rock, alles zu kurz,
Mein Hemd nur noch ein Lendenschurz.
Und dann die Schuhe, es ist nicht zu sagen,
Wie viele Schmerzen mich da plagen.‹
Ja, wächst man auch zehn Zentimeter,
Passt nichts mehr, das versteht ein jeder!«
(13. Juni 1943)

2

3

25-9
18-9

29-7

27-5
21-12
43 - 14-12

20-10

15-9 6-7

9-I 24-IV
— 25 III

9 — III
22-11

— 10-1

— 10-4

— 5-11

18 10
25-9

18-9-14

1 Vom 16. November 1942 an schläft Margot im Zimmer der Eltern. Sie schläft auf einem Harmonikabett, das vorher auf dem Dachboden stand. In den ersten Monaten benutzen die Untergetauchten dieses Bett, um sich auf dem Dachboden zu sonnen, wie Anne es beschrieben hat: *»Draußen ist schönes, warmes Wetter, und das nutzen wir trotz allem so viel wie möglich, indem wir uns oben auf dem Dachboden auf das Harmonikabett legen, wo die Sonne durch ein offenes Fenster hereinscheint.«* (21. August 1942)

2 Margot kurz vor dem Untertauchen auf der kleinen Dachterrasse der Wohnung am Merwedeplein, vermutlich auf demselben Harmonikabett wie dem, auf dem sie während der Zeit im Hinterhaus schlafen wird.

3 Margot Franks Zeugnis des Städtischen Lyzeums, Sommer 1941. Bei ihren Schulleistungen ist es nicht

1

2

4

verwunderlich, dass Margot als die »Lehrerin« des Hinterhauses angesehen wird. Sie übersetzt aus dem Deutschen ins Niederländische und gibt Fritz Pfeffer Niederländisch-Unterricht. Anne schreibt am 5. August 1943: *»Margot klemmt sich ein paar Bücher unter den Arm und geht zum Unterricht ›für lernbehinderte Kinder‹, denn so kommt einem Pfeffer wirklich vor.«* In ihr Tagebuch schreibt Anne eine Liste mit den Interessen der Untergetauchten. Bei Margot ist diese Liste am längsten.

»Margot Frank: lernt Englisch, Französisch, Latein durch Fernkurse, englisches Steno, deutsches Steno, niederländisches Steno, Mechanik, Goniometrie, Stereometrie, Physik, Chemie, Algebra, Geometrie, englische Literatur, französische Literatur, deutsche Literatur, niederländische Literatur, Buchhaltung, Geographie, neue Geschichte, Biologie, Ökonomie, liest alles, am liebsten über Religion und Medizin.« (16. Mai 1944)

4 Bep Voskuijl bestellt unter ihrem Namen einen Fernlehrgang Latein für Margot. Der Dozent kann nicht wissen, dass dieser Kursus von einem untergetauchten jüdischen Mädchen belegt wird. Anne darüber: *»Margots eingeschickte Lateinlektionen werden von einem Lehrer korrigiert zurückgesandt. Margot schreibt unter Beps Namen. Der Lehrer ist sehr nett und außerdem humorvoll. Er ist bestimmt froh, dass er eine so gescheite Schülerin bekommen hat.«* (17. November 1943)

5 Neben all dem Lesen und Lernen führt Margot wie Anne ein Tagebuch. Dieses Tagebuch wurde nie gefunden.

»Gestern Abend lagen Margot und ich zusammen in meinem Bett, es war unsäglich eng, aber gerade deshalb lustig, sie fragte mich, ob sie mal mein Tagebuch lesen dürfe; ich sage, ja, ein paar Abschnitte, und dann fragte ich sie nach ihrem und das durfte ich dann auch lesen, und dann kamen wir auf die Zukunft und ich fragte sie, was sie werden wolle, aber das will sie nicht sagen, sie macht daraus ein großes Geheimnis.« (14. Oktober 1942) Später erzählt Margot Anne dann doch ihre Zukunftspläne. Sie möchte Hebamme in Palästina werden.

»Margot ist sehr lieb und möchte gern meine Vertraute sein, aber ich kann ihr doch nicht alles sagen. Sie nimmt mich ernst, viel zu ernst, und denkt lange über ihre verrückte Schwester nach, sieht mich bei allem, was ich sage, forschend an und denkt bei allem: Ist das nun Komödie oder meint sie das wirklich ernst?« (12. März 1944)

VAKKEN	STAND VAN KENNIS 1	2	3	4	OPMERKINGEN omtrent vorderingen, vlijt en gedrag. (Deze kolommen worden slechts ingevuld als daartoe bepaalde aanleiding bestaat). Eerste rapport	Tweede rapport	Derde rapport	Jaarrapport
Stelkunde	9	8	8	9				
Gonio- en Trigonometrie								
Meetkunde	8	8	9	8				
Beschrijvende Meetkunde								
Mechanica								
Natuurkunde	8	9	8	9				
Scheikunde								
Plant- en Dierkunde	9	9	9	9				
Cosmographie								
Geschiedenis	8	7	8	8				
Staatsinrichting								
Staathuishoudkunde								
Aardrijkskunde	8	7	9	8				
Nederlands	8	9	8	8				
Frans	5	7	8	7				
Hoogduits	9	8	9	9				
Engels	7	8	8	8				
Handelswetenschappen	9	9	9	9				
Handtekenen	6	6	6	6				
Rechtlijnig tekenen								
Lichamelijke oefening	8	8	7	7				
Handwerken	9	8	7	8				z.o.z.

Gezien: OttoFrank Gezien: OttoFrank Gezien: OttoFrank ~~Gezien:~~

3

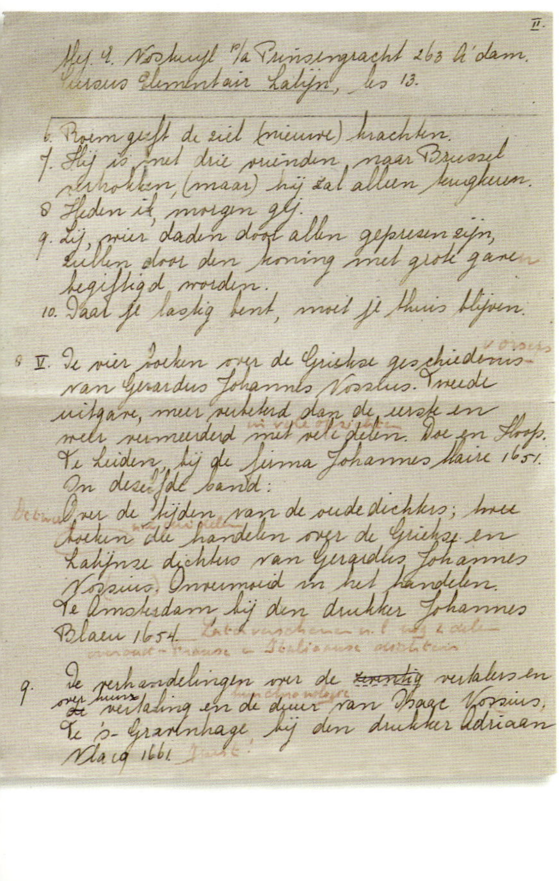

II.

Mej. E. Voskuijl p/a Prinsengracht 263 A'dam.
Cursus Elementair Latijn, les 13.

6. Roem geeft de ziel (nieuwe) krachten.
7. Hij is met drie vrienden naar Brussel vertrokken, (maar) hij zal alleen terugkeren.
8 Heden ik, morgen gij.
9. Zij, wier daden door allen geprezen zijn, zullen door den koning met grote gaven begiftigd worden.
10. Daar je lastig bent, moet je thuis blijven.

V. De vier boeken over de Griekse geschiedenis van Gerardus Johannes Vossius. Tweede uitgave, meer verbeterd dan de eerste en meer vermeerderd met vele delen. Doe en Hoop. Te Leiden, bij de firma Johannes Maire 1651. In dezelfde band:
Over de tijden van de oude dichters; twee boeken die handelen over de Griekse en Latijnse dichters van Gerardus Johannes Vossius. Onvermoeid in het handelen. Te Amsterdam bij den drukker Johannes Blaeu 1654.

9. de verhandelingen over de ~~zonnig~~ vertalers en over hun vertaling en de duur van Isaac Vossius, Te 's-Gravenhage bij den drukker Adriaan Vlacq 1661.

4

5

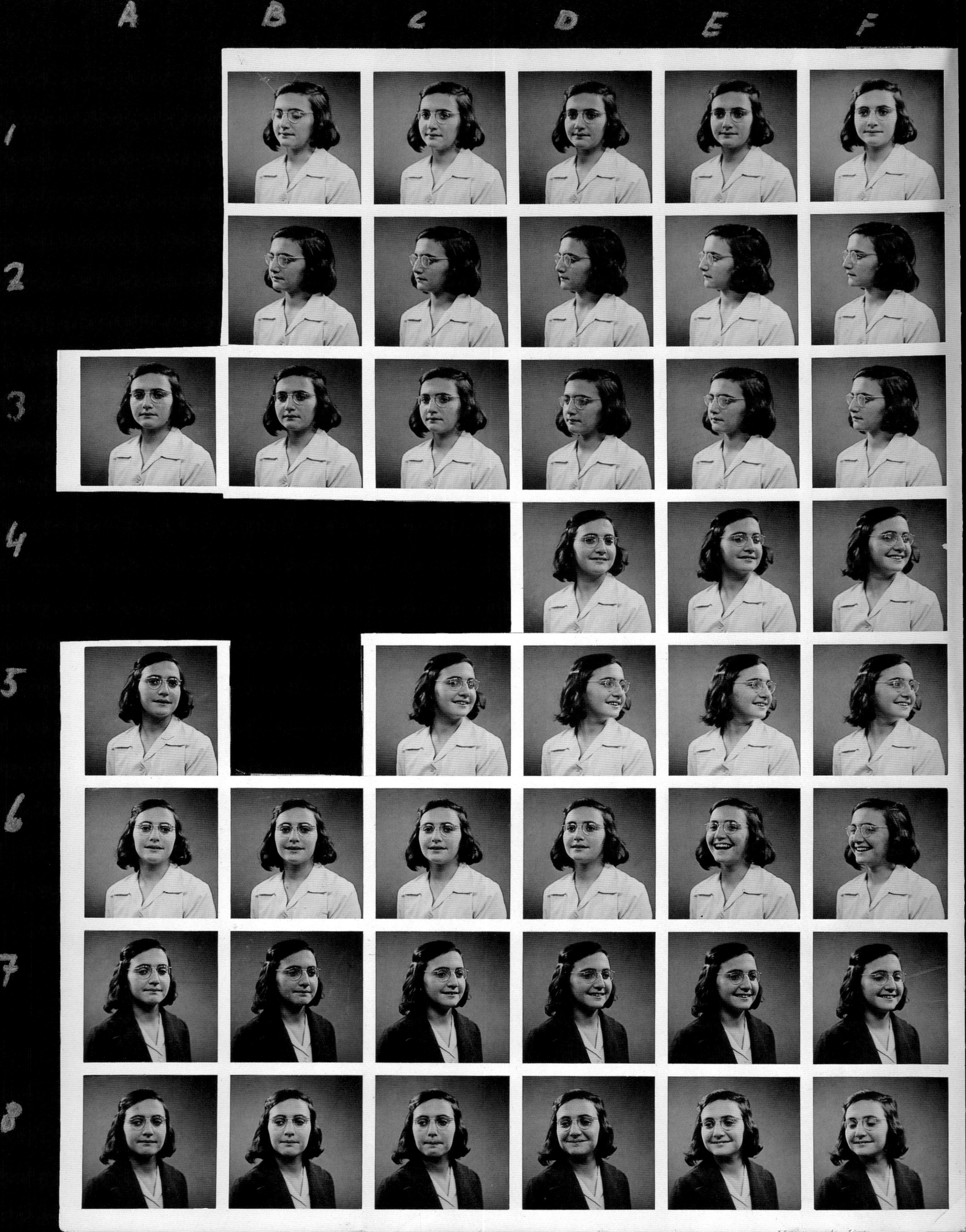
A B C D E F
1
2
3
4
5
6
7
8

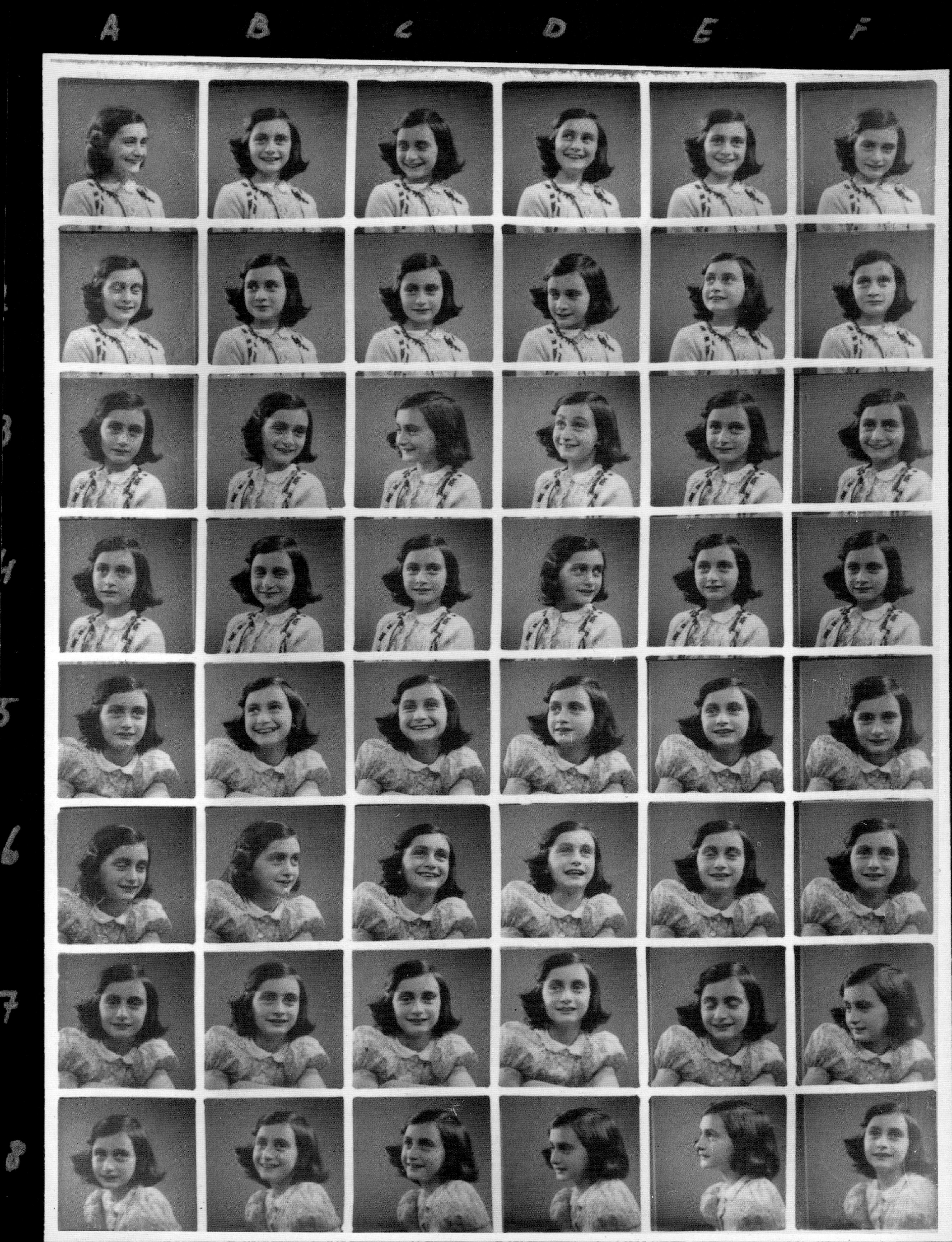
A B C D E F
3
4
5
6
7
8

1 Edith Frank hält während der Zeit des Untertauchens die verschiedenen Zimmer sauber und wäscht ab. Daneben liest sie viel und belegt, wie Margot, einen Fernlehrgang. Anne schreibt in ihr Tagebuch: *»Frau Frank: lernt Englisch mit einem Fernkurs; liest alles, außer Kriminalromanen.«* (16. Mai 1944)

2 Edith Frank ist ein religiöser Mensch. Diese Religiosität möchte sie auch ihren Töchtern vermitteln. Bei Anne hat sie damit wenig Erfolg, wie Anne berichtet: *»Vater hat Goethes und Schillers Dramen aus dem großen Bücherschrank geholt, er will mir jeden Abend daraus vorlesen. Mit ›Don Carlos‹ haben wir schon angefangen. Um Vaters gutem Beispiel zu folgen, hat Mutter mir ihr Gebetbuch in die Hand gedrückt. Anstandshalber habe ich ein paar Gebete auf Deutsch gelesen. Ich finde es ganz schön, aber es sagt mir nicht viel. Warum zwingt sie mich auch, so fromm zu tun?«* (29. Oktober 1942)

»Gestern Abend lag ich im Bett und wartete, dass Vater mit mir beten und mir dann gute Nacht sagen würde, als Mutter ins Zimmer kam, sich auf mein Bett setzte und ganz bescheiden fragte: ›Anne, Papi kommt noch nicht, sollen wir nicht mal zusammen beten?‹ ›Nein, Mansa‹, antwortete ich. Mutter stand auf, blieb kurz neben meinem Bett stehen und ging dann langsam zur Tür. Plötzlich drehte sie sich um und sagte mit verzerrtem Gesicht: ›Ich will dir nicht böse sein. Liebe lässt sich nicht erzwingen!‹ Ein paar Tränen rannen ihr übers Gesicht, als sie zur Tür hinausging.« (2. April 1943)

Die Schwestern haben ein sehr unterschiedliches Verhältnis zu den Eltern. Margot fühlt sich viel mehr zur Mutter hingezogen als Anne: *»Ich glaube, Mutter denkt, Margot und ich hätten das beste Verhältnis zu unseren Eltern, das es nur gibt, und niemand würde sich mehr um das Leben seiner Kinder kümmern als sie. Sie schaut dabei bestimmt nur auf Margot, denn ich glaube, dass sie nie solche Probleme und Gedanken hat wie ich. Mutter spürt wohl, dass Margot sie viel lieber hat als ich, aber sie denkt, dass das in bestimmten Phasen so ist.«* (12. Januar 1944)

3 Edith Frank hat es während des Untertauchens sehr schwer. Sie versteht sich nicht gut mit der Familie van Pels und hat wenig Zuversicht, dass alles gut gehen wird. Trotz ihrer Niedergeschlagenheit macht sie aber Pläne für die Zeit nach dem Krieg. Miep Gies zufolge wollte sie wie ihre ältere Tochter nach Palästina gehen. Ihre jüngere Tochter findet in dem, was sie tut, nicht viel Anerkennenswertes. Anne kann in ihr nur ein Vorbild in negativem Sinn sehen.

»Mutter hat uns selbst gesagt, dass sie uns mehr als Freundinnen und weniger als ihre Töchter betrachtet.

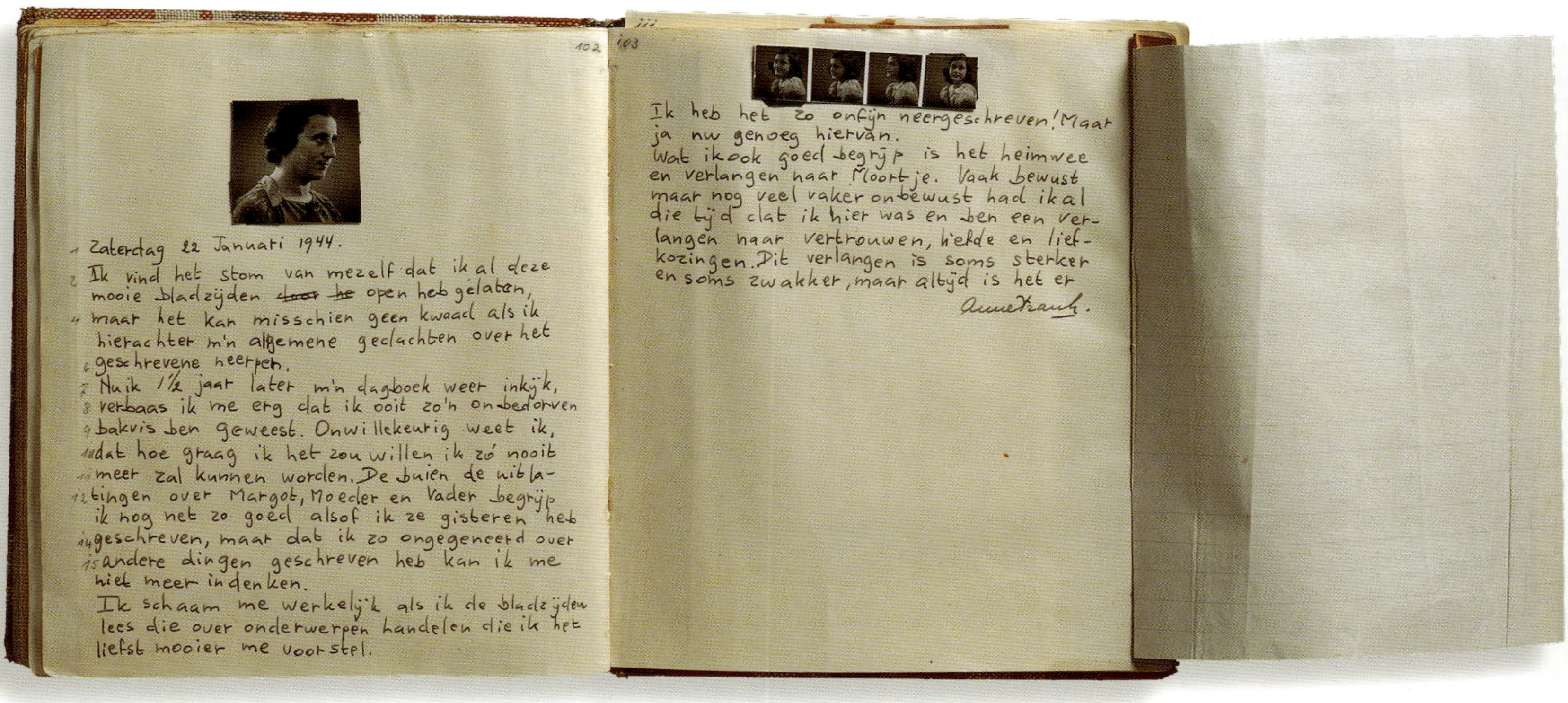

3

2

Das ist natürlich ganz schön, aber trotzdem kann eine Freundin nicht den Platz einer Mutter einnehmen. Ich habe das Bedürfnis, mir meine Mutter als Vorbild zu nehmen und Respekt vor ihr zu haben. Und meine Mutter ist in den meisten Dingen zwar ein Vorbild für mich, aber gerade ein Vorbild, wie ich es nicht machen sollte! Ich habe das Gefühl, dass Margot in all diesen Dingen ganz anders denkt und das, was ich dir jetzt erzählt habe, nie verstehen würde. Und Vater weicht allen Gesprächen über Mutter aus.« (6. Januar 1944)

1 Im Herbst 1942 nimmt das Hinterhaus einen weiteren Bewohner auf. Bei der Wahl der Person spielt Otto Frank eine entscheidende Rolle, wie Anne schreibt: *»Wir waren die ganze Zeit der Meinung, dass wir hier noch genug Platz und Essen für eine achte Person haben. Wir hatten nur Angst, Kugler und Kleiman noch mehr zu belasten. Als nun die Schreckensnachrichten von draußen bezüglich der Juden immer schlimmer wurden, hat Vater mal bei den beiden entscheidenden Personen vorgefühlt, und die fanden die Idee ausgezeichnet. Es war nicht schwer, so jemanden aufzutreiben. Nachdem Vater alle Verwandten der Familie van Pels abgelehnt hatte, fiel unsere Wahl auf einen Zahnarzt namens Fritz Pfeffer.«* (10. November 1942)

2 Anne Frank bewundert ihren Vater; er ist ihr ein und alles. Sie gibt ihm den Kosenamen Pim. *»Ich habe sie nur deshalb lieb, weil sie nun mal Mutter und Margot sind, als Menschen können sie mir gestohlen bleiben. Bei Vater ist das was anderes. Wenn er Margot vorzieht, alles, was sie macht, gutheißt, Margot lobt und mit ihr kuschelt, dann nagt es in mir, denn Vater ist mein ein und alles, er ist mein großes Vorbild, auf der ganzen Welt liebe ich niemanden außer Vater.«* (7. November 1942)

Später revidiert Anne ihre Meinung über ihren Vater und nimmt mehr Abstand. *»Ich wollte nichts von ›für dein Alter typische Erscheinungen‹, ›andere Mädchen‹, ›geht von selbst vorbei‹ hören, ich wollte nicht als Mädchen-wie-alle-anderen, sondern als Anne-an-sich behandelt werden, und Pim verstand das nicht. Übrigens kann ich nicht jemandem Vertrauen schenken, der mir nicht auch sehr viel von sich erzählt, und weil ich von Pim nichts weiß, kann ich den Weg zum Vertraulichen*

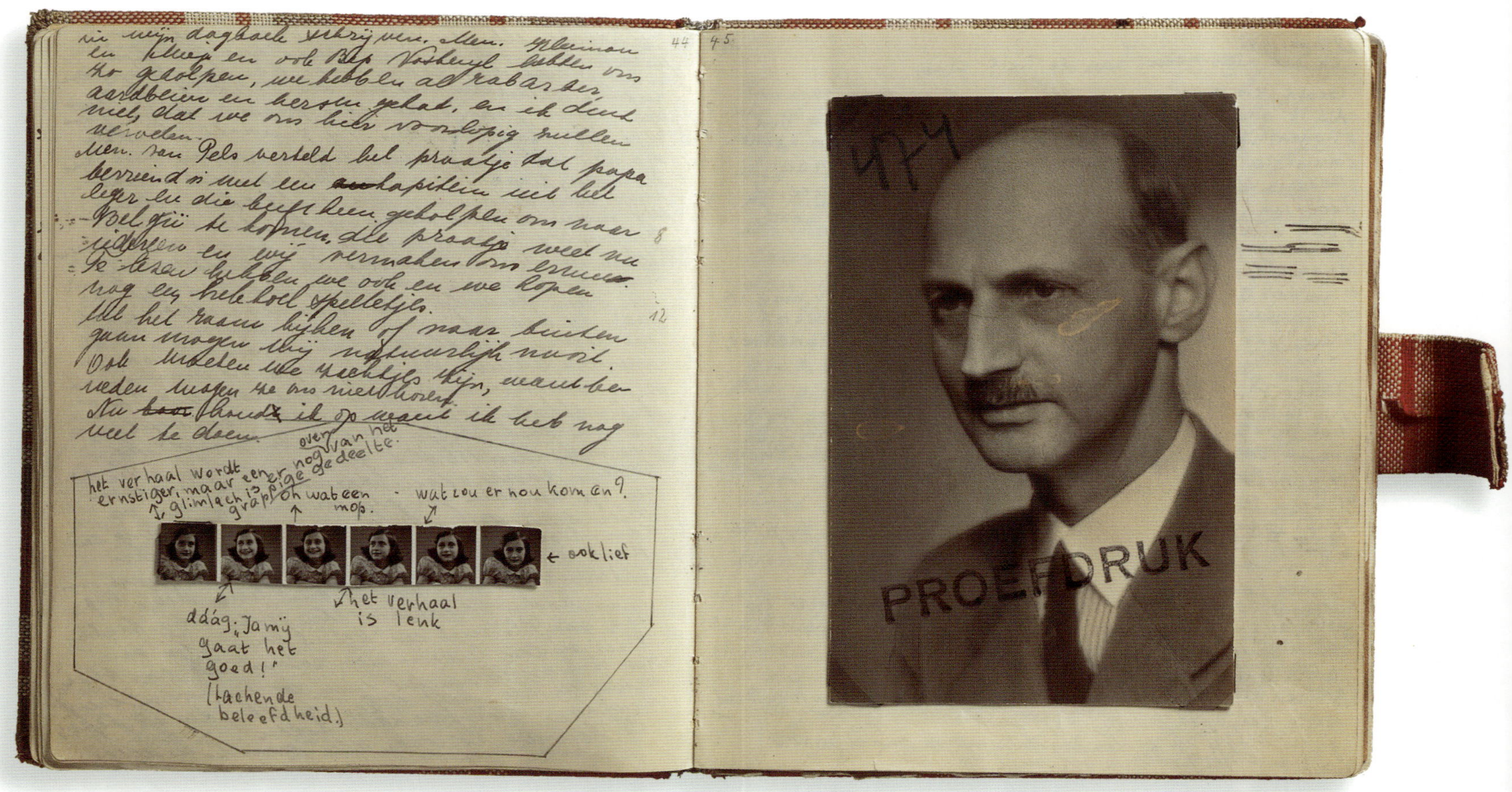

2

zwischen uns nicht beschreiten. Vor Vater verbarg ich alles, was mich berührte, habe ihn nie an meinen Idealen teilhaben lassen, habe mich ihm wissentlich entfremdet.« (15. Juli 1944)

Am 6. Juni 1944 landen die Alliierten in der Normandie. Auf einer Karte, die er aus der Tageszeitung »De Telegraaf« ausgeschnitten hat, markiert Otto Frank das Vorrücken der Alliierten. Jeden Tag verfolgen die Untergetauchten den Vormarsch der Alliierten im Radio. Anne schreibt: » *›This is D-day‹, sagte um zwölf Uhr der englische Rundfunk, und mit Recht! ›This is the day‹, die Invasion hat begonnen! Heute morgen um acht berichteten die Engländer: schweres Bombardement von Calais, Boulogne, Le Havre und Cherbourg sowie Pas de Calais. Deutschen Meldungen zufolge sind englische Fallschirmjägertruppen an der französischen Küste gelandet. ›Englische Landungsschiffe im Kampf mit deutschen Marinesoldaten‹, so BBC.«* (6. Juni 1944)

»Das Hinterhaus in Aufruhr! Sollte denn nun wirklich die lang ersehnte Befreiung nahen, die Befreiung, über die wir so oft gesprochen haben, aber die doch zu schön, zu märchenhaft ist, um jemals Wirklichkeit werden zu können? Sollte dieses Jahr, 1944, uns den Sieg schenken? Wir wissen es auch jetzt noch nicht, aber die Hoffnung belebt uns, gibt uns wieder Mut, macht uns wieder stark. Vielleicht, sagt Margot, kann ich im September oder Oktober doch wieder zur Schule gehen.« (6. Juni 1944)

→ Aus dem Zimmer von Otto, Edith en Margot kommt man in den kleinen Raum von Anne und Fritz Pfeffer. Rechts oben ist die kleine Karte der Normandie zu sehen.

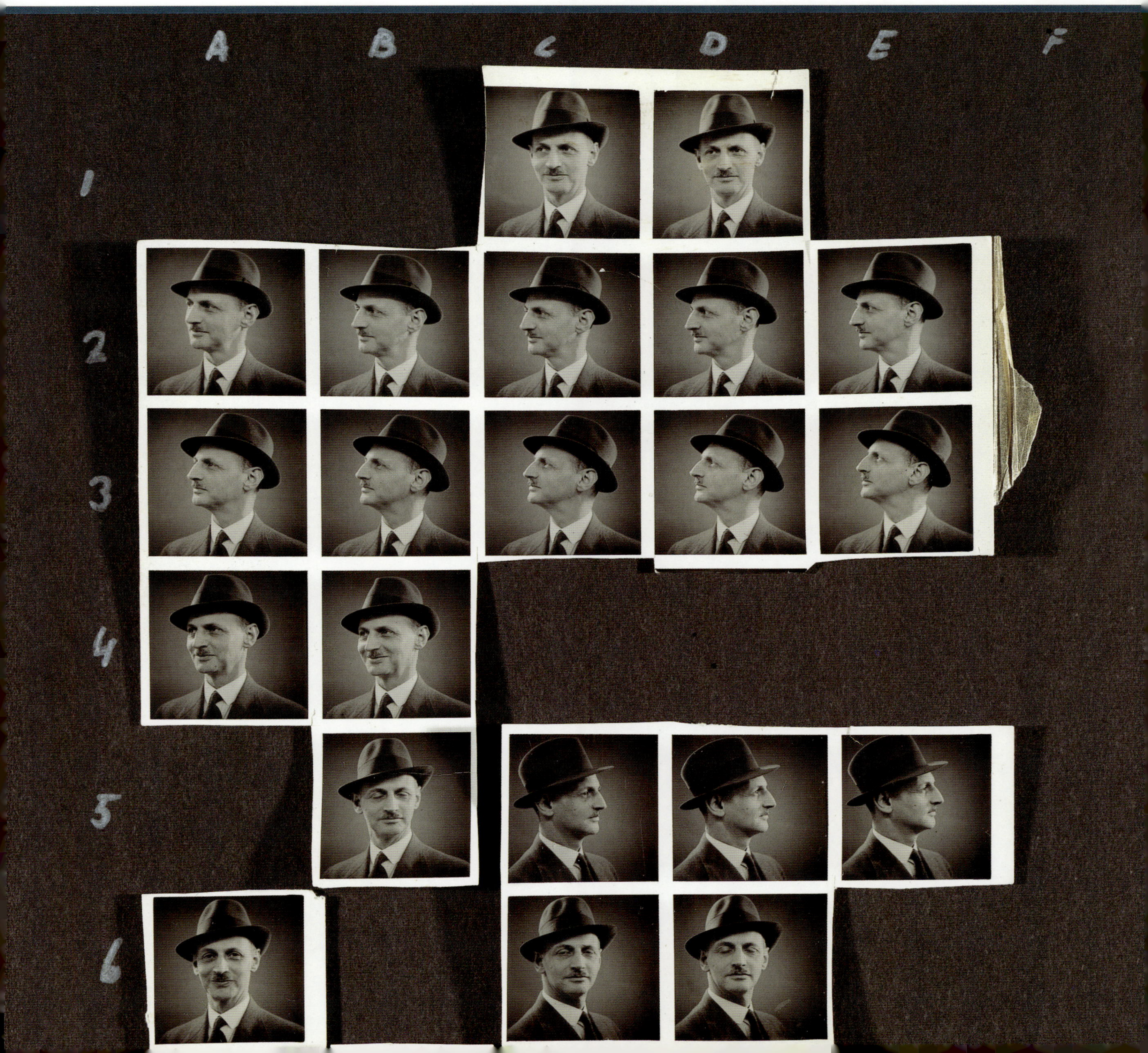

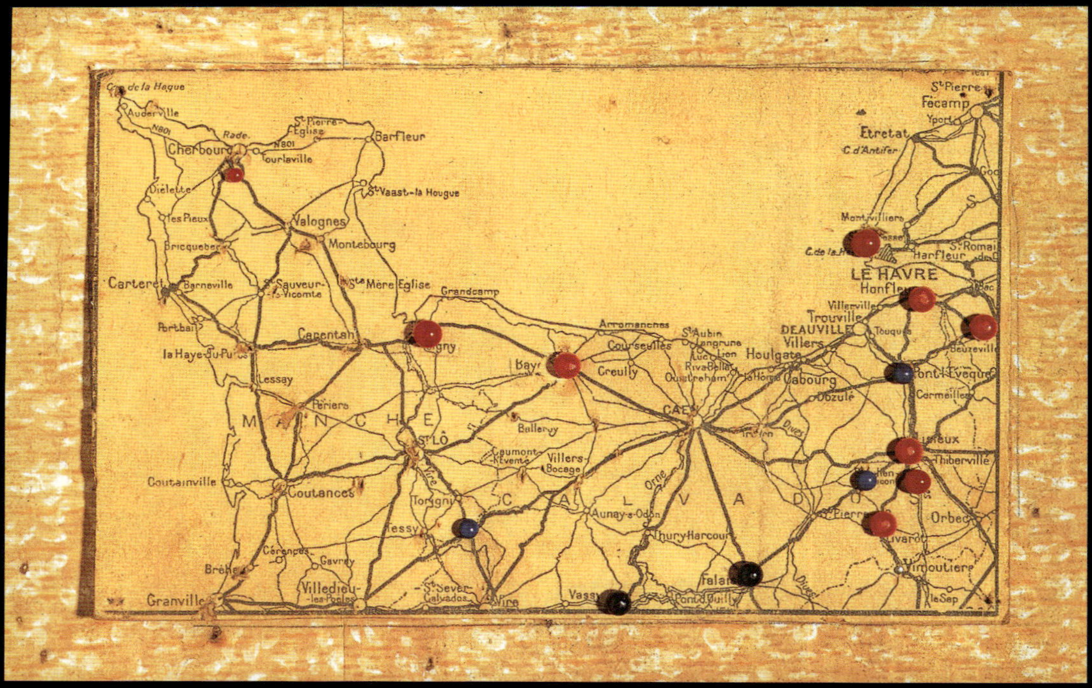

Cherbourg
Barfleur
Valognes
Montebourg
Carteret
Barneville
Grandcamp
Carentan
Lessay
Periers
MANCHE
St Lô
Coutainville
Coutances
Granville
Villedieu
Vire
Arromanches
Courseulles
Creully
Houlgate
Cabourg
Villers
DEAUVILLE
Trouville
Honfleur
LE HAVRE
Harfleur
Montivilliers
Etretat
Fecamp
Yport
St Pierre
Pont-l'Evêque
Cormeilles
Thiberville
Orbec
Vimoutiers
Le Sap
Livarot
Falaise
Thury Harcourt
Aunay-s-Odon
Villers-Bocage
Balleroy
Torigni
CALVADOS
Orne
Dives

OPEKTA

»Ein kleineres Zimmer, Schlaf- und Arbeitszimmer der beiden jungen Damen Frank.«

9. Juli 1942

Zimmer Anne Frank und Fritz Pfeffer

Mehrere Monate lang schlafen Anne und Margot zusammen in diesem Zimmer. Im November 1942 zieht der Neuankömmling Fritz Pfeffer bei Anne ein, und Margot schläft von da an bei den Eltern. Anfangs äußert Anne sich positiv über ihren neuen Zimmerkameraden, doch das ändert sich bald, und sie schreibt sehr negativ über ihn. Beide möchten gern allein in dem Zimmer sein, um zu schreiben,

»Am besten finde ich noch, dass ich alles, was ich denke und fühle, wenigstens aufschreiben kann, sonst würde ich völlig ersticken.«

15. März 1944

zu lesen oder zu arbeiten. Das führt häufig zu Streit. Erst nachts im Bett findet Anne genügend Ruhe, um über sich, die anderen Untergetauchten, die gefährliche Außenwelt und die täglichen Ereignisse nachzudenken. Hoffnung, Angst, Niedergeschlagenheit, Lebenslust, Verliebtheit, Fröhlichkeit; in ihrem Tagebuch schreibt sie darüber.

1 Das Versteck der Untergetauchten ist im Prinzip gut gegen die Außenwelt abgeschirmt. Abends werden schwarze Abdeckungen vor den Fenstern angebracht, die kein Licht durchlassen. Tagsüber sind die Fenster mit Vorhängen verhängt. *»Manchmal bekommt dann einer der Herren oder Damen eine Anwandlung und muss mal schnell aus dem Fenster schauen. Folge: ein Sturm von Vorwürfen. Antwort: ›Das sieht man doch nicht.‹ Damit beginnt und endet jede Unvorsichtigkeit. Das sieht man nicht, das hört man nicht, darauf achtet keiner.«* (3. November 1943)

»Gleich am ersten Tag haben wir Vorhänge genäht, eigentlich kann man nicht von Vorhängen sprechen, denn es sind nur lose, klamme Lappen, völlig verschieden in Form, Qualität und Muster, die Vater und ich sehr unfachmännisch schief aneinander genäht haben. Mit Reißzwecken sind diese Prunkstücke vor den Fenstern befestigt, wo sie bis zum Ende unserer Versteckzeit bleiben werden.« (11. Juli 1942)

2 Annes Zimmer ist ebenso wie die anderen Räume klein. Abends gegen neun, wenn alle schlafen gehen, herrscht rege Betriebsamkeit. *»Stühle werden gerückt, Betten herausgeholt, Decken entfaltet, und nichts bleibt, wo es am Tag hingehört. Ich schlafe auf der kleinen Couch, die nicht mal 1,50 m lang ist. Hier müssen also Stühle zur Verlängerung her.«* (4. August 1943)

An die beiden Längswände ihres Zimmers klebt Anne Bilder aus ihrer Sammlung. Die Abbildungen vermitteln uns einen Eindruck von ihren vielfältigen Interessen: unter anderem Filmstars, Natur, Geschichte und Fürstenhäuser. Leonardo da Vinci und Rembrandt neben Greta Garbo und Ginger Rogers.

»Unser Zimmer war mit den nackten Wänden bis jetzt sehr kahl; dank Vater, der meine ganze Postkarten- und Filmstarsammlung schon vorher mitgenommen hatte, habe ich die ganze Wand mit Kleister bestrichen und aus dem Zimmer ein einziges Bild gemacht.« (11. Juli 1942)

3 Anne vermisst ihre Freundinnen, die Schule und ihre Katze Moortje, und sie ist sich der ständigen Gefahr sehr bewusst. Juden, die untergetaucht sind, werden mit strengen Strafen bedroht. *»Es bedrückt mich auch mehr, als ich sagen kann, dass wir nie hinausdürfen, und ich habe große Angst, dass man uns entdeckt und wir dann erschossen werden.«* (28. September 1942)

1

2

»Ich verbringe viele Sonntage damit, Bilder aus meiner großen Filmstarsammlung, die einen sehr respektablen Umfang angenommen hat, auszuwählen und zu sortieren.« (28. Januar 1944)

1 Die siebzehnjährige Deanna Durbin (Mitte) und Robert Stack (rechts und links in einer Doppelrolle) in dem Film »First Love«.

2 Die Eiskunstläuferin Sonja Henie und der Schauspieler Rudy Vallee.

3 Die Schauspielerin Norma Shearer.

4 Heinz Rühmann. Ein Foto aus dem Film »Paradies der Junggesellen«.

5 Greta Garbo in dem Film »Ninotschka« von 1939.

6 Der Filmschauspieler und »Ladykiller« Ray Milland.

7 Ginger Rogers.

8 Joyce van der Veen. Als dreizehnjährige Tänzerin wird sie am 3. Oktober 1941 in der »Libelle«, einer bekannten Frauenzeitschrift, abgebildet. Anne schneidet das Bild aus und klebt es an die Wand. Die Jüdin Joyce van der Veen taucht während des Krieges zusammen mit ihren Eltern unter. Nach dem Krieg emigriert sie in die Vereinigten Staaten. Dort wird sie Schauspielerin. Gut fünfzig Jahre später besucht sie das Anne Frank Haus und sieht dort ihr Foto. Joyce van der Veen: *»Ich denke, für Anne war das Bild ein Symbol der Außenwelt.«*

9 Anne malt sich oft ein Leben als Filmschauspielerin in Amerika aus. Sie schreibt auch eine Kurzgeschichte mit dem Titel »Filmstar-Illusionen«. Der Anlass dazu ist

1

2

3

7

8

9

»das ewige Gefrage von Frau van Pels, warum ich später nicht Filmstar werden will.« In dieser Geschichte stellt sich Anne vor, wie sie als Siebzehnjährige als Gast eines berühmten Filmstars nach Hollywood kommt. Doch sie erlebt eine Enttäuschung nach der anderen und ist *»für immer von allen Berühmtheitsillusionen geheilt«.* (Geschichtenbuch, 24. Dezember 1943)

»Bep, die an ihren freien Tagen oft mit ihrem Freund ins Kino geht, sagt mir am Samstag, welchen Film sie sich ansehen will, und ich schnurre ihr dann die Hauptdarsteller und die Kritik in einem Rutsch herunter. Es ist noch nicht lange her, da hat Mans gesagt, ich brauchte später nicht ins Kino zu gehen, weil ich den Inhalt, die Filmstars und die Kritik so gut im Kopf hätte.« (28. Januar 1944)

»So wie auf diesem Foto würde ich gern immer aussehen. Dann hätte ich vielleicht noch eine Chance, nach Hollywood zu kommen. Aber zur Zeit sehe ich leider meistens anders aus.« (18. Oktober 1942)

4

5

6

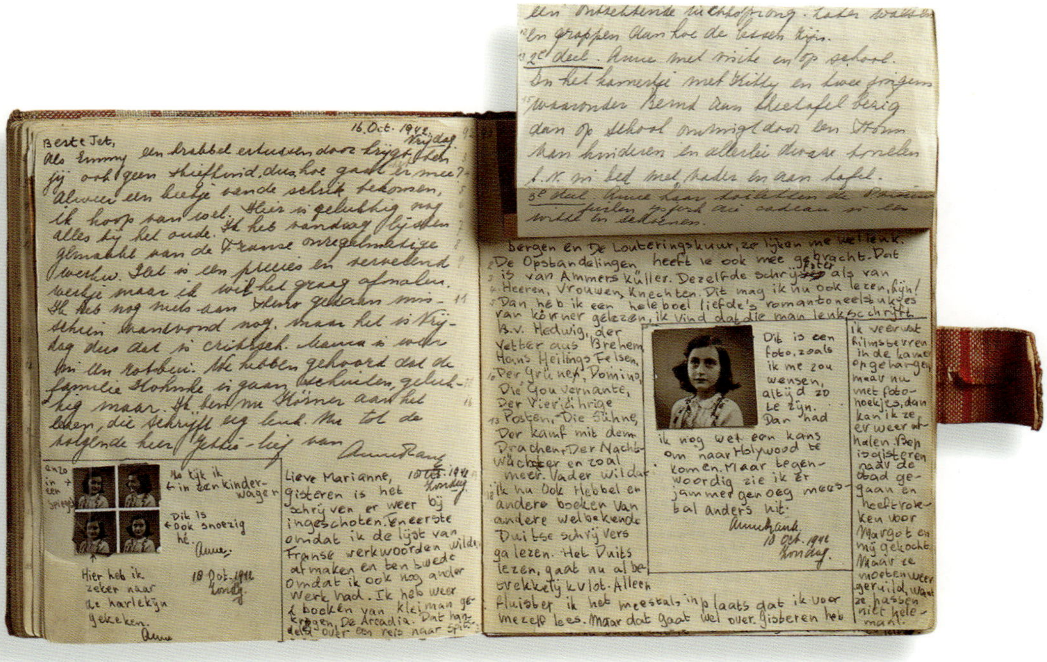

10

De eerste foto van Deanna Durbin in haar nieuwste film „First Love". Zij is thans zeventien jaar en volgens Amerikaansche begrippen mondig, zoodat zij thans geen kinderrollen meer speelt, doch liefde gaat koesteren voor een jongeman. Dat is Robert Stack, een pas ontdekte filmjongeling, dien men hier in een dubbelrol met Deanna ziet afgebeeld.

Pas op, kleine, met je hoedje!
Tijgers zijn gevaarlijk goedje!

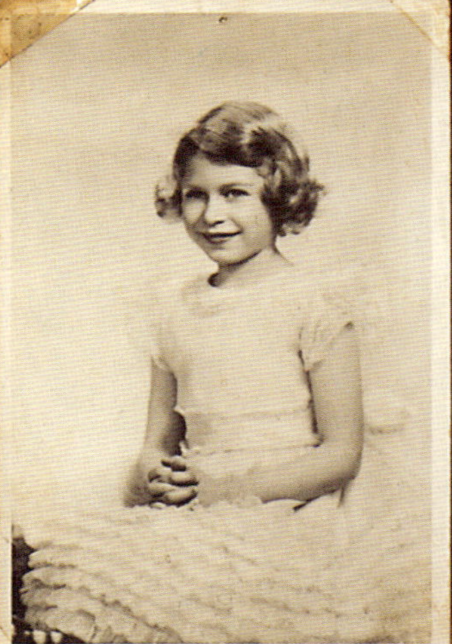

H.R.H. THE PRINCESS ELIZABETH OF YORK

H.R.H. THE PRINCESS MARGARET ROSE OF YORK

heeft in deze film
anders te doen
liedjes te zingen, doch
voor velen wel een
op zichzelf te zijn.
afgebeeld met de
„ster" Sonja Henie.
THE LARK'S SONG
by
Margaret W. Tarrant
NORMA SHEARER

1 Fritz Pfeffer ist der Zahnarzt von Miep Gies, kennt aber auch die Familie Frank gut. Er fragt Miep, ob sie eine Adresse weiß, wo er untertauchen könnte. Die Untergetauchten im Hinterhaus sind mit seinem Kommen einverstanden. Anne ist sogar begeistert: *»Großartige Neuigkeiten: Wir wollen einen achten Untertaucher aufnehmen!«* (10. November 1942) Pfeffer ist sehr überrascht, als er die Familie Frank am 16. November 1942 wiedersieht. Er hatte geglaubt, sie seien in die Schweiz gegangen. Anne teilt nun ihr Zimmer mit Pfeffer.

»Wie wir alle vermutet haben, ist Pfeffer ein sehr netter Mann. Er war natürlich damit einverstanden, das Zimmer mit mir zu teilen; ich bin ehrlich gesagt nicht so erfreut darüber, dass ein Fremder meine Sachen benutzt, aber für einen guten Zweck muss man auch Opfer bringen können.« (19. November 1942)

1

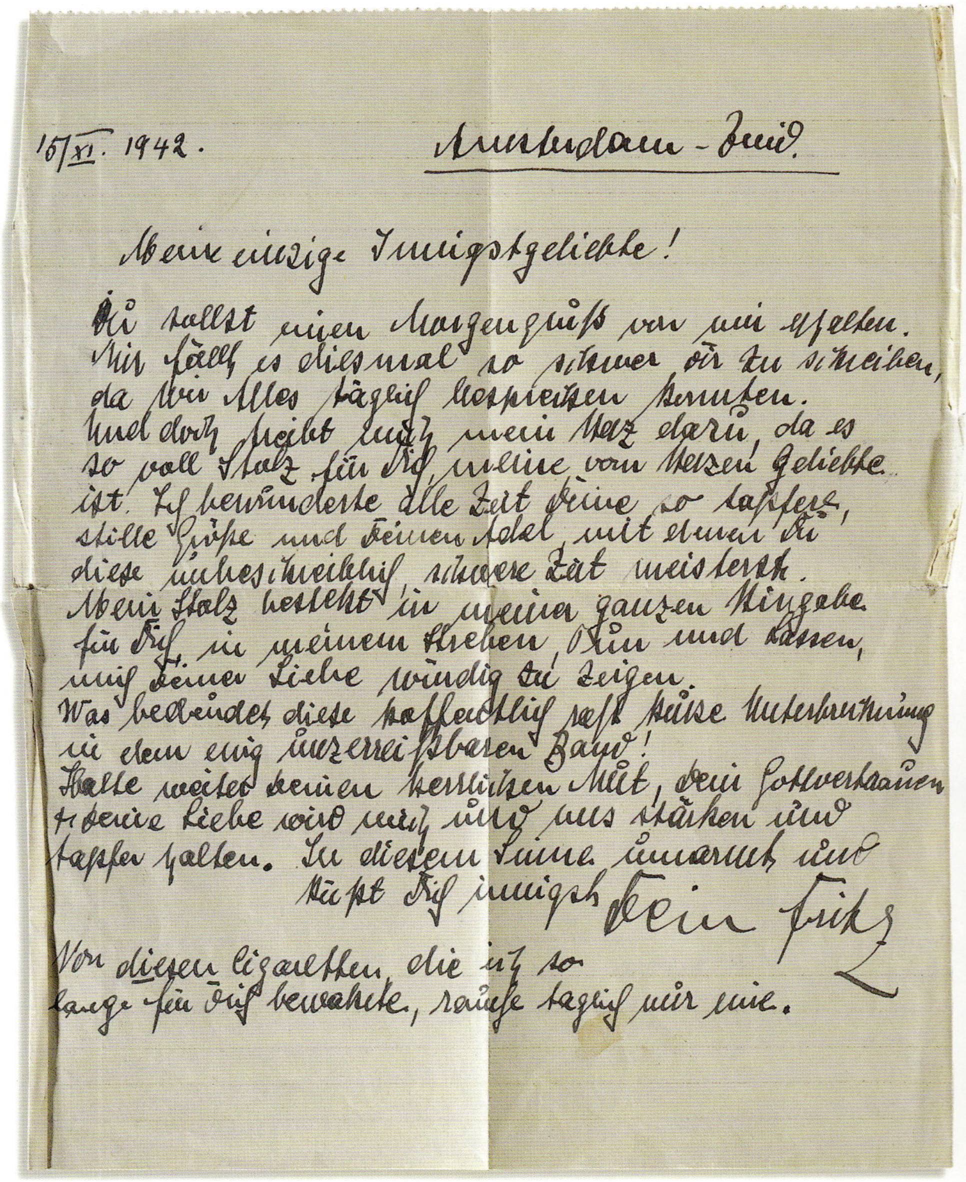

16/XI. 1942. Amsterdam-Zuid.

Mein einzige Innigstgeliebte!

Du sollst einen Morgengruß von mir erhalten. Mir fällt es diesmal so schwer Dir zu schreiben, da wir Alles täglich besprechen konnten. Und doch treibt mich mein Herz dazu, da es so voll Stolz für Dich, meine von Herzen Geliebte ist. Ich bewunderte alle Zeit Deine so tapfere, stille Größe und Deinen Adel mit denen Du diese unbeschreiblich schwere Zeit meisterst. Mein Stolz besteht in meiner ganzen Hingabe für Dich in meinem Streben, Sinn und Lassen, mich Deiner Liebe würdig zu zeigen. Was bedeutet diese hoffentlich recht kurze Unterbrechung in dem ewig unzerreißbaren Band! Halte weiter Deinen herrlichen Mut, Dein Gottvertrauen + Deine Liebe wird mich und uns stärken und tapfer halten. In diesem Sinne umarmt und küßt Dich innigst Dein Fritz

Von diesen Cigaretten, die ich so lange für Dich bewahrte, rauche täglich nur eine.

3

2

Charlotte Kaletta und Fritz Pfeffer um 1940

Fritz Pfeffer schreibt in einem Abschiedsbrief an Charlotte Kaletta am 15. November 1942: »*Meine einzige Innigstgeliebte! Was bedeutet diese hoffentlich sehr kurze Unterbrechung in dem ewig unzerreißbaren Band! Halte weiter Deinen herrlichen Mut, Dein Gottvertrauen und Deine Liebe wird mich und uns stärken und tapfer halten.*« In der darauf folgenden Zeit schreibt Pfeffer ihr noch regelmäßig. Miep Gies fungiert als Postillon d'Amour, aber seine Untertauchadresse bleibt geheim.

Anne ändert schon bald ihre Meinung über Fritz Pfeffer. Sie wundert sich über seine Begriffsstutzigkeit. »*Alles fragt er zweimal und behält es auch dann noch nicht.*« (19. November 1942)

Fritz Pfeffer nimmt einen Teil seiner Zahnarztausstattung mit. »*Pfeffer hat eine Tretbohrmaschine bekommen, wahrscheinlich muss ich bald eine gründliche Kontrolle über mich ergehen lassen.*« (19. März 1943) Einmal behandelt er Frau van Pels, und Anne berichtet sehr anschaulich und mit viel Humor über diese Behandlung. Ein andermal aber ist sie selbst das Opfer. »*Ich bekomme eine sehr ekelhafte Nervbehandlung, noch dazu an einem Schneidezahn, es hat schon schrecklich weh getan, und es war sogar so schlimm, dass Pfeffer dachte, ich würde umkippen. Viel hat auch nicht gefehlt. Prompt hatte Frau van Pels auch Zahnschmerzen!*« (30. Juni 1944)

»*Herr Pfeffer entpuppt sich als der altmodischste Erzieher und Prediger ellenlanger Manierenlitaneien. Da ich das seltene Glück habe(!), mit dem hochwohlerzogenen Herrn mein leider sehr enges Zimmer teilen zu dürfen, und da ich allgemein als die Schlechtesterzogene der drei Jugendlichen gelte, habe ich meine liebe Not, den alten, oft wiederholten Rüffeln und Ermahnungen zu entgehen und mir eine ostindische Taubheit zuzulegen.*« (28. November 1942)

5 Anne listet in ihrem Tagebuch die Aktivitäten der Untergetauchten auf. Über Fritz Pfeffer sagt sie: »*Lernt Englisch, Spanisch und Niederländisch, ohne merkliches Resultat. Liest alles, urteilt mit der Mehrheit.*« (16. Mai 1944) Fritz Pfeffer lernt Spanisch, weil er beabsichtigt, nach dem Krieg zusammen mit Charlotte Kaletta nach Südamerika zu emigrieren. In das Lehrbuch »Actividades Comerciales« schreibt er die Notiz: »*25. VII. 44 1 1/2 de la tarde achterhuis.*«

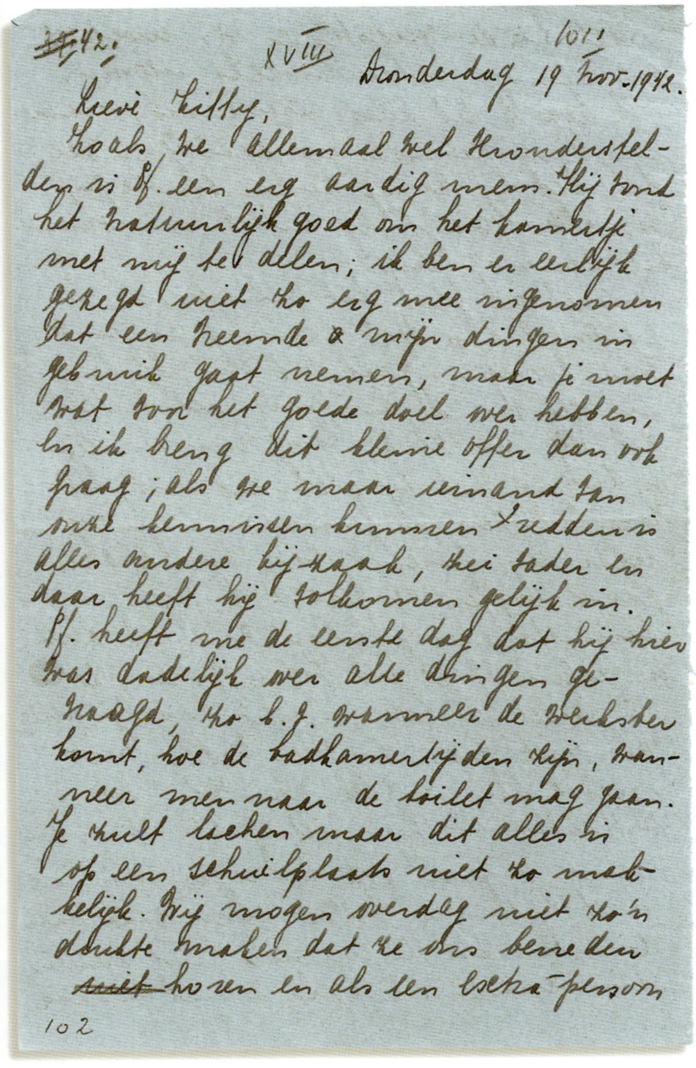
~~42.~~ XVIII 101 Donderdag 19 Nov. 1942.

Lieve Kitty,

Zoals we allemaal wel veronderstelden is Pf. een erg aardig man. Hij vond het natuurlijk goed om het kamertje met mij te delen; ik ben er eerlijk gezegd niet zo erg mee ingenomen dat een vreemde al mijn dingen in gebruik gaat nemen, maar je moet wat voor het goede doel over hebben, en ik breng dit kleine offer dan ook graag; als we maar iemand van onze kennissen kunnen redden is alles andere bijzaak, zei vader en daar heeft hij volkomen gelijk in. Pf. heeft me de eerste dag dat hij hier was dadelijk over alle dingen gevraagd, zo b.v. wanneer de werkster komt, hoe de badkamertijden zijn, wanneer men naar de toilet mag gaan. Je zult lachen maar dit alles is op een schuilplaats niet zo makkelijk. Wij mogen overdag niet zo'n drukte maken dat ze ons beneden ~~niet~~ horen en als een extra-persoon

102

4

5

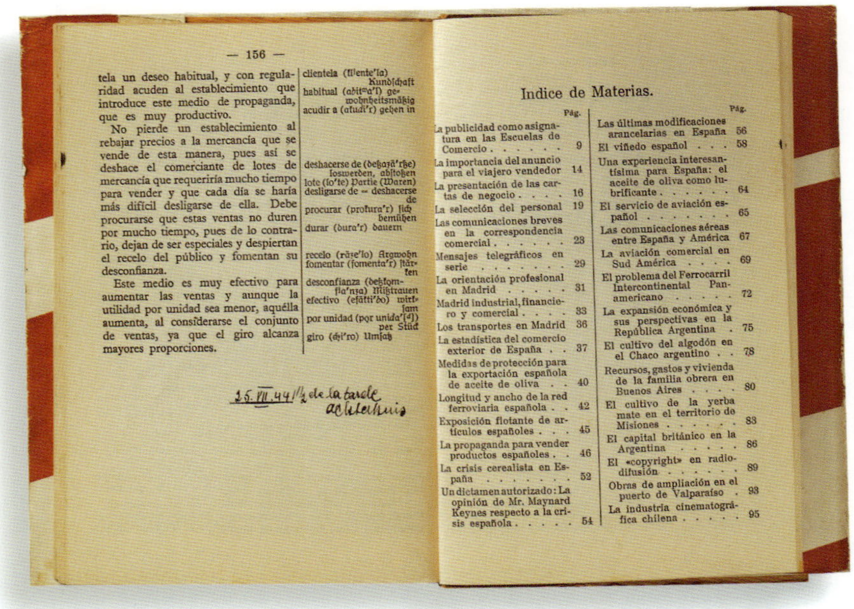

5

1 Anne hat zahlreiche Hobbys und Interessen. Am 6. April 1944 beschreibt sie diese in ihrem Tagebuch. »*An erster Stelle: schreiben, aber das sehe ich eigentlich nicht als Hobby.*« Außerdem nennt sie das Aufstellen der Stammbäume von Fürstenhäusern. »*Mein drittes Hobby ist denn auch Geschichte, dafür hat Vater mir schon viele Bücher gekauft.*« Ferner nennt sie das Sammeln von Filmstar- und Familienfotos und Kunstabbildungen. Die Wände ihres Zimmers spiegeln all diese Hobbys wider.

2 Friedrich Wilhelm IV., Kronprinz von Preußen.

3 Selbstporträt von Leonardo da Vinci.

4 Fragment der Pieta von Michelangelo.

5 Rembrandt: Porträt eines alten Mannes.

»*Bis morgen muss ich den ersten Band über Galileo Galilei zu Ende lesen. Außerdem habe ich gestern den ersten Teil der Biographie von Kaiser Karl V. ausgelesen und muss dringend die vielen Notizen und Stammbäume, die ich mir da herausgeholt habe, ausarbeiten. Anschließend habe ich drei Seiten mit Fremdwörtern, die alle aufgesagt, aufgeschrieben und gelernt werden müssen, aus den verschiedenen Büchern geholt.*« (11. Mai 1944)

6 Eine Postkarte mit der niederländischen königlichen Familie, die während des Krieges ins kanadische Exil gegangen ist. Die Karte wurde in den Niederlanden durch die illegale Widerstandszeitung »Trouw« in Umlauf gebracht. »*Bep hat für mich eine Postkarte von der ganzen königlichen Familie abziehen lassen. Juliana sieht darauf sehr jung aus, ebenso die Königin. Die drei Mädchen sind goldig. Ich finde es riesig nett von Bep, du nicht?*« (30. Dezember 1943)

2

3

1

7

Anne besitzt ein besonderes Buch, in das sie sich Zitate und Weisheiten (»schöne Sätze«) aus den Büchern abschreibt, die sie liest. Die letzten beiden Weisheiten, mit denen das Buch schließt, lauten: *»Denn im tiefsten Grund ist die Kindheit einsamer als das Alter«* und *»Wer nicht zuhören kann, kann auch nichts erzählen.«* (2. Juli 1944) Als sie das Bedürfnis hat, mit Peter einmal ein gutes Gespräch zu führen, schreibt sie: *»Vielleicht nehme ich mein Schöne-Sätze-Buch doch mal mit hinauf, um endlich einmal tiefer auf die Dinge einzugehen.«* (18. April 1944)

Schon seit Beginn der Zeit im Unterschlupf arbeiten Margot, Anne und Peter mit ihren Schulbüchern. Sie hoffen ja, dass der Krieg bald vorbei ist und sie dann in der Schule nicht hinter den anderen zurückgeblieben sind. Otto Frank achtet darauf, dass sie ihre Aufgaben gut erledigen und hilft ihnen nötigenfalls. Am 6. April 1944 seufzt Anne: *»Eine gewisse Antipathie habe ich gegen Algebra, Geometrie und Rechnen. Alle anderen Schulfächer mache ich mit Vergnügen, vor allem aber Geschichte!«*

»Ich muss arbeiten, um nicht dumm zu bleiben, um weiterzukommen, um Journalistin zu werden, denn das will ich!« (5. April 1944)

4

5

6

8

DEANNA URBIN tijdens haar zangstudie

POLDERLANDSCHAP
LANGS DE EEM BIJ BAARN

Anne sitzt gern an dem kleinen Tisch in ihrem Zimmer und schreibt, liest oder lernt. Pfeffer beansprucht den Tisch jedoch ebenfalls. Anne fragt ihn, *»ob er bitte damit einverstanden wäre (wirklich sehr höflich), dass ich unseren Tisch zweimal in der Woche nachmittags von vier bis halb sechs benutzen dürfe. Von halb drei bis vier sitze ich jeden Tag dort, während Pfeffer schläft, ansonsten sind das Zimmer und der Tisch Sperrgebiet.«* (13. Juli 1943) Pfeffer aber lehnt das ab und meint, Anne arbeite ja nicht ernsthaft. Anne ist wütend.

»Ich ließ Pfeffer ausreden: ›Ach, mit dir ist nun mal nicht zu reden, du bist eine furchtbare Egoistin, wenn du nur deinen Willen durchsetzen kannst, können alle anderen sehen, wo sie bleiben. So ein Kind habe ich noch nie erlebt.‹ So ging es immer weiter, zuletzt wurde es so ein Redeschwall, dass ich fast nicht mehr mitkam. Als sich der Herr Pfeffer dann endlich ausgetobt hatte, verließ er mit einem Gesicht, auf dem sowohl Zorn als auch Triumph zu lesen waren, das Zimmer.« (13. Juli 1943)

2 Anne rennt zu ihrem Vater, und auch zwischen ihm und Fritz Pfeffer kommt es zu einer Diskussion. *»So ging es hin und her, Vater verteidigte meinen Egoismus und meine ›Stümpereien‹, und Pfeffer hörte nicht auf zu meckern. Schließlich musste Pfeffer dann doch nachgeben, und ich bekam an zwei Nachmittagen in der Woche die Gelegenheit, ungestört zu arbeiten. Pfeffer machte ein belämmertes Gesicht, redete zwei Tage nicht mit mir und musste sich von fünf bis halb sechs unbedingt noch an den Tisch setzen … wirklich kindisch. Jemand, der schon 54 Jahre alt ist und noch so pedantische und kleinliche Angewohnheiten hat, ist von Natur aus so und legt diese Angewohnheiten auch nie wieder ab.«* (13. Juli 1943)

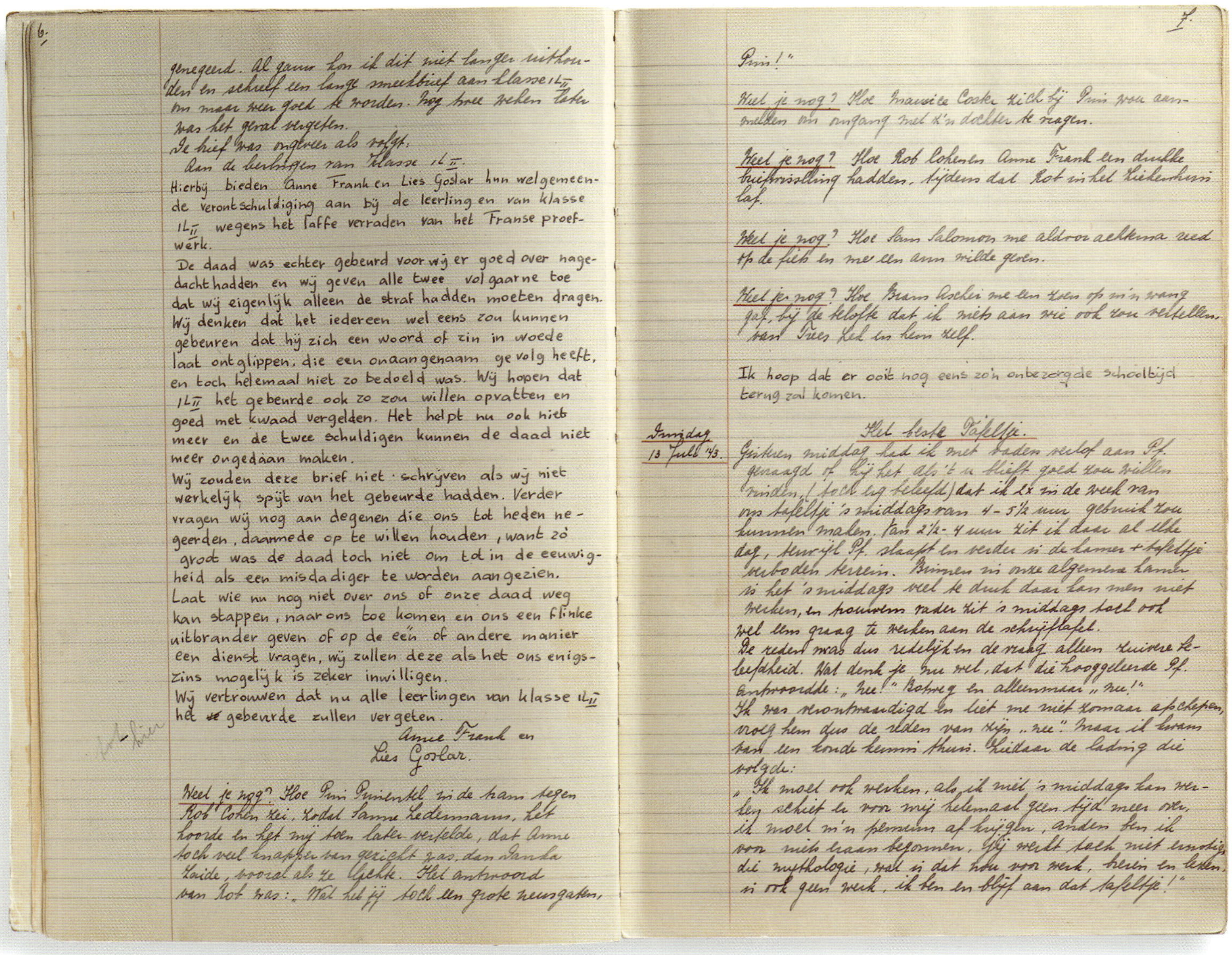
6.

genegeerd. Al gauw kon ik dit niet langer uithouden en schreef een lange smeekbrief aan klasse 1L II om maar weer goed te worden. Nog twee weken later was het geval vergeten.
De brief was ongeveer als volgt.
Aan de leerlingen van klasse 1L II.
Hierbij bieden Anne Frank en Lies Goslar hun welgemeende verontschuldiging aan bij de leerlingen van klasse 1L II wegens het laffe verraden van het Franse proefwerk.
De daad was echter gebeurd voor wij er goed over nagedacht hadden en wij geven alle twee volgaarne toe dat wij eigenlijk alleen de straf hadden moeten dragen. Wij denken dat het iedereen wel eens zou kunnen gebeuren dat hij zich een woord of zin in woede laat ontglippen, die een onaangenaam gevolg heeft, en toch helemaal niet zo bedoeld was. Wij hopen dat 1L II het gebeurde ook zo zou willen opvatten en goed met kwaad vergelden. Het helpt nu ook niet meer en de twee schuldigen kunnen de daad niet meer ongedaan maken.
Wij zouden deze brief niet schrijven als wij niet werkelijk spijt van het gebeurde hadden. Verder vragen wij nog aan degenen die ons tot heden negeerden, daarmede op te willen houden, want zò groot was de daad toch niet om tot in de eeuwigheid als een misdadiger te worden aangezien.
Laat wie nu nog niet over ons of onze daad weg kan stappen, naar ons toe komen en ons een flinke uitbrander geven of op de eén of andere manier een dienst vragen, wij zullen deze als het ons enigszins mogelijk is zeker inwilligen.
Wij vertrouwen dat nu alle leerlingen van klasse 1L II het gebeurde zullen vergeten.
Anne Frank en
Lies Goslar.

Weet je nog? Hoe Pim Pimentel in de kam tegen Rob Cohen zei, zodat Sanne Ledermann, het hoorde en het mij toen later vertelde, dat Anne toch veel knapper van gezicht was, dan Wanda Zaide, vooral als ze lachte. Het antwoord van Rob was: „Wat heb jij toch een grote neusgaten,

7.

Pim!"

Weet je nog? Hoe Maurice Coster zich bij Pim wou aanmelden om omgang met z'n dochter te vragen.

Weet je nog? Hoe Rob Cohen en Anne Frank een dikke briefwisseling hadden, tijdens dat Rob in het ziekenhuis lag.

Weet je nog? Hoe Sam Salomon me altijd achterna reed op de fiets en me een arm wilde geven.

Weet je nog? Hoe Bram Asscher me een zoen op m'n wang gaf, bij de belofte dat ik niets aan wie ook zou vertellen van Trees Lek en hem zelf.

Ik hoop dat er ooit nog eens zo'n onbezorgde schooltijd terug zal komen.

Dinsdag 13 Juli '43.

Het beste Tafeltje.

Gisteren middag had ik met vaders verlof aan Pf. gevraagd of hij het als 't u blieft goed zou willen vinden, (toch erg beleefd) dat ik 2x in de week van ons tafeltje 's middags van 4–5½ uur gebruik zou kunnen maken. Van 2½–4 uur zit ik daar al elke dag, terwijl Pf. slaapt en verder is de kamer + tafeltje verboden terrein. Binnen in onze algemene kamer is het 's middags veel te druk daar kan men niet werken, en bovendien vader zit 's middags toch ook wel eens graag te werken aan de schrijftafel.
De reden was dus redelijk en de vraag alleen zuivere beleefdheid. Wat denk je nu wel, dat die hooggeleerde Pf. antwoordde: „Nee!" Botweg en alleenmaar „Nee!"
Ik was verontwaardigd en liet me niet zomaar afschepen, vroeg hem dus de reden van zijn „nee". Maar ik kwam van een koude kermis thuis. Hier kwam de lading die volgde:
„Ik moet ook werken, als ik niet 's middags kan werken schiet er voor mij helemaal geen tijd meer over, ik moet m'n pensum af krijgen, anders ben ik voor niets eraan begonnen. Jij werkt toch niet ernstig, die mythologie, wat is dat nou voor werk, breien en lezen is ook geen werk, ik ben en blijf aan dat tafeltje!"

2

Abends und nachts im Bett kann Anne über sich und andere nachdenken.

»Ach, mir geht so vieles durch den Kopf, wenn ich abends allein bin, auch tagsüber, wenn ich die Leute ertragen muss, die mir zum Hals heraushängen oder die meine Absichten immer falsch verstehen. Zum Schluss komme ich deshalb immer wieder zu meinem Tagebuch zurück, das ist mein Anfangs- und Endpunkt, denn Kitty ist immer geduldig. Ich werde ihr versprechen, dass ich trotz allem durchhalten, mir meinen Weg bahnen und meine Tränen herunterschlucken werde.«

7. November 1942

Oft wacht Anne mitten in der Nacht auf und horcht auf die nächtlichen Geräusche.
»Zuallererst, ob unten vielleicht ein Dieb sein könnte, dann auf die Geräusche der verschiedenen Betten, oben, nebenan und hier im Zimmer, aus denen man meist schließen kann, wie die Hausgenossen schlafen oder ob sie die Nacht halb wach verbringen. Letzteres ist überhaupt nicht angenehm, vor allem, wenn es ein Familienmitglied namens Dr. Pfeffer betrifft. Zuerst höre ich ein leises Geräusch, als ob ein Fisch nach Luft schnappt, das wiederholt sich ungefähr zehnmal, dann werden hörbar laut die Lippen befeuchtet, abgewechselt von kleinen Schmatzlauten, gefolgt von einem länger dauernden Hin- und Her-Wälzen im Bett und Herumschieben der Kissen.«

4. August 1943

Manchmal ist Anne verzweifelt:
»Abends im Bett sehe ich mich allein in einem Kerker, ohne Vater und Mutter. Manchmal irre ich durch die Straßen, oder unser Hinterhaus steht in Brand, oder sie holen uns des Nachts ab, und ich lege mich vor Verzweiflung unters Bett. Ich sehe alles so, als würde ich es am eigenen Leib erleben. Und dann noch das Gefühl zu haben, das alles kann einem tatsächlich jederzeit passieren! Ich kann mir überhaupt nicht vorstellen, dass die Welt für uns je wieder normal wird.«

8. November 1943

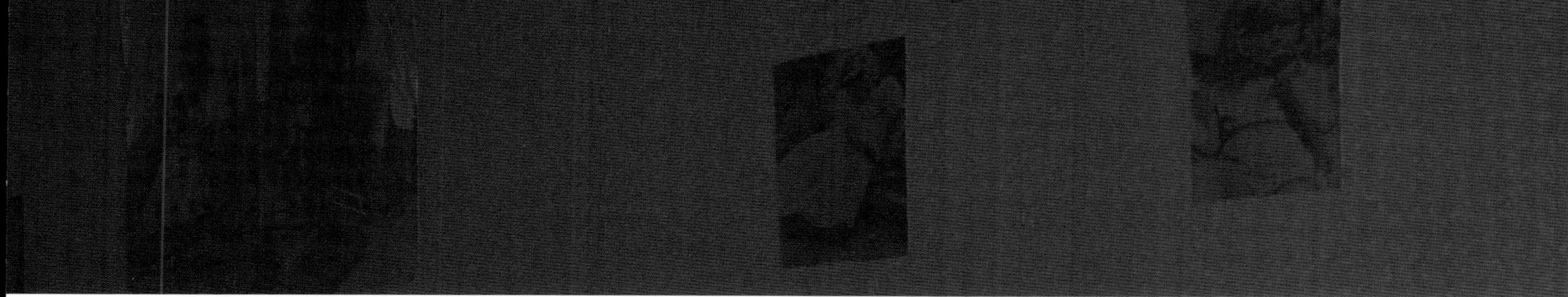

Anne sehnt sich schrecklich nach der frischen Luft draußen.

»Wenn jemand gerade von draußen hereinkommt, den Wind in den Kleidern und die Kälte im Gesicht, würde ich am liebsten den Kopf unter die Decke stecken, um nicht zu denken: ›Wann wird es uns wieder vergönnt sein, Luft zu riechen?‹ Und weil ich meinen Kopf nicht unter der Decke verstecken darf, mich im Gegenteil aufrecht und tapfer halten muss, kommen die Gedanken doch, nicht nur einmal, sondern viele, unzählige Male. Glaub mir, wenn man eineinhalb Jahre eingeschlossen ist, kann es einem an manchen Tagen schon mal zu viel werden. Rad fahren, tanzen, pfeifen, in die Welt hinausschauen, mich jung fühlen, wissen, dass ich frei bin, danach sehne ich mich ...«

24. Dezember 1943

1 Dienstag, der 28. März 1944, ist für Anne ein wichtiger Tag. *»Gestern Abend sprach Minister Bolkestein im Oranjesender darüber, dass nach dem Krieg Tagebücher gesammelt werden sollten. Natürlich haben sich alle sofort auf mein Tagebuch gestürzt. Stell dir mal vor, wie interessant es wäre, wenn ich einen Roman über das Hinterhaus veröffentlichen würde. Bei dem Titel würden die Leute gleich denken, dass es sich um einen Kriminalroman handelt.«* (29. März 1944) Anne beschließt, ihre Tagebuchtexte zu bearbeiten, um sie später veröffentlichen zu können.

»Werde ich jemals Journalistin und Schriftstellerin werden? Ich hoffe es, oh, ich hoffe es so, denn beim Schreiben kann ich alles festhalten, meine Gedanken, meine Ideale und meine Fantasien.« (5. April 1944)

2 Manchmal zweifelt Anne stark am Endergebnis. *»Alles steht hier durcheinander, kein Zusammenhang ist zu entdecken, und ich zweifle manchmal ernsthaft daran, ob sich später jemand für mein Geschwätz interessieren wird. ›Die Bekenntnisse eines hässlichen jungen Entleins‹ wird dann der Titel von dem ganzen Unsinn lauten.«* (14. April 1944)

3 Anne schreibt nicht nur in ihr Tagebuch. Sie notiert auch »Geschichten und Ereignisse aus dem Hinterhaus« in ein großes, kartoniertes Heft. So beschreibt sie den betenden Fritz Pfeffer wie folgt: *»Eine der Heimsuchungen am Sonntagmorgen ist, dass ich vom Bett aus Pfeffer auf den Rücken gucken muss, wenn er betet. Jeder wird sich wohl wundern, wenn ich sage, dass ein betender Pfeffer ein schrecklicher Anblick ist. Nicht, dass er anfängt zu weinen oder rührselig wird, oh nein, aber er hat die Angewohnheit, eine Viertelstunde lang von den Fersen auf die Zehen zu wippen. Hin und her, hin und her, endlos dauert das, und wenn ich die Augen nicht zumache, wird mir davon fast schwindlig.«* (20. Februar 1944)

Dennoch bleibt das Tagebuch Annes wichtigstes Projekt. Sie ist ehrgeizig: *»Ich weiß, dass ich schreiben kann. Ein paar Geschichten sind gut, meine Hinterhausbeschreibungen humorvoll, vieles in meinem Tagebuch ist treffend ausgedrückt, aber … ob ich wirklich Talent habe, ist noch die Frage. Ich will weiterkommen, ich kann mir nicht vorstellen, so leben zu müssen wie Mutter, Frau van Pels und all die anderen Frauen, die ihre Arbeit machen und später vergessen sind.«* (5. April 1944)

»Ich will nicht umsonst gelebt haben wie die meisten Menschen. Ich will den Menschen, die um mich herum leben und mich doch nicht kennen, nützlich sein oder ihnen Freude bringen, ich will noch weiterleben, auch nach meinem Tod! Und darum bin ich Gott so dankbar,

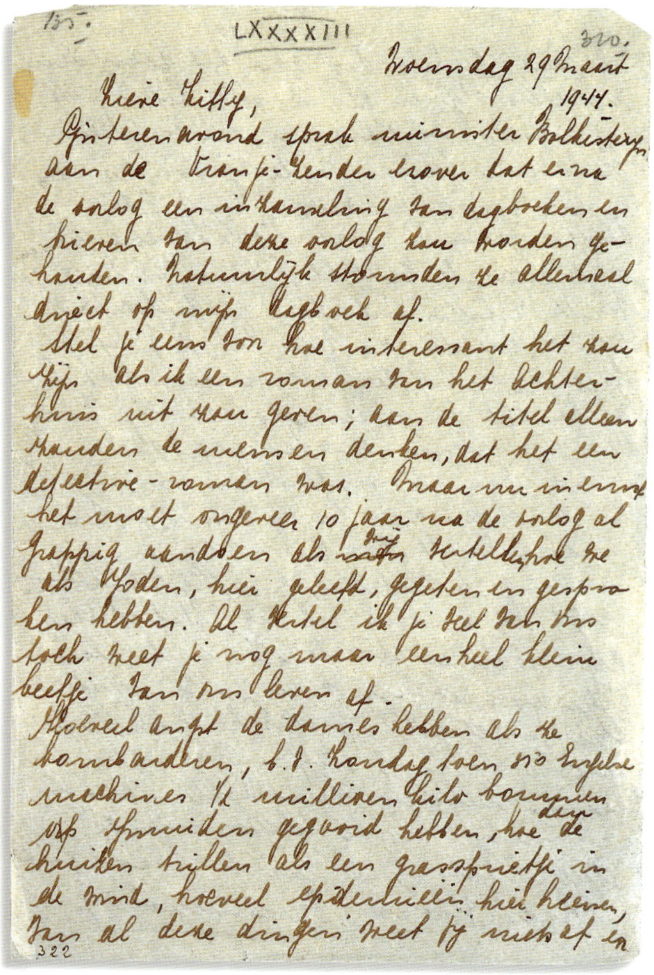

135. LXXXXIII 320.

Woensdag 29 maart 1944.

Lieve Kitty,
Gisterenavond sprak minister Bolkestein aan de Oranje-zender erover dat er na de oorlog een inzameling van dagboeken en brieven van deze oorlog zou worden gehouden. Natuurlijk stormden ze allemaal direct op mijn dagboek af.
Stel je eens voor hoe interessant het zou zijn, als ik een roman van het Achterhuis uit zou geven; aan de titel alleen zouden de mensen denken, dat het een detective-roman was. Maar nu in ernst, het moet ongeveer 10 jaar na de oorlog al grappig aandoen als wij vertellen hoe we als Joden hier geleefd, gegeten en gesproken hebben. Al vertel ik je veel van ons, toch weet je nog maar een heel klein beetje van ons leven af.
Hoeveel angst de dames hebben als ze bombarderen, b.v. Zondag toen 350 Engelse machines ½ miljoen kilo bommen op IJmuiden gegooid hebben, hoe de huizen trillen als een grasspriet in de wind, hoeveel epidemiën hier heersen, van al deze dingen weet jij niets af en

322

1

2

dass er mir bei meiner Geburt schon eine Möglichkeit mitgegeben hat, mich zu bilden und zu schreiben, also alles auszudrücken, was in mir ist!« (5. April 1944)

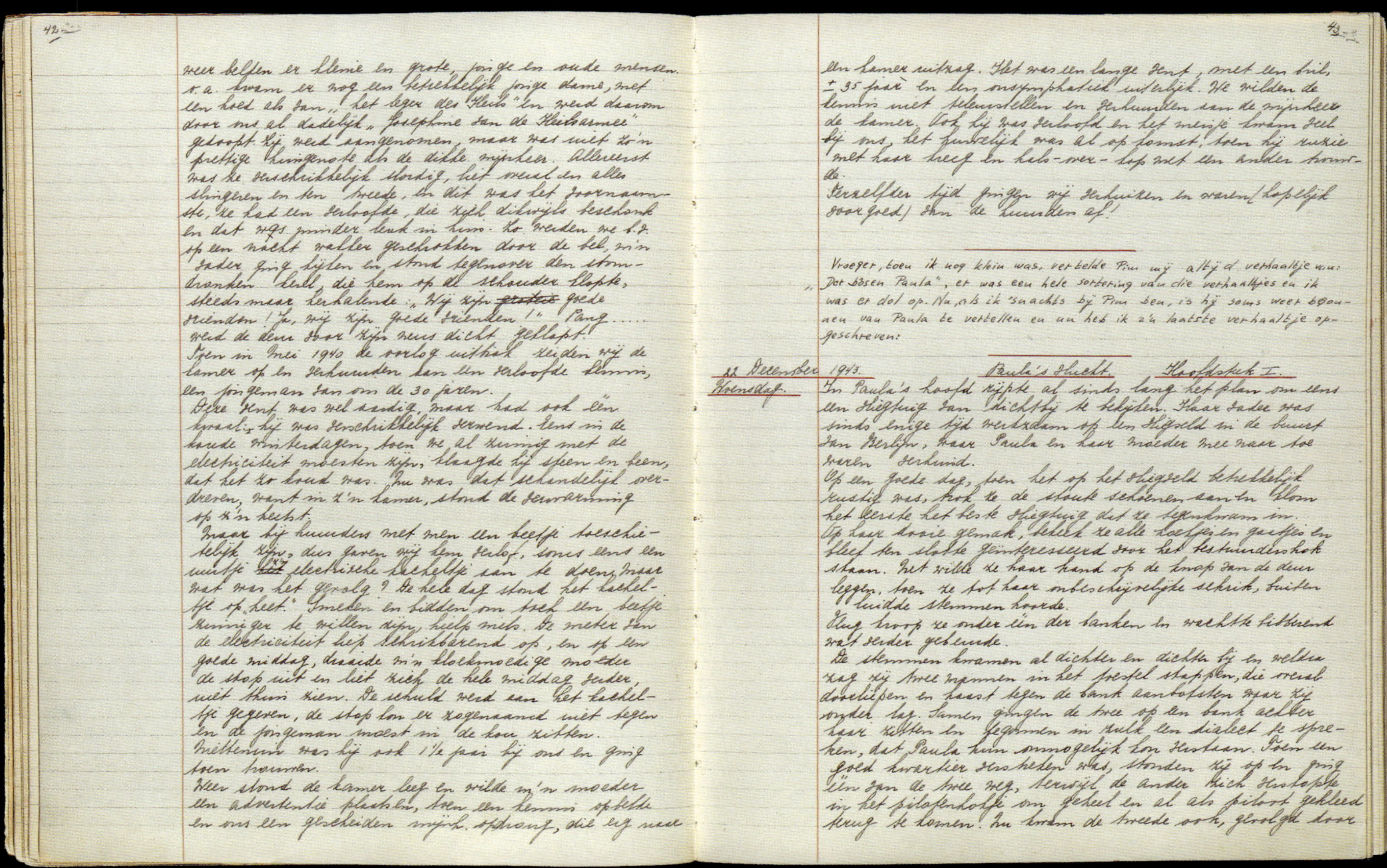
Vroeger, toen ik nog klein was, vertelde Pim mij altijd verhaaltjes van: „Der bösen Paula", er was een hele sortering van die verhaaltjes en ik was er dol op. Nu, als ik 's nachts bij Pim ben, is hij soms weer begonnen van Paula te vertellen en nu heb ik z'n laatste verhaaltje opgeschreven:

22 December 1943. Woensdag. Paula's Vlucht. Hoofdstuk I.

»Ein fensterloser Raum, mit Waschbecken und abgeschlossener WC-Nische, auch wieder eine Tür zu Margots und meinem Zimmer.«

9. Juli 1942

Waschraum

Zu acht Personen nur eine einzige Toilette und ein Badezimmer zu benutzen, bedeutet, dass die Untergetauchten oft aufeinander warten müssen. Ein Problem ist außerdem, dass der Raum oft nicht benutzt werden darf, weil das Geräusch fließenden Wassers sie verraten könnte. Die Wasserspülung darf zum Beispiel nur tagsüber während der Bürozeiten betätigt werden, jedoch nicht zu oft.

»Margot und Mutter sind nervös. Pst ..., Vater, still, Otto. Komm jetzt her, du kannst kein Wasser mehr laufen lassen. Geh leise! Diese Ermahnungen gelten Vater, der im Badezimmer ist.«

23. August 1943

Im Magazin ist das Geräusch zwar zu hören, aber keiner dort kann ahnen, dass es nicht vom Büropersonal verursacht wird. Die Toilette ist auch ein Ort, an den sich die Untergetauchten hin und wieder zurückziehen können, um in dem überfüllten Hinterhaus einmal kurze Zeit für sich zu sein.

Persil
Wast alles
PALMOLIVE
SCHEERSTAAF
BROCADES
VERBANDWATTEN

1 Fritz Pfeffer sucht oft die Toilette auf, um eine Weile allein zu sein. Anne charakterisiert ihn so: *»Die Hose bis zur Brust, rote Jacke, schwarze Lackpantoffeln und eine Hornbrille. So kann man ihn an dem kleinen Tisch sehen, immer beschäftigt, aber ohne Fortschritte, zwischendurch nur das Mittagsschläfchen, das Essen und ... sein Lieblingsort ... das Klo. Drei-, vier-, fünfmal am Tag steht jemand ungeduldig vor der Klotür und verkneift es sich, hüpft von einem Bein aufs andere und hält es kaum noch aus. Stört er sich daran? Keine Spur.«* (9. August 1943) Aber auch Anne hat oft das Bedürfnis, ein Weilchen allein zu sein.

»Auf einmal spürte ich wieder, wie mir die Tränen kamen, und rannte hinunter zur Toilette, unterwegs nahm ich noch schnell den Handspiegel mit. Da saß ich dann, auch nachdem ich längst fertig war, vollkommen angezogen auf dem WC, während meine Tränen dunkle Flecken auf das Rot meiner Schürze machten und ich tieftraurig war.« (19. Februar 1944)

2 Anne ärgert sich weiterhin über Pfeffers Verhalten. *»Heute nachmittag nahm ich mir entschlossen ein Stück rosa Papier und schrieb darauf:*
WC-Dienstplan für Herrn Pfeffer
morgens 7.15 - 7.30
nachmittags nach 1 Uhr
sonst nach Wunsch!
Das befestigte ich an der grünen Klotür, als er noch drin war. Ich hätte gut dazuschreiben können: Bei Übertretung dieses Gesetzes erfolgt Einsperrung. Unsere Toilette kann man nämlich von innen und von außen abschließen.« (9. Mai 1944)

3 Zu bestimmten Zeiten dürfen die Untergetauchten auf der Toilette nicht die Wasserspülung betätigen, weil sie

1

2

3

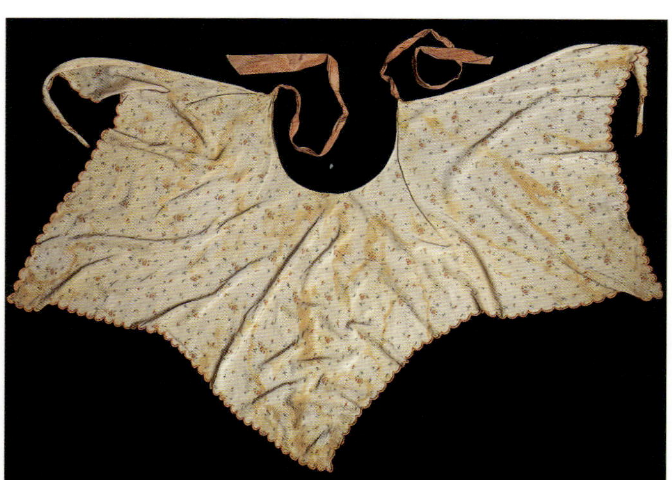

4

sich dadurch verraten könnten. *»Peter, so still er auch meist ist, gibt manchmal Anlass zu Heiterkeit. An einem Nachmittag, als wir wegen Besuch im Büro nicht zur Toilette gehen konnten, musste er trotzdem nötig, zog aber nicht ab. Um uns nun vor dem nicht gerade angenehmen Geruch zu warnen, befestigte er einen Zettel an der Klotür: ›SVP Gas‹. Er meinte natürlich ›Vorsicht, Gas‹, fand aber, dass ›SVP‹ vornehmer aussah. Er hatte nicht die blasseste Ahnung, dass ›s'il vous plaît‹ bitte bedeutet.«* (5. Februar 1943)

Annes Frisierumhang. Anne verwendet viel Zeit auf ihr Aussehen. Vor allem auf ihre Haare. Von abends neun Uhr an benutzt Anne das Badezimmer eine halbe Stunde.

»Nach Peter betrete ich das Badezimmer, wo dann eine gründliche Waschung erfolgt. Dann Zähne putzen, Haare eindrehen, Nägel behandeln, Wasserstoffwatte benutzen (um schwarze Schnurrbarthaare zu bleichen), und das alles in einer kleinen halben Stunde. Halb zehn: schnell Bademantel an. Seife in der einen, Nachttopf, Haarnadeln, Hose, Lockenwickler und Watte in der anderen Hand eile ich aus dem Badezimmer, meist noch einmal zurückgerufen wegen der Haare, die das Waschbecken verunzieren.« (4. August 1943)

»Wenn man die Treppe hinaufgeht und oben die Tür öffnet, wundert man sich, dass es in einem so alten Grachtenhaus ein so großes, helles und geräumiges Zimmer gibt. In diesem Raum stehen ein Herd (den verdanken wir der Tatsache, dass hier früher Kuglers Labor war) und ein Spülstein. Die Küche also und zugleich auch das Schlafzimmer der Eheleute van Pels, das allgemeine Wohnzimmer, Esszimmer und Arbeitszimmer.«

9. Juli 1942

Zimmer Hermann und Auguste van Pels

Auf der obersten Etage des Hinterhauses befindet sich das Zimmer von Hermann und Auguste van Pels, das gleichzeitig als Gemeinschaftsraum dient. Mittags kommen die Helfer vom Büro und Jan Gies zum Essen hierher. Abends essen die acht Untergetauchten und die Helferin Bep Voskuijl an dem großen Tisch in diesem Zimmer. Am Wochenende kommt das Ehepaar Kleiman gelegentlich »zu Besuch«. Das Ehepaar van Pels hat dadurch eine noch eingeschränktere

»Neun Uhr, Sonntagabend. Der Tee steht unter der Haube auf dem Tisch, die Gäste treten ein. Pfeffer setzt sich links neben das Radio, Herr van Pels davor, Peter daneben. Mutter neben Herrn van Pels, Frau van Pels dahinter. Margot und ich ganz hinten, und Pim setzt sich an den Tisch.«

27. März 1944

Privatsphäre als die Familie Frank. Die gemeinsamen Mahlzeiten bieten Geselligkeit, werden aber auch oft zum Anlass von Wortgefechten, zum Beispiel über Erziehung. »Etwas nicht mögen« ist für die van Pels undenkbar, während Anne das ganz normal findet. Das Untertauchen wird im Laufe der Zeit immer belastender. Nicht nur, dass die Vorräte schrumpfen, auch die Spannungen nehmen zu.

Bei ihrer Ankunft im Hinterhaus am 13. Juli 1942 bringen »Mijnheer« und »Mevrouw«, wie Anne die Eheleute van Pels meist nennt, einige besondere Utensilien mit. *»Mevrouw hatte zu unserer großen Belustigung in ihrer Hutschachtel einen großen Nachttopf. ›Ohne Nachttopf fühle ich mich nirgends daheim‹, erklärte sie, und der Topf bekam denn auch als erstes einen festen Platz unter der Bettcouch. Mijnheer brachte keinen Topf mit, sondern trug seinen zusammenklappbaren Teetisch unterm Arm. Wir aßen am ersten Tag unseres Beisammenseins gesellig miteinander, und schon nach drei Tagen hatten wir alle sieben das Gefühl, eine große Familie zu sein.«* (14. August 1942)

1 In diesem Raum versammeln sich alle Untergetauchten beim Kochen, zum Essen und in Momenten der Furcht. Jeder liefert einen Beitrag zum Haushalt, auch wenn es deshalb manchmal Streit gibt. Anne widmet

diesem Thema eine ihrer »Geschichten«: »Der Streit wegen der Kartoffeln« (4. August 1943). Hermann van Pels ist der Ansicht, Anne und Margot *»täten besser daran, hier etwas mehr zu helfen, statt andauernd die Nase in die Bücher zu stecken, Mädchen brauchen nicht so viel zu lernen!«* Edith Frank ist damit überhaupt nicht einverstanden, und *»es kam auch nicht dazu«*.

»Nachdem wir ungefähr 3 Monate lang Ruhe hatten, unterbrochen durch ein paar kleine Meinungsverschiedenheiten, fand heute wieder eine heftige Diskussion statt. Mevrouw fing an und sagte, diejenigen, die morgens nicht beim Kartoffeln schälen helfen, müssten abends pellen. Keiner antwortete, und das gefiel den van Pels überhaupt nicht, denn kurz darauf fing Mijnheer an, eigentlich müsste jeder seine Kartoffeln selber schälen, außer Peter, denn Kartoffeln schälen sei keine Jungenarbeit! (Hier sieht man schon die Logik!)« (4. August 1943)

2 *»Wir sieben saßen oben um den Tisch und erwarteten den Mitverstecker mit Cognac und Kaffee«*, so berichtet Anne in ihrem Tagebuch am 17. November 1942 über die Ankunft von Fritz Pfeffer, dem achten Bewohner des Hinterhauses. Eigens für ihn hat Hermann van Pels Versteckregeln für das Hinterhaus zu Papier gebracht. Der Titel lautet: *»Prospekt und Leitfaden des Hinterhauses. Spezielle Einrichtung für den vorübergehenden Aufenthalt von Juden und dergleichen.«* Anne Frank schreibt diese getippte Hausordnung in ihr Tagebuch ab.

3 Der »Prospekt« von Hermann van Pels bildet eine ironische Beschreibung des Hinterhauses. *»Das ganze Jahr hindurch geöffnet. Schöne, ruhige, waldreiche Umgebung im Herzen Amsterdams. Keine privaten Nachbarn. Zu erreichen mit den Tramlinien 13 und 17, außerdem auch mit Auto oder Fahrrad. In bestimmten Fällen, wenn die deutschen Behörden die Benutzung dieser Verkehrsmittel nicht gestatten, auch zu Fuß. Möblierte und unmöblierte Wohnungen und Zimmer ständig verfügbar, mit und ohne Verpflegung. Miete: gratis. Diätküche: fettlos. Fließendes Wasser im Badezimmer (leider keine Wanne) und an verschiedenen Innen- und Außenwänden. Eigene Rundfunkzentrale mit direkter Verbindung nach London, New York, Tel Aviv und vielen anderen Stationen.«*

»Manche Leute scheinen ein besonderes Vergnügen daran zu finden, nicht nur ihre eigenen, sondern auch die Kinder ihrer Bekannten zu erziehen, so auch die van Pels. Mehr als einmal fliegen bei Tisch ermahnende Worte und freche Antworten hin und her. Wenn ich von einem Gemüse, das ich überhaupt nicht mag, nur wenig nehme und stattdessen Kartoffeln esse, können van Pels und vor allem seine Frau diese Verwöhntheit nicht durchgehen lassen. ›Komm, Anne, nimm noch ein wenig Gemüse‹, höre ich dann gleich.« (27. September 1942)

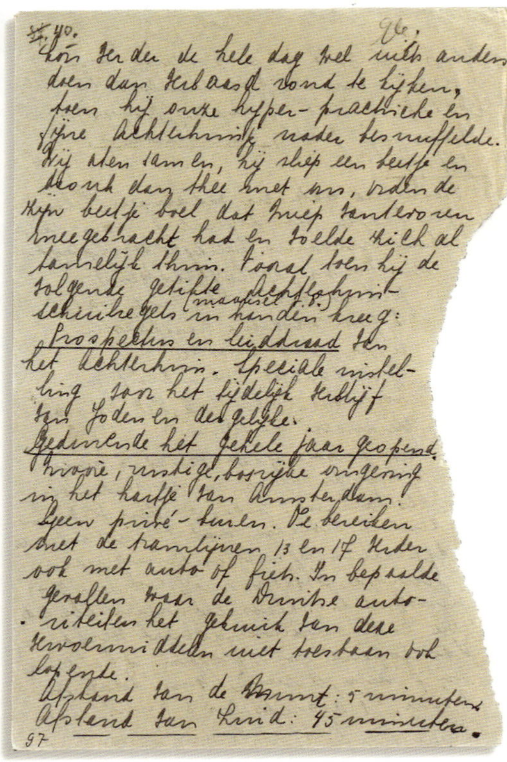
96.
Dussel deed de hele dag wel niets anders
dan verbaasd rond te kijken,
toen hij onze hyper-practische en
fijne Achterhuisje nader besnuffelde.
Wij aten samen, hij sliep een beetje en
dronk dan thee met ons, vooral de
kijn beetje veel dat Miep vantevoren
meegebracht had en voelde zich al
aardelijk thuis. Vooral toen hij de
volgende getikte Achterhuisvoor-
schriftengels (maaksel v. P.) in handen kreeg:
Prospectus en leiddraad van
het Achterhuis. Speciale instel-
ling voor het tijdelijk verblijf
van Joden en dergelijke.
Gedurende het gehele jaar geopend.
Mooie, rustige, bosrijke omgeving
in het hartje van Amsterdam!
Geen privé-buren. Te bereiken
met de tramlijnen 13 en 17 verder
ook met auto of fiets. In bepaalde
gevallen waar de Duitse auto-
riteiten het gebruik van deze
vervoermiddelen niet toestaan ook
lopende.
Afstand van de Munt: 5 minuten
Afstand van Rivier: 45 minuten.
97

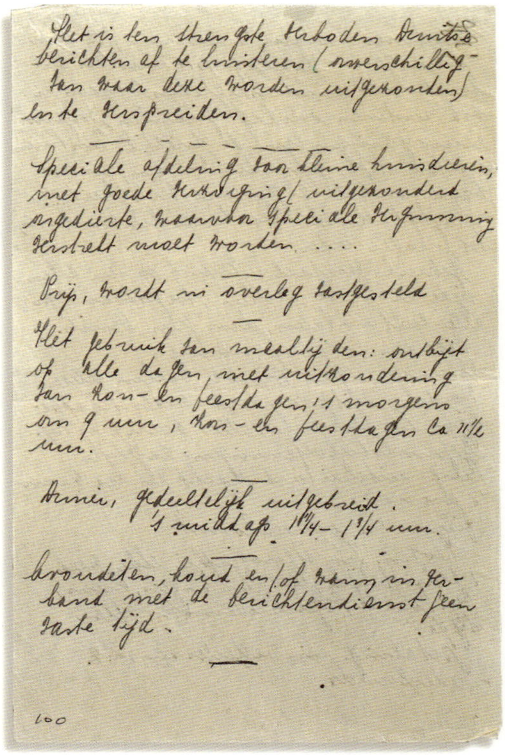
Het is ten strengste verboden Duitse
berichten af te luisteren (onverschillig
van waar deze worden uitgezonden)
en te verspreiden.

Speciale afdeling voor kleine huisdieren,
met goede verzorging (uitgezonderd
ongedierte, waarvoor speciale vergunning
verstrekt moet worden ...

Prijs, wordt in overleg vastgesteld

Het gebruik van maaltijden: ontbijt
op alle dagen, met uitzondering
van zon- en feestdagen, 's morgens
om 9 uur, zon- en feestdagen ca 11½
uur.

Diner, gedeeltelijk uitgebreid.
's middags 1¼ – 1¾ uur.

Avondeten, koud en/of warm in ver-
band met de berichtendienst geen
vaste tijd.

100

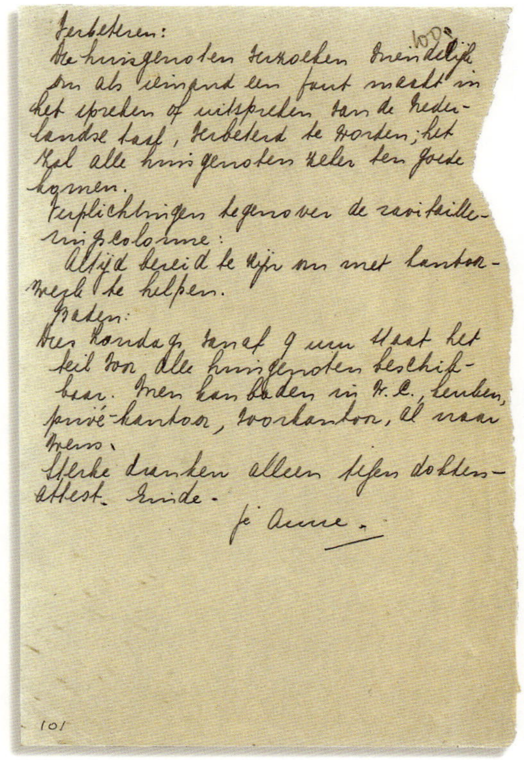
Verbeteren:
De huisgenoten verzoeken vriendelijk 102.
om als iemand een fout maakt in
het spreken of uitspreken van de Neder-
landse taal, verbeterd te worden; het
zal alle huisgenoten zeker ten goede
komen.
Verplichtingen tegenover de ravitaille-
ringscolonne:
Altijd bereid te zijn om met kantoor-
werk te helpen.
Baden:
Des zondags vanaf 9 uur staat het
teil voor alle huisgenoten beschik-
baar. Men kan baden in W.C., keuken,
privé-kantoor, voorkantoor, al naar
wens.
Sterke dranken alleen tegen dokters-
attest. Einde.
je Anne.

101

3

2

1 Hermann van Pels liebt gutes Essen, erzählt gern einen Witz und kann schlecht gelaunt sein, wenn die Zigaretten knapp sind. Er hat eine dezidierte Meinung zur Politik und stellt gern Spekulationen über die Dauer des Krieges an. Im Gegensatz zu den anderen Bewohnern des Hinterhauses absolviert er keinen Fernkurs. Er schlägt jedoch gern Begriffe in der Enzyklopädie nach und liest am liebsten *»Kriminalromane, medizinische Bücher, spannende und unwichtige Liebesgeschichten«*, wie Anne es beschreibt. Während des Untertauchens arbeitet er für die Firma. Abends geht er regelmäßig in das Magazin, wo die Gewürzmischungen hergestellt werden.

»Redet meistens mit, gibt immer seine Meinung zum Besten, und wenn das geschehen ist, gibt es nichts daran zu rütteln, denn wer das wagt, der kann etwas erleben. Ach ... er kann einen wie eine Katze anfauchen ... ich kann wirklich darauf verzichten ... Wenn man das einmal mitgemacht hat, lieber kein zweites Mal. Seine Meinung ist die einzig richtige, er weiß am besten über alles Bescheid. Na gut, er ist ein kluger Kopf, aber die Selbstgefälligkeit dieses Herrn hat einen hohen Grad erreicht.« (9. August 1943)

2 Diesen Einkaufszettel schreibt Hermann van Pels für Miep Gies. *»Drei Marken anrechnen lassen«*, steht dort – *»zwei für die Leberwurst und eine für die Blutwurst«*. Die Bestellung lautet: *»Anderthalb Blutwurst, eine Blutwurst und anderthalb Leberwurst. Kalbsfüße oder ein kleiner Kalbskopf.«* Hermann van Pels hat viele Kontakte in der Fleischerbranche und erhält zusätzliches Fleisch ohne Bezugsschein. Schon im März 1942 nimmt er Miep Gies zu einem befreundeten Metzger in der Nähe des Büros mit. Miep versteht zuerst nicht, warum. Später hilft dieser Metzger ihr, wenn sie bei ihm für die Untergetauchten einkauft.

»Herr van Pels kommt aus dem Wurst-, Fleisch- und Gewürzhandel. Wir hatten viel Fleisch (illegal natürlich) bestellt, um es einzuwecken, falls wir noch schwere Zeiten durchmachen müssten. Er wollte Bratwurst, Geldersche Wurst und Mettwurst machen. Es war ein schöner Anblick. Im Zimmer herrschte ein heilloses Durcheinander. Van Pels, mit einer Schürze seiner Frau, war in seiner ganzen Breite (er schien viel breiter, als er ist) mit dem Fleisch beschäftigt. Mit seinen blutigen Händen, dem roten Kopf und der verschmierten Schürze sah er wie ein richtiger Metzger aus.« (10. Dezember 1942)

3 *»Heute hat Herr van Pels Geburtstag, er hat 2 Päckchen Tabak bekommen, Kaffee für eine Tasse, den seine Frau noch aufgespart hatte, Zitronenpunsch von Kugler, Sardinen von Miep, Eau de Cologne von uns, 2 Zweige Flieder und Tulpen. Nicht zu vergessen eine Torte, mit Himbeeren gefüllt, ein bisschen pappig durch das*

3

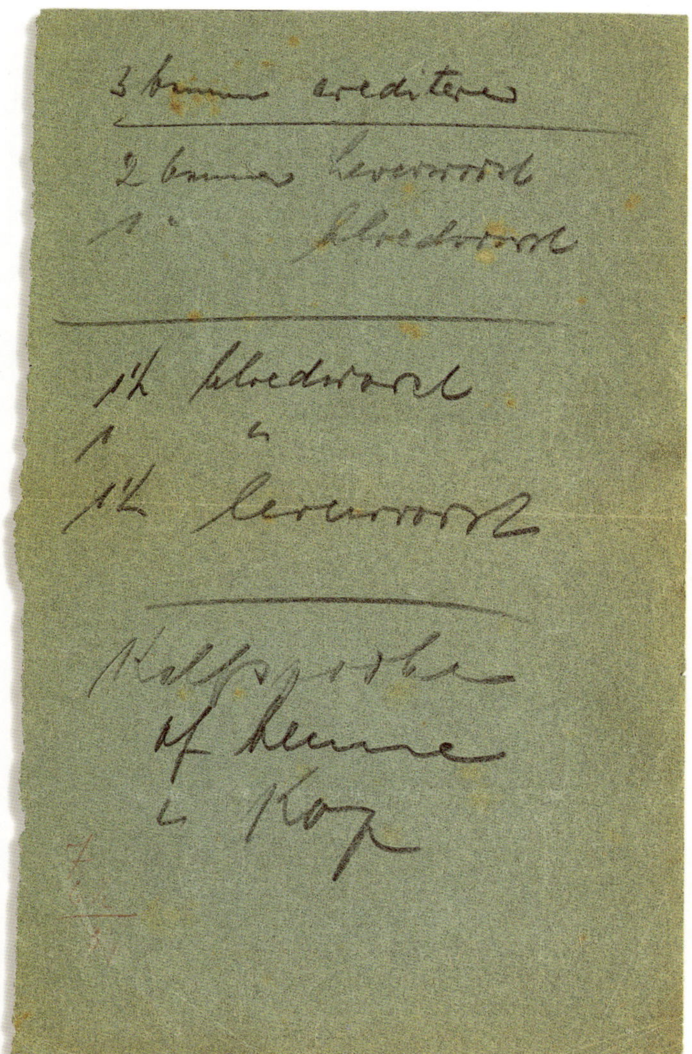

2

1

schlechte Mehl und das Nichtvorhandensein von Butter, aber trotzdem lecker.« (31. März 1944)

»Herr van Pels: dieser ehrwürdige Herr hat, wie wir alle meinen, viel Durchblick in der Politik, aber sagt uns doch voraus, dass wir hier noch bis Ende 43 bleiben müssen. Das ist zwar sehr lange, wird aber noch auszuhalten sein. Doch wer gibt uns die Garantie, dass dieser Krieg, der niemandem etwas anderes als Schaden und Kummer zufügt, dann vorbei sein wird? Und wer kann uns garantieren, dass uns und unseren Versteckkomplizen inzwischen nicht längst etwas passiert ist? Doch keiner! Und darum leben wir auch jeden Tag in Anspannung.« (2. Mai 1943)

Wenn Gefahr droht, ist dieses Zimmer am weitesten vom Eingang entfernt und deshalb am sichersten. Wenn sich Leute im Haus befinden, die nicht eingeweiht sind, wie die Putzfrau und der Handwerker oder gar ein Einbrecher, sitzen die Untergetauchten hier angespannt so still wie möglich beisammen. Bei geschlossener Tür dringen wenig Geräusche nach draußen.

1 Auguste oder Gusti van Pels versucht während der Zeit im Hinterhaus Niederländisch zu lernen. »*Mevrouw machte alles gleichzeitig. Niederländisch lernen aus einem Buch, die Suppe rühren, nach dem Fleisch schauen, über ihre gebrochene Rippe stöhnen und klagen.*« (10. Dezember 1942) Anne hat an dem Niederländisch von »Mevrouw« viel auszusetzen, ebenso an dem ihrer Mutter. »*Das ärgerte Frau van Pels, die ihren Vortrag noch mit einer langen Reihe prächtiger deutsch-niederländischer und niederländisch-deutscher Formulierungen fortsetzte, bis sich die geborene Rednerin so in ihren eigenen Worten verhedderte, dass sie sich schließlich vom Stuhl erhob und den Raum verlassen wollte.*« (28. September 1942)

»*Kokett lächeln, tun, als ob man von allem Ahnung hätte, allen gute Ratschläge geben und sie bemuttern, das muss doch einen guten Eindruck machen. Aber schaut man genauer hin, ist längst der Lack ab. Fleißig eins, fröhlich zwei, kokett drei und manchmal ein hübsches Frätzchen. Das ist Gusti van Pels.*« (9. August 1943)

2 Auguste van Pels ist die »fleiß'ge Hausfrau« und die wichtigste Köchin im Hinterhaus. Anne schwankt ziemlich in ihrem Urteil über »Mevrouw«. Sie könnte ganze Bände über sie schreiben. Manchmal kann sich Anne gut mit ihr unterhalten, im nächsten Augenblick findet sie sie unausstehlich und unbescheiden, dann wieder fröhlich, fleißig und sympathisch. Auguste liest gern Biographien und Romane. Sie lernt Englisch mit Hilfe von Fernkursen. Außerdem beschäftigt sie sich mit Stricken, Kochen, Wäsche waschen und, wenn wir Anne glauben dürfen, Jammern und Hetzen. Ferner macht sie Gymnastikübungen.

2

1

3

Im Hinterhaus aus dem Fenster zu schauen ist gefährlich. Frische Luft schnappen ist tagsüber ebenfalls unmöglich. All diese Beschränkungen beeinträchtigen die Stimmung. *»Heute morgen hatte Mevrouw schlechte Laune; nichts als Klagen, zuerst über die Erkältung, dass sie keine Bonbons bekommt, dass das viele Schneuzen nicht auszuhalten ist. Dann, dass die Sonne nicht scheint. Dass die Invasion nicht kommt. Dass wir nicht aus dem Fenster schauen können usw. usw. Wir mussten schrecklich über sie lachen, und es war wohl doch nicht so schlimm, denn sie lachte mit.«* (27. April 1944)

»Frau van Pels ist unausstehlich. Ich bekomme von oben andauernd Rüffel, weil ich zu viel plappere. Ich mache mir aber nichts daraus.« (…) *»Gerade, als ich etwas über Mevrouw schrieb, kam sie ins Zimmer, zack, Buch zu. ›Na, Anne, darf ich nicht mal schauen?‹ ›Nein, Mevrouw.‹ ›Nur die letzte Seite?‹ ›Nein, auch die nicht, Mevrouw.‹ Ich bekam natürlich einen Heidenschreck, denn auf dieser Seite war sie nicht gerade vorteilhaft porträtiert.«* (21. September 1942)

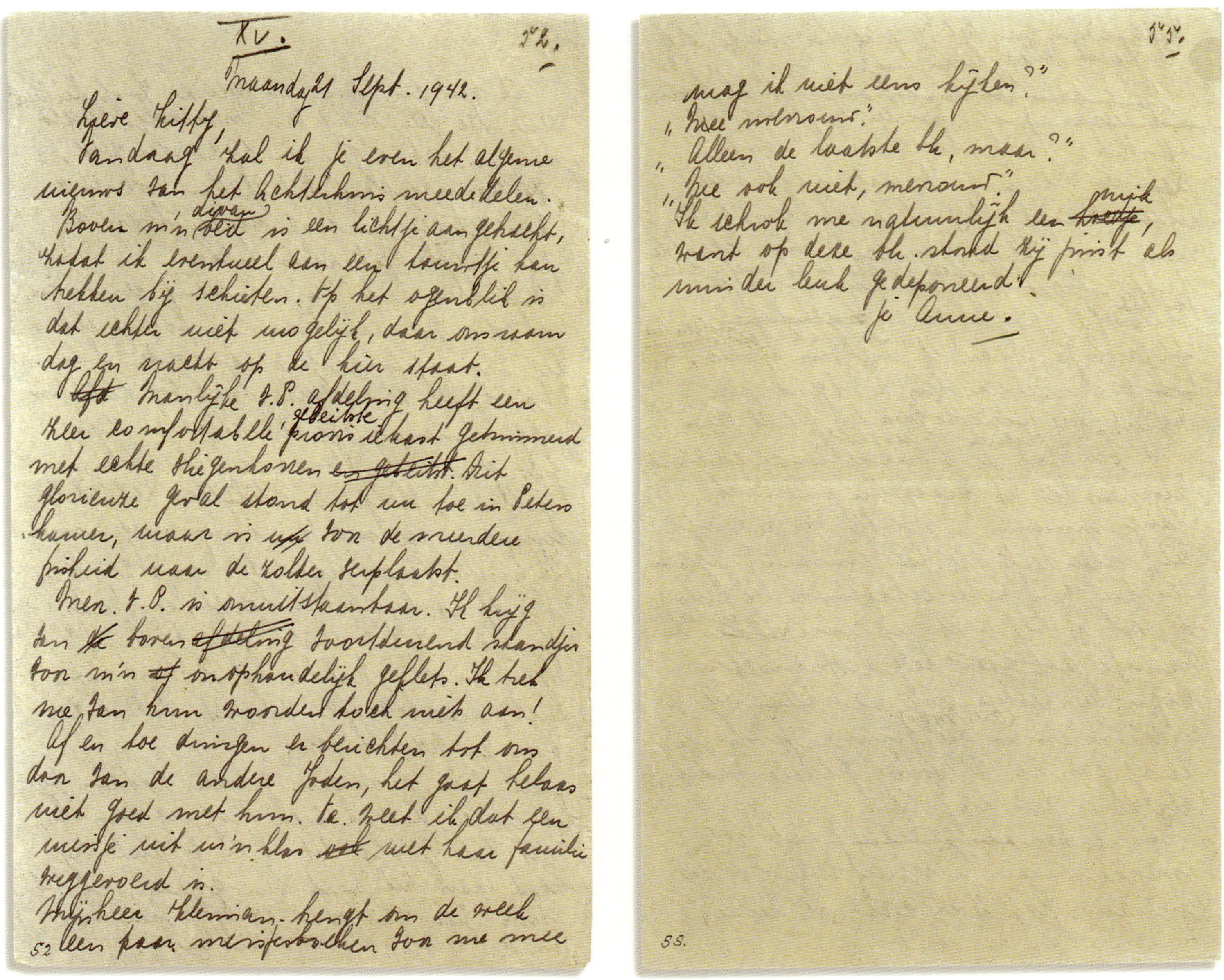
XV. 52.
Maandag Sept. 1942.
Lieve Kitty,
Vandaag zal ik je even het algemene nieuws van het Achterhuis meedelen.
Boven mijn ~~bed~~ divan is een lichtje aangelegd, zodat ik eventueel aan een touwtje kan trekken bij schieten. Op het ogenblik is dat echter niet mogelijk, daar ons raam dag en nacht op de kier staat.
~~Het~~ mannelijke v.P. afdeling heeft een heel comfortabele geëikte provisiekast getimmerd met echte vliegenkassen ~~en gebeitst~~. Dit glorieuze geval stond tot nu toe in Peters kamer, maar is ~~op~~ voor de meerdere frisheid naar de zolder verplaatst.
Mev. v.P. is onuitstaanbaar. Ik krijg van ~~de~~ boven ~~afdeling~~ voortdurend standjes voor mijn ~~of~~ onophoudelijk geklets. Ik trek me van hun woorden toch niet aan!
Af en toe dringen er berichten tot ons door van de andere Joden, het gaat helaas niet goed met hen. Nu zeet ik dat een meisje uit mijn klas ~~ook~~ met haar familie weggehaald is.
Mijnheer Kleiman brengt om de week
52 een paar meisjesboeken voor me mee

53.
mag ik niet eens kijken?"
„Nee mevrouw."
„Alleen de laatste blz., maar?"
„Nee ook niet, mevrouw."
„Ik schrok me natuurlijk een ~~hoedje~~ ongeluk, want op deze blz. stond zij juist als minder leuk gedeponeerd.
je Anne.
53.

4

1 Radio hören ist ein fester Bestandteil des Tages. *»Ein Uhr: Um das Baby-Radio versammelt hören alle gespannt BBC. Dies sind die einzigen Minuten, in denen die Mitglieder des Hinterhauses einander nicht ins Wort fallen, denn da redet jemand, dem nicht einmal Herr van Pels widersprechen kann.«* (5. August 1943) Einer der BBC-Kommentatoren namens Beaverbrook findet die Bombardierungen Deutschlands viel zu lasch. Weil Frau van Pels mit ihm einer Meinung ist, mit ihrem Ehemann jedoch nie, nennen die anderen sie »Frau Beaverbrook«.

»Eine kleine Diskussion, die Mijnheer und Mevrouw gestern abend hatten. Herr van Pels: ›Bis jetzt haben sich meine Vorhersagen bestätigt.‹ Frau van Pels: ›Das ist nicht wahr. Die Invasion war schon im vorigen Jahr, die Finnen hatten schon Frieden, Italien war im Winter schon vorbei, die Russen hatten Lemberg schon, nein, auf deine Vorhersagen gebe ich nicht viel.‹ « (16. Mai 1944)

2 Das Zimmer der Familie van Pels 1954.

Wenn acht Menschen auf so engem Raum zusammenleben, sind Spannungen unvermeidlich. Es kommt zu heftigem Streit zwischen einzelnen Personen, manchmal aber auch zu deutlichen Meinungsverschiedenheiten zwischen »oben« und »unten«, zum Beispiel über Fragen der Erziehung, etwa, was die Kinder lesen, essen, wissen dürfen. *»Das Verhältnis untereinander wird hier im Laufe der Zeit immer schlechter. Beim Essen traut sich keiner, den Mund aufzumachen (außer, um einen Bissen hineinrutschen zu lassen), denn was man sagt, wird entweder übel genommen oder falsch aufgefasst.«* (16. September 1943)

In der Ecke neben dem Spülstein steht der Ofen. Er dient nicht nur zum Heizen; auch Müll wird darin verbrannt. Die Untergetauchten können ihren Abfall nicht in Mülleimer werfen, denn das würden die Lagerarbeiter sehen. Also muß alles verbrannt werden, auch bei brütender Hitze. Wegen der Nachbarn bedeutet das jedoch ein zusätzliches Risiko. Insbesondere am Wochenende, wenn in der Firma nicht gearbeitet wird, ist es verdächtig, wenn Rauch aus dem Schornstein kommt. Deshalb wird der Ofen sonntags sehr früh am Morgen angemacht, wenn die Nachbarn noch schlafen.

»*Mir ist schon schwindlig von den Schimpfwörtern, die im letzten Monat durch dieses ehrbare Haus geflogen sind. Vater läuft mit zusammengepressten Lippen herum, wenn ihn jemand ruft, blickt er so nervös auf, als hätte er Angst, wieder einmal eine heikle Angelegenheit in Ordnung bringen zu müssen. Mutter hat hektische rote Flecken auf den Wangen, Margot klagt über Kopfschmerzen, Pfeffer kann nicht schlafen, Frau van Pels jammert den ganzen Tag, und ich selbst weiß auch nicht mehr, was ich noch machen soll. Ehrlich gesagt vergesse ich ab und zu, mit wem wir Krach haben und mit wem bereits eine Versöhnung stattgefunden hat.*«
(17. Oktober 1943)

Neben Lebensmittelkarten braucht man, um an Essen und andere notwendige Waren zu kommen, natürlich auch Geld. Die Untergetauchten leben von ihren Reserven. »*Es ist eine unangenehme Tatsache, dass das Geld der van Pels radikal alle ist*«, schreibt Anne am 17. Oktober 1943. Die Eheleute versuchen, Gegenstände aus ihrem Besitz zu verkaufen. Peters Fahrrad und Hermanns Anzüge erweisen sich jedoch als unverkäuflich. »*Mevrouw wird wohl auf ihren Pelzmantel verzichten müssen. Mit ihrem Standpunkt, die Firma müsste für unseren Unterhalt sorgen, wird sie nicht durchkommen. Oben haben sie deshalb einen Mordskrach hinter sich, gerade hat die Versöhnungsphase mit ›Ach, lieber Putti‹ und ›meine süße Kerli‹ angefangen.*«

1

2

3

1 Im November 1942 kaufen die Untergetauchten und Helfer sechs große Säcke Hülsenfrüchte. Als Peter einen Sack zum Dachboden hochzieht, reißt eine Naht. Mit donnerndem Lärm rollen die braunen Bohnen die Treppe hinunter. Anne steht unten bis zu den Knöcheln in Bohnen. *»Schnell machten wir uns ans Aufsammeln. Aber Bohnen sind so glatt und klein, dass sie in alle möglichen und unmöglichen Ecken und Ritzen rollen. Jedes Mal, wenn nun jemand die Treppe hinaufgeht, bückt er sich, um eine Handvoll Bohnen an Frau van Pels abzuliefern.«*

2 Fast zwei Jahre später ist es um die Vorräte weniger gut bestellt. In den Geschäften ist immer weniger frische Ware erhältlich, und die Preise steigen. *»Ab morgen haben wir kein Bröckchen Fett, Butter oder Margarine mehr. Unser Mittagessen heute ist Grünkohleintopf aus dem Fass. Unglaublich, wie Grünkohl, der wahrscheinlich ein paar Jahre alt ist, stinken kann!«* (14. März 1944)

»Hier ist nach den letzten heftigen Streitigkeiten alles gut gelaufen, sowohl zwischen uns, Pfeffer und oben, als auch zwischen Herrn und Frau van Pels. Aber jetzt ziehen wieder dicke Gewitterwolken auf, und zwar über … dem Essen.« (30. Dezember 1943)

3 Speisekarte des Diners im Hinterhaus zum einjährigen Hochzeitstag von Jan und Miep Gies am 18. Juli 1942. Trotz der ziemlich begrenzten Mittel verstehen es die Untergetauchten, ein Festmahl auszurichten. Sie und ihre Helfer ergreifen gern jede Gelegenheit, etwas Festliches zu organisieren. So feiern sie trotz des Mangels an Kerzen das jüdische Chanukka-Fest. Den Kerzenleuchter hat Hermann van Pels selbst gemacht. Auch Nikolausabend ist ein großes Fest mit Gedichten und Geschenken. Und manchmal unterhalten die Kinder die Eltern, indem sie sich verkleiden.

Für verschiedene festliche Anlässe backen Auguste oder Edith eine Torte. Auch Miep Gies sorgt manchmal dafür, wie zu Weihnachten und Silvester 1943; auf der Torte steht: »Frieden 1944«. Das Tortenrezept steht auf der Rückseite des Einkaufszettels.

»Wenn es bei einem Tischgespräch nicht um Politik oder um ein köstliches Essen geht, bringen Mutter oder Frau van Pels wieder ihre längst erzählten Jugendgeschichten aufs Tapet, oder Pfeffer faselt von dem reich gefüllten Kleiderschrank seiner Frau, von edlen Rennpferden und so weiter.« (28. Januar 1944)

Die Tischgespräche werden mit der Zeit ziemlich voraussagbar: *»Wenn einer von den acht den Mund aufmacht, können die anderen sieben seine angefangene Geschichte zu Ende erzählen. Die Pointe jedes Witzes wissen wir schon im voraus, der Erzähler ist der einzige, der darüber lacht. Die verschiedenen Milchmänner, Lebensmittelhändler und Metzger der Ex-Hausfrauen sehen wir in unserer Fantasie schon mit einem Bart, so oft wurden sie beim Essen in den Himmel gehoben oder heruntergemacht. Es ist unmöglich, dass etwas noch jung oder frisch ist, wenn es im Hinterhaus zur Sprache kommt.«* (28. Januar 1944)

1

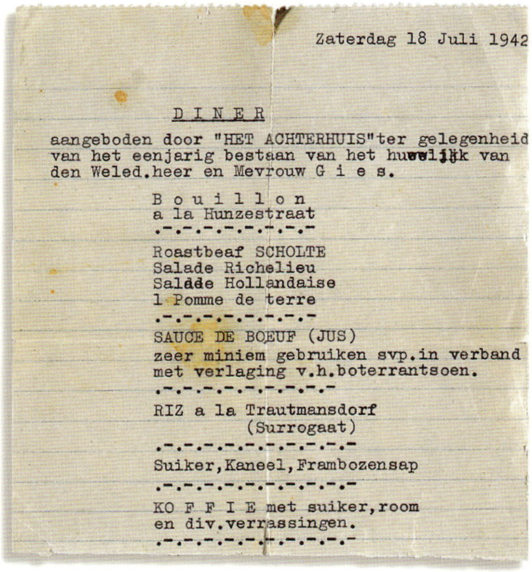

Zaterdag 18 Juli 1942

DINER

aangeboden door "HET ACHTERHUIS"ter gelegenheid van het eenjarig bestaan van het huwelijk van den Weled.heer en Mevrouw G i e s.

B o u i l l o n
a la Hunzestraat

Roastbeaf SCHOLTE
Salade Richelieu
Salade Hollandaise
1 Pomme de terre

SAUCE DE BOEUF (JUS)
zeer miniem gebruiken svp.in verband met verlaging v.h.boterrantsoen.

RIZ a la Trautmansdorf
(Surrogaat)

Suiker,Kaneel,Frambozensap

KO F F I E met suiker,room en div.verrassingen.

3

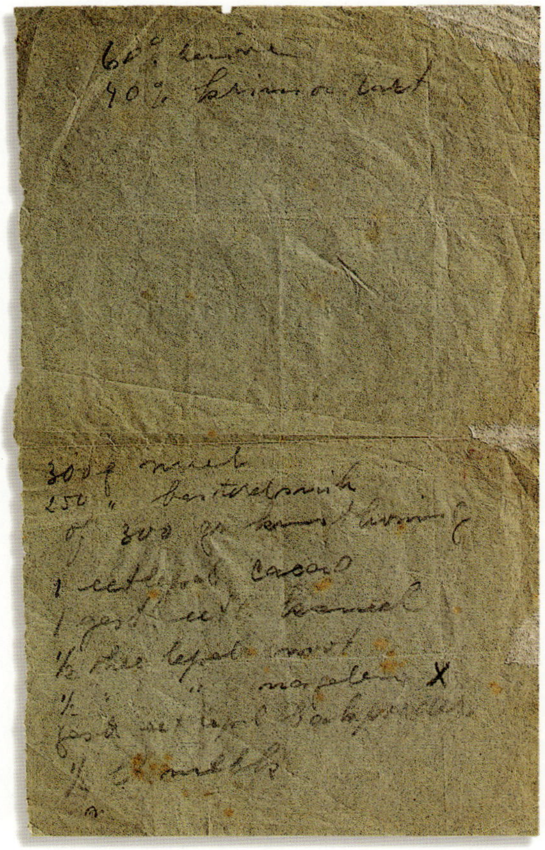

60% [illegible]
40% [illegible]

300 g meel
250 " [illegible]
[illegible]
1 [illegible] cacao
[illegible]
½ thee lepel [illegible]
½ " " [illegible] X
[illegible]
[illegible]

4

Es gibt lange Diskussionen über die Frage, ob die Fenster nachts einen Spalt geöffnet werden dürfen. Am Anfang wird es so gemacht, später hält man es für zu gefährlich. Nachts klingen alle Geräusche noch lauter.

»Droben tobt anscheinend ein Gewitter, aber es ist nur das Bett von Frau van Pels. Das wird nämlich ans Fenster geschoben, damit Ihre Hoheit im rosa Bettjäckchen etwas Prickelndes in die kleinen Nasenlöcher bekommt.«

4. August 1943

»Frau van Pels hörte eines Nachts Diebe auf dem Dachboden. Sie nahm echte laute Schritte wahr und bekam solche Angst, dass sie ihren Mann weckte. Genau in dem Augenblick verschwanden die Diebe, und der einzige Lärm, den Mijnheer noch hörte, war das Klopfen des bangen Herzens der Fatalistin.«

10. März 1943

»›Ach Putti (Mijnheers Kosename), sie haben bestimmt die Würste und unsere ganzen Hülsenfrüchte mitgenommen. Und Peter! Oh, ob Peter wohl noch in seinem Bett liegt?‹ ›Peter haben sie bestimmt nicht gestohlen, komm, mach dir keine Sorgen und lass mich schlafen!‹ Aber daraus wurde nichts. Mevrouw schlief vor Angst nicht mehr ein. Ein paar Nächte später wurde die ganze Familie oben von dem Gespensterlärm geweckt. Peter ging mit einer Taschenlampe auf den Dachboden, und rrrrt, was lief da weg? Massenweise große Ratten!«

10. März 1943

»Wenn man gegen Abend an seine Tür klopft und ihn leise ›ja, ja‹ rufen hört, kann man sicher sein, dass er, wenn man die Tür öffnet, einen mit dem Kopf zwischen zwei Stufen der Bodentreppe anschaut und meist ein wenig einladend: ›So!‹ sagt. Sein kleines Zimmer ist, ja, was ist es eigentlich, ich denke, eine Art Treppenabsatz auf dem Weg zum Dachboden, sehr klein, sehr dunkel und sehr feucht, aber ... er hat ein richtiges Zimmer daraus gemacht.«

22. Februar 1944

Zimmer Peter van Pels und Dachboden

In ihrem Geschichtenbuch gibt Anne eine genaue Beschreibung des Zimmers von Peter van Pels. Um das Schreiben zu üben, macht sie ein fiktives Interview mit Peter. »Mein erstes Interview« beginnt mit einer ausführlichen Beschreibung seines Zimmers. In der ersten Zeit kann Anne an Peter nichts finden - ein langweiliger

»Gestern hatte Peter Geburtstag. Um acht Uhr bin ich schon nach oben gegangen und habe mir mit Peter die Geschenke angesehen. Er hat unter anderem das Börsenspiel, einen Rasierapparat und ein Feuerzeug bekommen.«

9. und 10. November 1942

Junge. Später revidiert sie ihr Bild sehr: Sie verliebt sich in ihn. Von ihm bekommt sie ihren ersten Kuss. Nach einer Weile geht diese Verliebtheit vorbei, und Anne sucht nach einer Möglichkeit, wieder Distanz zu schaffen. In dem Augenblick, als sie verhaftet werden, gibt Otto Frank Peter in diesem Zimmer Englischunterricht.

U VLIEGT ER IN!
DOOR UW WELDADIGHEIDSZIN
IN TOESTELLEN der K·L·M
· PARYS
· BRUSSEL
· KNOCKE
A.G.W.O
VLIEGLOTERY
„VALIDEN VOOR INVALIDEN"
BEL OP № 50993
AMSTERDAMSCH GENOOTSCHAP
VOOR WERKVERSCHAFFING AAN
ONVOLWAARDIGEN TE AMSTERDAM
DIERENLEVEN IN ARTIS
Ce qu'il faut retenir
Cinema & Theater
AIR

A D
ENGLEBER
A.D
VOLKOMEN NON-SLIPPING DANK ZIJ
DE BEWEEGLIJKE
BLOKKEN

1 Mitten in Peters Zimmer steht die Treppe zum Dachboden des Hinterhauses. Dieser Dachboden ist der einzige Ort, wo er und Anne allein sein können. Von dort aus führt eine Treppenleiter auf den Spitzboden. Auf dem Dachboden lagern die Untergetauchten Lebensmittel und Bücher.

»Morgens um halb zehn (wir saßen noch beim Frühstück) kam Peter van Pels, ein ziemlich langweiliger und schüchterner Lulatsch von noch nicht sechzehn, von dessen Gesellschaft nicht viel zu erwarten ist. Herr und Frau van Pels kamen eine halbe Stunde später.« (14. August 1942)

2 Am 8. November 1942 wird Peter sechzehn. Anne geht nach oben, um sich die Geschenke anzuschauen. Er hat unter anderem dieses Börsenspiel, einen Rasierapparat und ein Feuerzeug bekommen. *»Nicht, dass er so viel raucht, überhaupt nicht, es ist nur wegen der Eleganz.«* (9. November 1942) Ostern 1944 spielen die Untergetauchten das Börsenspiel zwei Nachmittage lang.

3 In der ersten Zeit kann Anne Peter nicht besonders gut leiden. Sie beschwert sich sogar bei seinen Eltern darüber, dass er ihr so oft über die Wange streichelt. *»Sie fragten tatsächlich nach Eltern-Art, ob ich Peter nicht gern haben könnte, da er mich sicher sehr gern hätte. Ich dachte ›Oje!‹ und sagte ›O nee!‹ Das muss man sich mal vorstellen! Dann sagte ich, dass Peter sich ein bisschen linkisch anstellte und dass ich ihn für schüchtern hielt.«* (25. September 1942) Dennoch wird sich ihre Haltung gegenüber Peter im Laufe der Zeit stark ändern.

»Meine Sehnsucht, einmal mit jemandem zu reden, wurde so groß, dass ich irgendwie auf die Idee kam,

2

1

3

Peter dafür auszuwählen. Wenn ich mal in Peters Zimmer oben kam, bei Licht, fand ich es da immer sehr gemütlich. Aber weil Peter so bescheiden ist und nie jemanden rauswirft, wenn er ihm lästig wird, habe ich es nie gewagt, länger zu bleiben, denn ich hatte Angst, er könnte mich sehr langweilig finden.« (6. Januar 1944)

Das Zimmer von Peter van Pels 1954.

Anne sucht nach einer Möglichkeit, Peter besser kennen zu lernen. *»Ich suchte nach einer Gelegenheit, unauffällig in seinem Zimmer zu bleiben und das Gespräch nicht versanden zu lassen, und die Gelegenheit ergab sich gestern. Peter hat nämlich plötzlich eine Manie für Kreuzworträtsel entwickelt. Ich half ihm dabei, und schon bald saßen wir einander gegenüber an seinem kleinen Tisch, er auf dem Stuhl, ich auf der Couch. Glaub jetzt aber nur nicht, ich sei in Peter verliebt, davon kann keine Rede sein. Wenn die van Pels statt eines Jungen hier eine Tochter hätten, würde ich auch versuchen, mich mit ihr anzufreunden.«* (6. Januar 1944)

1 Nur auf dem Dachboden können Anne und Peter ungestört beisammen sein. An Werktagen hält sich Anne hier zur Mittagszeit eine Dreiviertelstunde lang auf, um frische Luft zu schnappen. *»Das Wetter ist herrlich, unbeschreiblich schön, ich gehe sicher bald auf den Dachboden. Ich weiß nun auch, warum ich so viel unruhiger bin als Peter. Er hat ein eigenes Zimmer, in dem er arbeitet, träumt, denkt und schläft. Ich werde von einer Ecke in die andere geschubst. Allein bin ich in meinem geteilten Zimmer nie, und doch sehne ich mich so danach. Deshalb flüchte ich auch auf den Dachboden. Dort und bei dir kann ich kurz, ganz kurz ich selbst sein. Trotzdem will ich nicht über meine Sehnsüchte jammern, im Gegenteil, ich will tapfer sein.«* (16. März 1944)

»Heute nachmittag habe ich Peter erwischt, wir haben uns mindestens eine Dreiviertelstunde lang unterhalten. Peter fiel es sehr schwer, etwas von sich zu erzählen, aber ganz langsam kam es doch. Ich wusste wirklich nicht, ob ich besser wieder hinuntergehen oder oben bleiben sollte. Aber ich wollte ihm so gern helfen! Er erzählte, seine Eltern hätten immer Streit, über Politik und Zigaretten und alles Mögliche. Wie schon gesagt, Peter war sehr schüchtern, aber dann rückte er doch damit heraus, dass er seine Eltern gern einmal zwei Jahre lang nicht sehen möchte.« (2. März 1944)

2 *»Aber … da ist jemand anders, der meine ganze Stimmung beherrscht, und das ist … Peter. Oh, was hat dieser Junge für einen warmen Blick. Ich glaube, es fehlt nicht mehr viel, und ich verliebe mich in ihn. Jedenfalls lernen wir einander ein bisschen mehr kennen. Ich wünschte mir nur, dass wir uns trauen würden, über viel mehr Dinge zu reden. Aber vielleicht kommt diese Zeit schneller, als ich denke! Ein paar Mal am Tag bekomme ich von ihm einen Blick des Einvernehmens, ich zwinkere zurück, und wir sind beide froh.«* (3. März 1944)

3 *»Peter sagte so oft: ›Lächle doch mal!‹ Das fiel mir auf, und ich fragte gestern: ›Warum soll ich denn immer lächeln?‹ ›Weil das nett aussieht. Du hast dann Grübchen in den Wangen. Wie kommt das eigentlich?‹ ›Damit bin ich geboren. Am Kinn habe ich das auch. Das ist die einzige Schönheitssache, die ich besitze.‹ ›Aber nein, das ist nicht wahr!‹ ›Doch, ich weiß genau, dass ich kein hübsches Mädchen bin. Das war ich noch nie, und ich werde es auch nie sein!‹ ›Das finde ich überhaupt nicht. Ich finde dich hübsch.‹ ›Das ist nicht wahr.‹ ›Wenn ich das sage, kannst du es mir glauben!‹ Ich sagte dann natürlich dasselbe von ihm.«* (28. März 1944)

→ Vom Dachboden aus führt eine Treppenleiter zum Spitzboden. Eines Abends geht Peter nach oben,

um alte Zeitungen zu holen. *»Um die Treppe hinunterzuklettern, musste er sich an der Luke gut festhalten. Ohne hinzuschauen legte er seine Hand darauf und … fiel vor Schreck und Schmerz fast die Treppe hinunter. Ohne es zu wissen, hatte er seine Hand auf eine große Ratte gelegt, die ihn fest in den Arm biss. Das Blut sickerte durch seinen Schlafanzug, als er weiß wie ein Handtuch und mit schlotternden Knien zu uns kam. Kein Wunder, eine große Ratte zu streicheln ist nicht gerade angenehm, und obendrein noch gebissen zu werden, ist schrecklich.«*
(10. März 1943)

Als Anne eines Morgens wieder auf den Dachboden geht, räumt Peter dort gerade auf. Sie setzt sich auf ihren Lieblingsplatz auf dem Fußboden. Bald ist Peter fertig und kommt dazu. Anne schreibt: *»Wir betrachteten beide den blauen Himmel, die kahle Kastanie, an deren Zweigen kleine Tropfen glitzerten, die Möwen und anderen Vögel, die in ihrem Gleitflug wie aus Silber schienen. Das alles rührte und ergriff uns beide so, dass wir nicht mehr sprechen konnten. Er stand, den Kopf an einen dicken Balken gelehnt, ich saß.«*
(23. Februar 1944)

1

3

2

1 Anne sehnt sich sehr nach einem Kuss von Peter, einem Kuss, der aber ausbleibt. Sie fragt sich, ob er sie nur als Kameradin betrachtet und vielleicht doch nicht in sie verliebt ist. *»Ich war es nie gewöhnt, meine Probleme mit jemandem zu teilen, an einer Mutter habe ich mich nie festgeklammert. Aber jetzt würde ich so gern mal meinen Kopf an seine Schulter lehnen und nur ruhig sein.«* (1. April 1944)

»Merk dir den gestrigen Tag, denn er ist sehr wichtig in meinem Leben. Ist es nicht für jedes Mädchen wichtig, wenn es den ersten Kuss bekommt?« (16. April 1944)

2 Eines Abends sitzt sie zusammen mit Peter auf der Couch in seinem Zimmer. Sie sitzen dicht beieinander. *»Er streichelte ein bisschen unbeholfen meine Wange und meinen Arm, fummelte an meinen Locken, und unsere Köpfe berührten sich fast die ganze Zeit. Wie ich plötzlich die richtige Bewegung fand, weiß ich nicht, aber bevor wir hinuntergingen, gab er mir einen Kuss durch die Haare, halb auf die linke Wange, halb auf mein Ohr. Ich rannte hinunter, ohne mich umzuschauen, und sehne mich schon sehr nach heute.«* (16. April 1944)

3 Anne fragt sich, ob ihre Eltern wohl damit einverstanden sind, dass sie einen Jungen küsst. Sie glaubt es eigentlich nicht, beschließt aber, zu tun, was sie selbst für richtig hält. *»Es ist so ruhig und sicher, in seinen Armen zu liegen und zu träumen, es ist so aufregend, seine Wange an meiner zu spüren, es ist so wunderbar, zu wissen, dass jemand auf mich wartet. Aber, und es gibt tatsächlich ein Aber, wird Peter sich damit zufrieden geben?«* (17. April 1944)

»Samstagabend habe ich Peter gefragt, ob er meint, dass ich Vater etwas von uns erzählen muss. Nach einigem

2

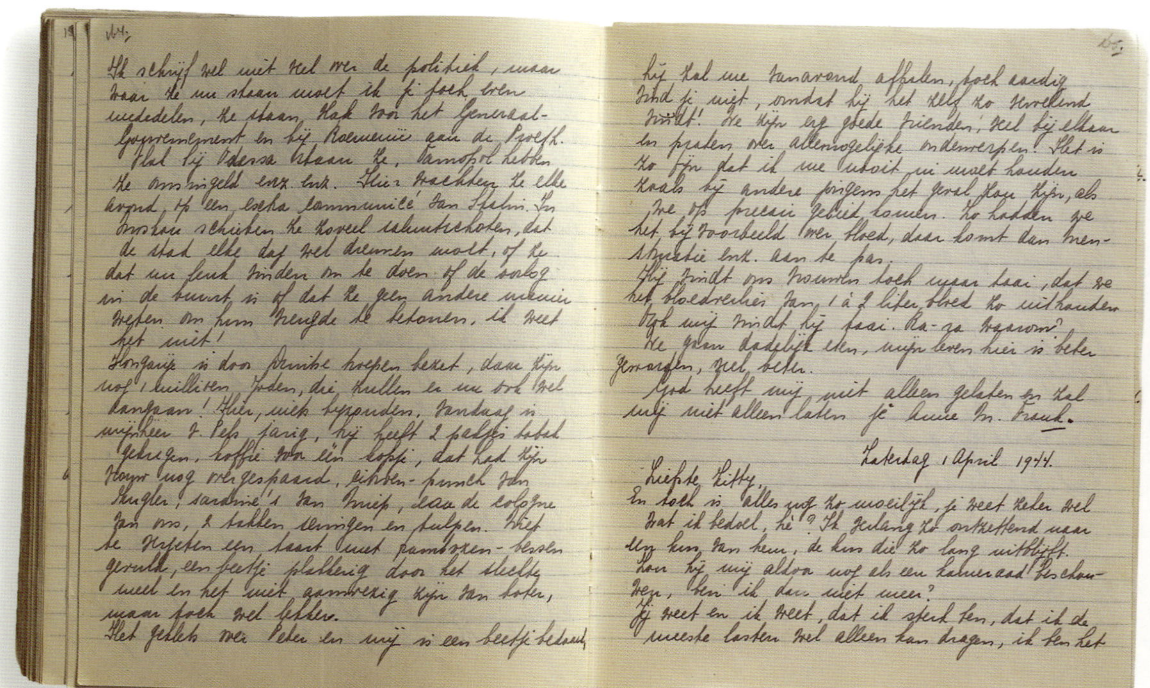

1

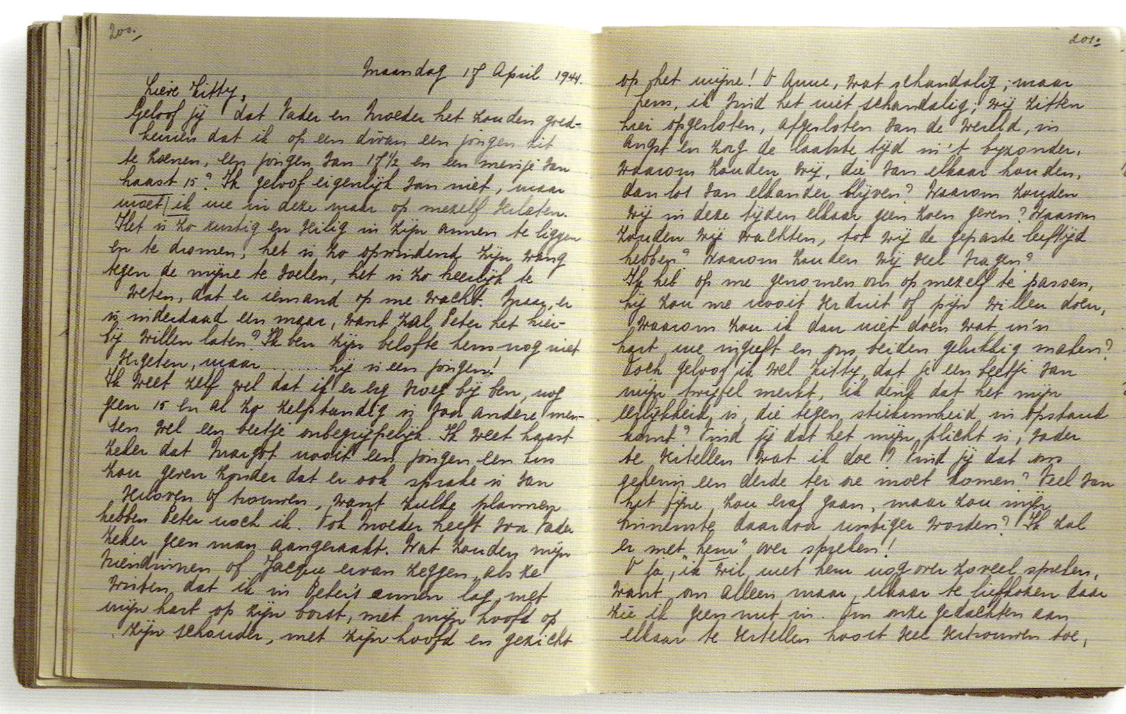

3

Hin und Her meinte er, ja. Gleich, als ich nach unten kam, ging ich mit Vater Wasser holen. Schon auf der Treppe sagte ich: ›Vater, du kannst dir doch sicher denken, dass Peter und ich, wenn wir zusammen sind, nicht einen Meter voneinander entfernt sitzen. Findest du das schlimm?‹ Vater antwortete nicht sofort, dann sagte er: ›Nein, schlimm finde ich es nicht, Anne, aber hier in diesem begrenzten Raum musst du vorsichtig sein.‹ Wir unterhielten uns noch eine Weile und verabredeten, dass Vater auch mit ihm reden sollte.« (2. Mai 1944)

Annes Vater redet mit Peter. Peter erzählt Anne, dass Otto befürchte, sie könnten sich ineinander verlieben, aber dass er ihm gesagt habe, sie würden sich schon beide beherrschen. *»Vater möchte nun, dass ich abends nicht mehr so oft hinaufgehe, aber damit bin ich nicht einverstanden. Nicht nur, dass ich gern bei Peter bin, ich habe ihm auch gesagt, dass ich ihm vertraue. Ich möchte ihm dieses Vertrauen auch beweisen, und das kann ich nicht, wenn ich aus Misstrauen unten bleibe. Nein, ich gehe hinauf!«* (2. Mai 1944)

4

Nach einiger Zeit möchte Anne wieder mehr Distanz gewinnen. Sie stellt fest, dass Peter ein größeres Bedürfnis nach Zärtlichkeit hat als sie. *»Er wird noch jeden Abend beim Gutenachtkuss rot und bettelt einfach um einen zweiten. Ob ich der bessere Ersatz für Moffi bin? Ich finde es nicht schlimm. Er ist schon so glücklich, seit er weiß, dass ihn jemand gern hat. Ich stehe nach meiner mühsamen Eroberung ein wenig über der Situation, aber glaub nur nicht, dass meine Liebe abgeflaut ist. Er ist ein Schatz, aber mein Inneres habe ich schnell wieder verschlossen.«* (19. Mai 1944)

»Manchmal glaube ich, dass meine schreckliche Sehnsucht nach ihm übertrieben war, aber das ist doch nicht so, denn wenn ich mal zwei Tage nicht oben war, sehne ich mich wieder genau so stark nach ihm wie je zuvor. Peter ist lieb und gut, aber ich darf es nicht leugnen, vieles an ihm enttäuscht mich. Vor allem seine Abneigung gegen Religion, seine Themen bei Tisch und andere ganz unterschiedliche Dinge gefallen mir nicht.« (13. Juni 1944)

Anne weiß sehr genau, dass sie Peter »erobert« hat statt umgekehrt. Aus Bedürfnis nach Kontakt kam es zu Vertraulichkeiten, die sie, wenn sie darüber nachdenkt, unpassend findet. *»Wir redeten über die geheimsten Dinge, aber über die Dinge, von denen mein Herz voll war und ist, haben wir bisher geschwiegen. Nun hält er sich an mir fest, und ich sehe vorläufig noch kein wirksames Mittel, ihn wieder von mir zu lösen und auf seine eigenen Beine zu stellen.«* (15. Juli 1944)

Nachdem die Verliebtheit ein wenig abgeflaut ist, schreibt Anne wieder mehr über sich. Insbesondere in den letzten Wochen, in denen sie noch Tagebuch führen kann, werden ihre Gedanken immer tiefgründiger. Anne zieht sich immer mehr in sich selbst zurück.

»Ich habe einen stark ausgeprägten Charakterzug, der jedem, der mich länger kennt, auffallen muss, und zwar meine Selbsterkenntnis. Bei allem, was ich tue, kann ich mich selbst beobachten, als ob ich eine Fremde wäre. Überhaupt nicht voreingenommen oder mit einem Sack voller Entschuldigungen stehe ich dann gegenüber der alltäglichen Anne und schaue zu, was diese gut und was sie schlecht macht. Ich verurteile mich selbst in so unsäglich vielen Dingen und sehe immer mehr, wie recht Vater mit seinen Worten hatte: ›Jedes Kind muss sich selbst erziehen.‹« (15. Juli 1944)

»Stimmt es denn überhaupt, dass die Erwachsenen es hier schwerer haben als die Jugend? Nein, das stimmt sicher nicht. Ältere Menschen haben eine Meinung über alles und schwanken bei ihren Handlungen nicht mehr durch das Leben. Wir Jugendliche haben doppelte Mühe, unsere Ansichten in einer Zeit zu behaupten, in der jeder

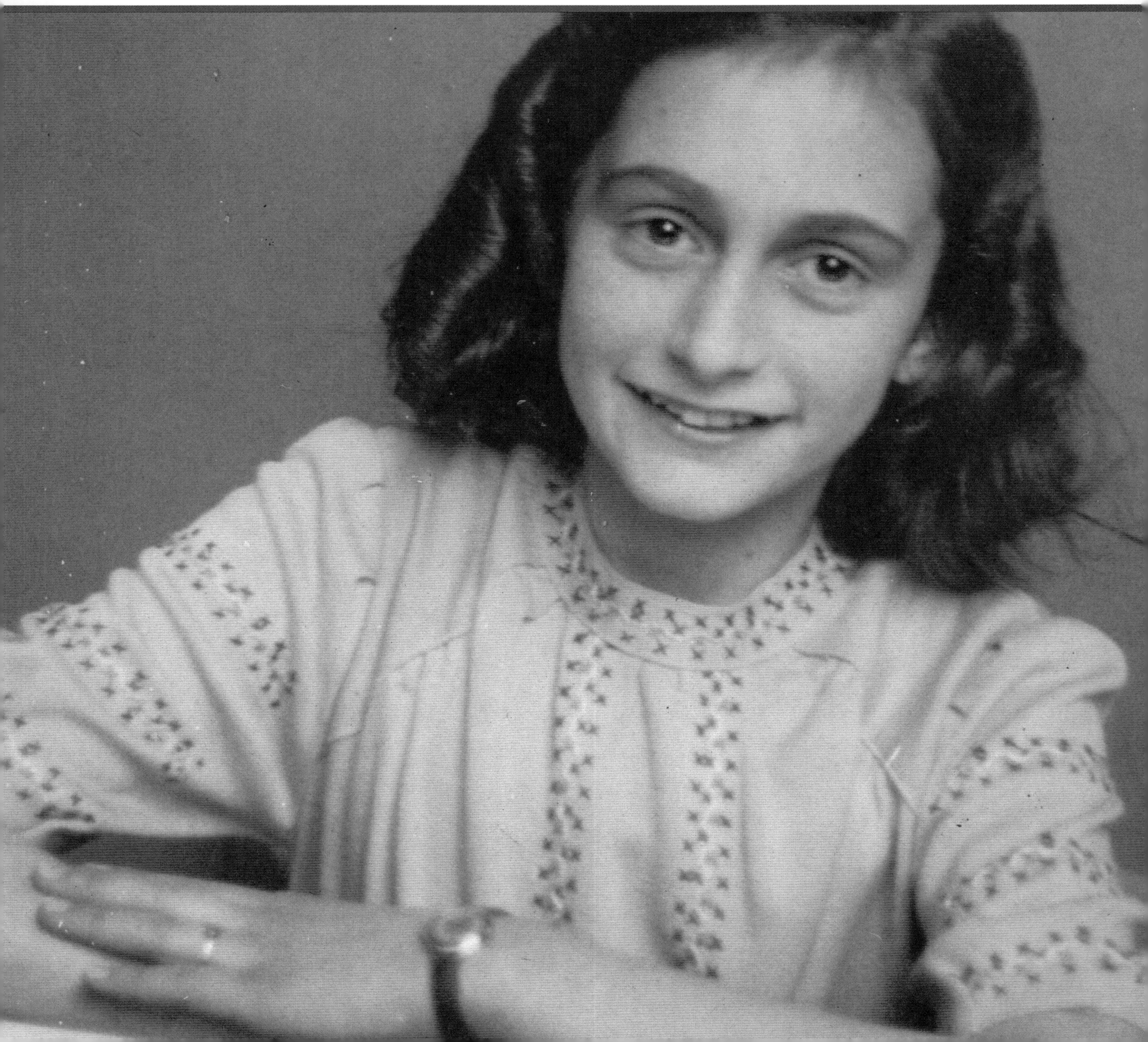

Idealismus zerstört und vernichtet wird, in der sich die Menschen von ihrer hässlichsten Seite zeigen, in der an Wahrheit und Recht und an Gott gezweifelt wird.« (15. Juli 1944)

»Ich sehe, wie die Welt langsam immer mehr in eine Wüste verwandelt wird, ich höre immer lauter den anrollenden Donner, der auch uns töten wird, ich empfinde das Leid von Millionen Menschen mit. Und doch, wenn ich zum Himmel schaue, denke ich, dass sich alles wieder zum Guten wenden, dass auch diese Grausamkeit aufhören, dass wieder Ruhe und Frieden in die Weltordnung kommen wird. Inzwischen muss ich meine Ideen hochhalten, in den Zeiten, die kommen, lassen sie sich vielleicht doch noch verwirklichen.« (15. Juli 1944)

Zwei Wochen später, am Dienstag, dem 1. August 1944, schreibt Anne zum letzten Mal Tagebuch.

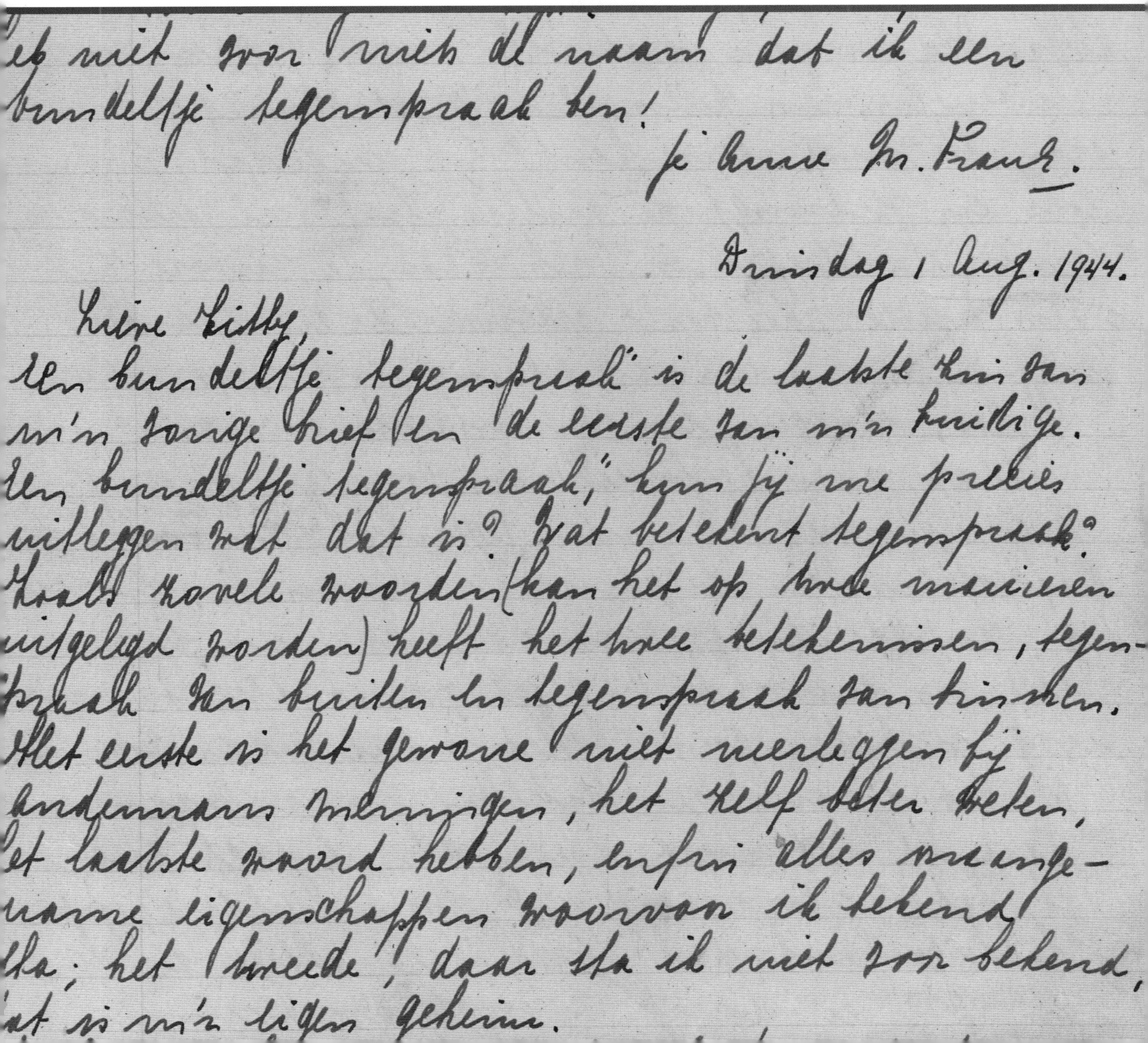
eb niet voor niets de naam dat ik een
bundeltje tegenspraak ben!
je Anne M. Frank.

Dinsdag 1 Aug. 1944.

Lieve Kitty,
Een bundeltje tegenspraak" is de laatste zin van
m'n vorige brief en de eerste van m'n huidige.
Een bundeltje tegenspraak", kun jij me precies
uitleggen wat dat is? Wat betekent tegenspraak?
Zoals zovele woorden (kan het op twee manieren
uitgelegd worden) heeft het twee betekenissen, tegen-
spraak van buiten en tegenspraak van binnen.
Het eerste is het gewone niet neerleggen bij
andermans meningen, het zelf beter weten,
et laatste woord hebben, enfin alles onaange-
name eigenschappen waarvan ik bekend
sta; het tweede, daar sta ik niet voor bekend,
at is m'n eigen geheim.

Jo Kleiman: »Am 4. August 1944 unternahm der SD mit drei Kriminalbeamten und Oberstabsfeldwebel Silberbauer eine Hausdurchsuchung. Offenbar waren sie über alles informiert, zwangen meinen Kollegen mit drei auf ihn gerichteten Revolvern, die geheime Versteckwohnung zu zeigen, wo die beiden Familien (acht Personen) verhaftet wurden. Auch mein Kollege und der Verfasser dieses Berichts wurden mitgenommen.«

Otto Frank: »Es war halb elf ungefähr. Ich war bei den van Pels oben in Peters Zimmer und machte Schularbeiten mit ihm. Es war nichts zu hören. Und wenn wirklich etwas zu hören war, so habe ich jedenfalls nicht darauf geachtet. Peter hatte ein englisches Diktat geschrieben, und ich sagte zu ihm: ›Aber Peter, double schreibt sich doch im Englischen nur mit einem b!‹ «

»Ich zeigte Peter die Fehler in dem Diktat, und da kam plötzlich jemand die Treppe heraufgerannt. Die Stufen krachten, und ich fuhr hoch, denn es war doch Vormittag, wo jeder leise zu sein hatte - aber da ging schon die Tür auf, und ein Mann stand direkt vor uns und hielt mir die Pistole vor die Brust. Der Mann trug Zivil.«

»Peter und ich hoben die Hände. Der Mann ließ uns vortreten, und wir mussten an ihm vorbeigehen, und dann befahl er uns, nach unten zu gehen, die Treppe hinunter, und er kam hinter uns her mit der Pistole. Unten waren sie schon alle beisammen. Meine Frau und die Kinder und die van Pels standen da mit erhobenen Händen. Jetzt kam auch Pfeffer herein, und hinter ihm her kam wieder ein Fremder. Mitten im Zimmer stand ein ›Grüner Polizist‹. Er musterte unsere Gesichter.«

»Jetzt fragten sie: Wo sind Ihre Wertsachen? Ich zeigte auf den Wandschrank, in dem meine Kassette stand. Der ›Grüne Polizist‹ nahm sie heraus, dann sah er sich um und griff nach Annes Aktentasche. Er schüttete alles aus, über den ganzen Boden hin, und ihre Papiere und Hefte und Zettel fielen heraus und lagen verstreut auf den Brettern. Dann tat er unsere Wertsachen in die Aktentasche und verschloss sie.«

»Dann sagte er: Fertigmachen. In fünf Minuten sind alle wieder hier. Die van Pels gingen hinauf, um ihre Rucksäcke zu holen, und Anne und Pfeffer gingen in ihr Zimmer nebenan, und ich griff nach meinem Rucksack, der an der Wand hing. Da blieb der ›Grüne Polizist‹ plötzlich vor dem Bett meiner Frau stehen, starrte auf die Kiste, die zwischen dem Bett und dem Fenster stand, und rief: Wie kommen Sie zu der Kiste? Es war eine graue Kiste mit Eisenbeschlägen, wie wir sie im ersten Kriege alle gehabt hatten, und auf dem Deckel stand: Leutnant d. Res. Otto Frank. - Ich sagte: Es ist meine Kiste. Wieso? Ich bin Offizier gewesen. Das verwirrte den Mann unglaublich. Er stierte mich an und sagte: Warum haben Sie sich denn dann nicht gemeldet? Ich biss mir auf die Lippen. Aber man hätte Sie doch geschont, Mann! Sie wären doch nach Theresienstadt gekommen! Ich schwieg. Ich sah ihn nur an. Dann rief er: Nehmen Sie sich Zeit ...«

Miep Gies: »Es war der vierte August. Im Büro war es still. Wir arbeiteten, und plötzlich schaute ich hoch. Die Tür ging auf, ein kleiner Mann kam herein, mit einem Revolver in der Hand, auf mich gerichtet, und sagte zu mir: ›Sitzen bleiben! Keiner rührt sich!‹ Nun, ich war natürlich starr. Er machte die Tür wieder zu und ging. Was dahinter geschah, konnte ich nicht sehen und nicht hören. Ich musste ja an meinem Schreibtisch sitzen bleiben. Später hörte ich, wie sie die Treppe hinuntergingen, sehr langsam. Sie hatten in der Zwischenzeit packen dürfen. Ich durfte nicht ans Fenster, ich musste sitzen bleiben. Und das habe ich auch gemacht. Später sind Bep und ich nach oben gegangen, in die Schlafzimmer der Franks. Und da sahen wir auf dem Boden Annes Tagebuchpapiere. Aufheben, sagte ich. Bep guckte nämlich wie versteinert. Ich sagte: Aufheben, aufheben, mitnehmen! Nun, wir haben alles so gut wie möglich mitgenommen, wir hatten ja große Angst! Wir gingen hinunter, und da standen wir, Bep und ich. Was nun, Bep? Da sagte sie: ›Du bist die Ältere. Du musst es aufbewahren.‹ Ich war damit einverstanden.«

Victor Kugler: »Ich hörte großen Lärm und öffnete die Tür meines Büros, um nachzuschauen, was los war. Ich sah vier Polizeibeamte, einen davon in Gestapo-Uniform. Wer ist hier verantwortlich? schnauzte er mich an. Das bin ich, antwortete ich. Zeigen Sie mir die Räume im Haus! Ich zeigte ihm alle Zimmer. Dann gingen wir nach oben und kamen in den Raum vor dem Bücherregal. Das Herz schlug mir bis zum Hals. Die drei niederländischen

Polizisten waren schon dabei, das Drehregal zu öffnen. Der Augenblick, den ich all die Jahre gefürchtet hatte, war gekommen. Einer der Polizisten richtete seine Pistole auf mich und befahl mir, vorzugehen. Die anderen drei folgten auch mit gezogenen Pistolen. Als erstes sah ich Frau Frank. Gestapo, flüsterte ich ihr zu. Sie war totenstill und befand sich in einer Art Schockzustand. Die anderen kamen aus den anderen Stockwerken hinunter. Margot reagierte emotional, sie weinte leise.«

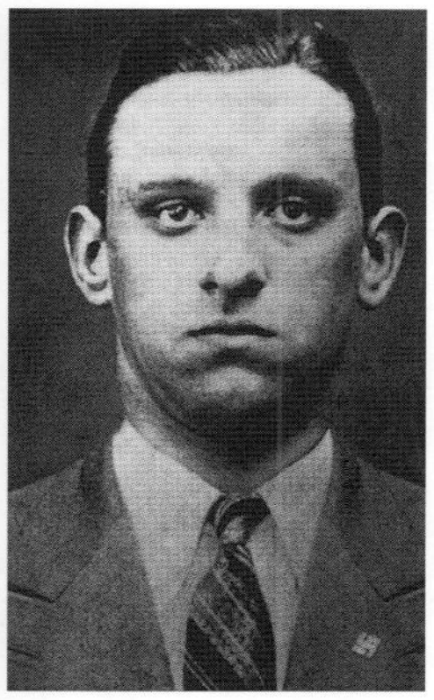

Karl Joseph Silberbauer

1948 leitet die Polizei erste Ermittlungen über den Verrat und die Verhaftung der Untergetauchten ein. Jo Kleiman, Miep Gies und Victor Kugler identifizieren die niederländischen SD-Beamten Gezinus Gringhuis und Willem Grootendorst. Sie werden zu lebenslänglich verurteilt. Angeblich können sie sich an die Verhaftung nicht erinnern, nennen aber den Namen des Österreichers Karl Joseph Silberbauer, der die Aktion geleitet hatte. Silberbauer wird bei einer späteren Untersuchung 1964 selbst verhört. Er erklärt: »Ich bekam einen Anruf von meinem Chef, der mir mitteilte, jemand habe ihm einen Tipp gegeben über Untergetauchte an der Prinsengracht. Ich ging mit einigen Männern dort hin. Im Magazin war ein Mann bei der Arbeit, der auf die Frage, wo die Juden versteckt seien, mit dem Finger nach oben deutete. Wir gingen in den ersten Stock, wo einer der Geschäftsführer arbeitete. Die holländischen Beamten nahmen ihn sofort ins Verhör. Als ihm weiteres Leugnen offensichtlich zwecklos erschien, zeigte uns dieser das Versteck der Juden. Ich gebe zu, dass ich das Hinterhaus mit gezogener Pistole betreten habe.« Silberbauer erinnerte sich noch an das Gespräch mit Otto Frank, der im Ersten Weltkrieg Offizier gewesen war. »Er erzählte mir auch«, so erinnerte er sich, »dass er sich mit seiner Familie, zu der auch seine Tochter Anne gehörte, gut zwei Jahre lang in dem Versteck aufgehalten hatte. Weil ich das nicht glauben wollte, zeigte er mir die Striche, die auf einem Türpfosten angebracht waren und angaben, wie Anne in dieser Zeit, in der sie untergetaucht waren, gewachsen war.«

Gegen ein Uhr fährt ein geschlossener Lastwagen vor. Die acht Untergetauchten, Victor Kugler und Jo Kleiman müssen einsteigen. Sie werden zum SD-Gefängnis in der Euterpestraat gebracht. Miep Gies und Bep Voskuijl bleiben in der Prinsengracht zurück.

Nach der Verhaftung

»Der englische Sender spricht von Vergasung, ich bin ganz durcheinander.«

9. Oktober 1942

Die Shoah

Das Auto mit den zehn Verhafteten (acht Untergetauchte und zwei männliche Helfer) fährt am 4. August 1944 zum Haus des Sicherheitsdienstes in der Euterpestraat in Amsterdam. Nach einem kurzen Verhör bringen die Deutschen die Helfer Jo Kleiman und Victor Kugler in die Justizvollzugsanstalt am Amstelveenseweg. Dort bleiben sie bis zum 7. September. Es gibt keinen Prozess. Nach vier weiteren Tagen in einem anderen Amsterdamer Gefängnis werden sie in das Konzentrationslager Amersfoort überführt. Kleiman bekommt dort eine Magenblutung. Dieser verdankt er seine Freilassung am 18. September. Kugler muss Ende September mit anderen Häftlingen in Zwolle und später in Wageningen Schwerarbeit leisten. Er flieht Anfang April 1945. Auf Hilfeleistung für Juden stehen schwere Strafen. Die Praxis ist äußerst willkürlich. Miep Gies und Bep Voskuijl entgehen einer Verhaftung. Die Männer des Verhaftungskommandos konnten sich offenbar nicht vorstellen, dass die beiden Frauen so eng in die Sache verwickelt waren. Die beiden führen die Geschäfte der Firma weiter.

Die Helfer

1 Das Hauptquartier des Sicherheitsdienstes (SD) in der Euterpestraat. In diesem Haus befindet sich das SD-Gefängnis. Miep Gies geht ein paar Tage nach der Verhaftung in die Euterpestraat, um zu schauen, ob sie etwas für die verhafteten Untergetauchten und Helfer tun kann. Das gelingt leider nicht.

2 Am 14 Oktober 1945 füllt Jo Kleiman dieses Formular des Roten Kreuzes aus. Er gibt an, »wegen des Versteckens und Versorgens von 8 jüdischen Menschen« verhaftet worden zu sein. Oberscharführer Karl Joseph Silberbauer wird als einziger des Verhaftungskommandos namentlich genannt. Die drei niederländischen Nazis in Zivil arbeiten beim Sicherheitsdienst und der Zentralstelle für Jüdische Auswanderung. Silberbauer ist seit 1939 Mitglied der SS und seit November 1943 in den Niederlanden.

1

3

4

Das Gefängnis am Amstelveenseweg. Die Markierung der Zelle stammt von Victor Kugler selbst: B3-11. In der Nachbarzelle sitzt Jo Kleiman. In einer Zelle für eine Person befinden sich im Durchschnitt sechs Menschen. Victor Kugler und Jo Kleiman werden hier ungefähr fünf Wochen festgehalten. Sie bleiben in Kontakt, indem sie Signale auf Heizungsrohre klopfen und beim Hofgang Zettel austauschen.

Kleiman und Kugler kommen am 11. September 1944 in das »Polizeiliche Durchgangslager Amersfoort«. Sie sind sogenannte »asoziale« Häftlinge und werden durch einen roten Kreis auf dem Rücken ihrer Jacke entsprechend gekennzeichnet. Die Umstände im Lager sind sehr schwer. Jüdische Häftlinge erfahren die schlechteste Behandlung. Insgesamt sind während des Krieges fünfunddreißigtausend Menschen in diesem Lager inhaftiert.

5 Die ausführliche Registrierung Victor Kuglers im Lager Amersfoort. Der Stempel zeigt, dass er am 26. September 1944 zum »Arbeitseinsatz«, der Zwangsarbeit für Nazi-Deutschland, eingeteilt wird. Als Grund für seine Verhaftung wird »Judenbegünstigung« angegeben.

6 Der gefälschte Ausweis Victor Kuglers, den er sich nach seiner Flucht machen lässt.

»Ich war acht Monate in Haft, im Gefängnis, in Konzentrations- und Arbeitslagern, und ich habe ziemlich viele gefährliche Situationen erlebt, wie einen Luftangriff der Briten bei Wageningen. Schließlich wurde ich ›selektiert‹, nach Deutschland zu gehen. Was das bedeutete, wusste ich nur zu gut. Als die Gruppe von ungefähr sechshundert Menschen unter Beschuss einer britischen Spitfire geriet, direkt an der deutschen Grenze, bin ich geflohen. Ein deutscher Bauer hat mir ein paar Tage Unterschlupf gewährt, danach bin ich mit dem Rad nach Hause gefahren.« (Victor Kugler, um 1970)

7 Registrierungskarte von Jo Kleiman im Lager Amersfoort. Die Karte wird direkt nach der Befreiung beschädigt. Auf der Karte steht: »Eingeliefert: 11. September 1944. Entlassen: 18. September 1944 zum Heimatort.« Als Kleiman nach sechs Wochen Gefangenschaft entlassen wird, befinden sich die Untergetauchten bereits in Auschwitz. Kleiman nimmt nach seiner Rückkehr die Arbeit in der Prinsengracht wieder auf. Miep Gies und Bep Voskuijl zeigen ihm Annes Tagebuchpapiere.

6

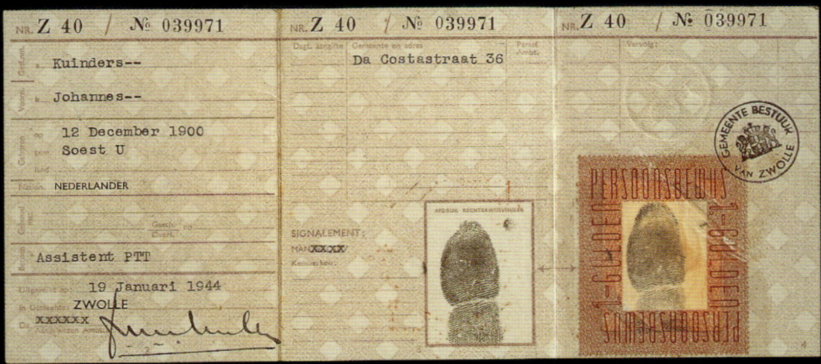

6

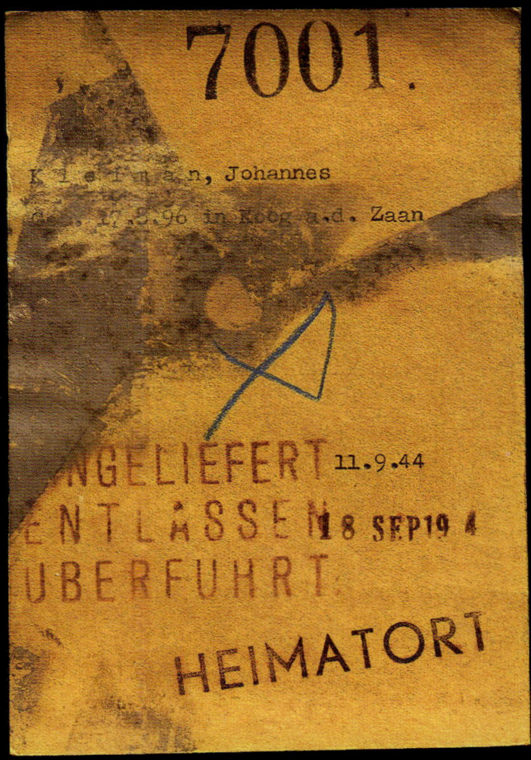

7

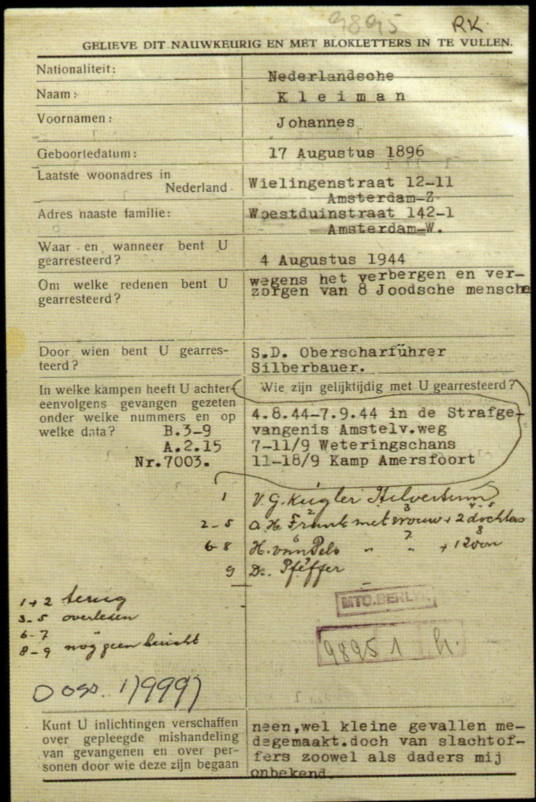

GELIEVE DIT NAUWKEURIG EN MET BLOKLETTERS IN TE VULLEN.

Nationaliteit:	Nederlandsche
Naam:	K l e i m a n
Voornamen:	Johannes
Geboortedatum:	17 Augustus 1896
Laatste woonadres in Nederland	Wielingenstraat 12-11 Amsterdam-Z
Adres naaste familie:	Woestduinstraat 142-1 Amsterdam-W.
Waar en wanneer bent U gearresteerd?	4 Augustus 1944
Om welke redenen bent U gearresteerd?	wegens het verbergen en verzorgen van 8 Joodsche mensche
Door wien bent U gearresteerd?	S.D. Oberscharführer Silberbauer.
In welke kampen heeft U achtereenvolgens gevangen gezeten onder welke nummers en op welke data? B.3-9 A.2.15 Nr.7003.	Wie zijn gelijktijdig met U gearresteerd? 4.8.44-7.9.44 in de Strafgevangenis Amstelv.weg 7-11/9 Weteringschans 11-18/9 Kamp Amersfoort
Kunt U inlichtingen verschaffen over gepleegde mishandeling van gevangenen en over personen door wie deze zijn begaan	neen, wel kleine gevallen medegemaakt. doch van slachtoffers zoowel als daders mij onbekend.

2

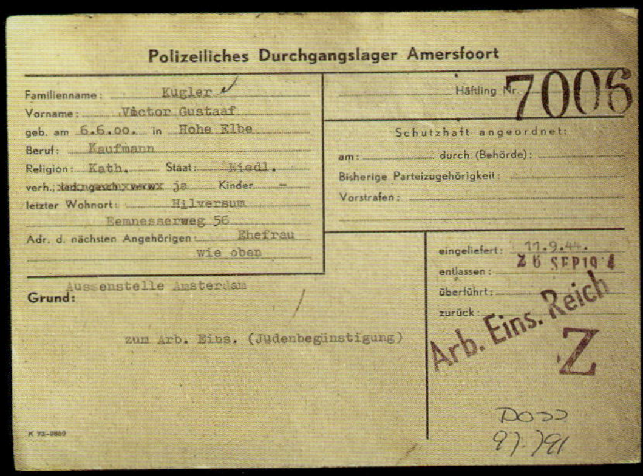

Polizeiliches Durchgangslager Amersfoort

Familienname: Kugler
Vorname: Victor Gustaaf
geb. am 6.6.00. in Hohe Elbe
Beruf: Kaufmann
Religion: Kath. Staat: Niedl.
verh., ledig, gesch., verw. ja Kinder –
letzter Wohnort: Hilversum Eemnesserweg 56
Adr. d. nächsten Angehörigen: Ehefrau wie oben

Häftling Nr. 7006

Schutzhaft angeordnet:
am: durch (Behörde):
Bisherige Parteizugehörigkeit:
Vorstrafen:

Grund: Aussenstelle Amsterdam
zum Arb. Eins. (Judenbegünstigung)

eingeliefert: 11.9.44.
entlassen: 26 SEP 1944
überführt:
zurück:
Arb. Eins. Reich
Z

5

Die Untergetauchten werden vom 5. bis 8. August 1944 im Gefängnis an der Weteringschans in Amsterdam festgehalten. Am frühen Morgen des 8. August werden sie aus ihrer Zelle geholt und zum Hauptbahnhof (Centraal Station) gebracht. Dort kommt eine andere Gruppe Häftlinge dazu, ebenfalls Juden, die verhaftet wurden, weil sie im Widerstand tätig oder untergetaucht waren. Die Häftlinge fahren mit dem normalen Zug, jedoch als »Straffall«, nach Westerbork. Unterwegs sehen sie zum ersten Mal seit langer Zeit eine sommerliche Landschaft. Nach mehreren Stunden kommen sie in der Drenter Heide an, in Westerbork. In diesem Durchgangslager herrscht stets die Angst vor der drohenden Deportation.

Die Untergetauchten

1 Das Lager Westerbork wurde bereits Ende der dreißiger Jahre im Auftrag der niederländischen Regierung errichtet, um jüdische Flüchtlinge aus Nazi-Deutschland unterzubringen. Vom 1. Juli 1942 an macht die nationalsozialistische Besatzungsmacht daraus ein »Polizeiliches Durchgangslager«, von dem aus die Häftlinge in die Lager in Deutschland und Polen transportiert werden. 1942 und 1943 werden die meisten Juden aus den Niederlanden über dieses Lager »in den Osten« deportiert. Was dieses Ziel genau bedeutet, ist ihnen unbekannt. 1944 befinden sich im Lager Westerbork vor allem noch Menschen die von der Deportation freigestellt sind oder die in ihrem Versteck verhaftet wurden, wie Anne und die anderen.

2 Die »Straffälle« sind in einer speziellen S-Baracke, Nummer 67, untergebracht. Auf ihre Häftlingskleidung ist ein roter Lappen aufgenäht. Wie sich später herausstellt, unterscheidet sich ihre Lage wenig von der der anderen

1

2

3

Menschen im Lager. Die Familie de Winter, das Ehepaar Deliema und Frieda Menco wurden wie die Familie Frank Anfang August in ihrem Versteck festgenommen und in dieselbe Baracke eingeteilt. Sie berichten später von ihren Begegnungen.
»Am 5. August 1944 wurden die Deutschen über unser Versteck informiert. Sie verhafteten uns, schickten uns ins Gefängnis und von da aus nach Westerbork. Dort begegneten wir der Familie Frank, dem anderen Ehepaar, deren Sohn Peter und dem anderen Herrn, die sich alle zusammen in einem Haus in Amsterdam versteckt hatten. Wir unterhielten uns lange über unsere Erfahrungen. Wir versuchten, uns gegenseitig Mut zu machen.«
(Rose Deliema)

Für die Untergetauchten aus dem Hinterhaus bedeutet der Aufenthalt in dem Lager in der Drenter Heide auch zum ersten Mal seit zwei Jahren wieder Kontakt mit der Natur und mit anderen Menschen. Auch Frieda Menco erinnert sich an ein Gefühl der Erleichterung, in Westerbork nach der langen, beklemmenden und hungrigen Zeit des Untertauchens wenigstens manchmal wieder an der frischen Luft sein zu können.
»Für mich war Westerbork die beste Zeit des Krieges. Als ich untergetaucht war, hatte ich immer schrecklichen Hunger gehabt. In Westerbork hatte ich mehr Platz, mich zu bewegen, als in den beiden vorangegangenen Jahren. Für die Familie Frank muss das sicher auch so gewesen sein. Nach zwei Monaten dachten wir schon fast, dass wir nicht auf Transport müssten.«

4 Die Häftlinge aus der Strafbaracke arbeiten für die deutsche Rüstungsindustrie. *»Ich musste bei den Batterien arbeiten«*, erzählt Bloeme Evers-Emden, die der Familie Frank in Westerbork begegnete. Sie kannte Margot ganz gut von der Schule her. *»Das war eine schmutzige Arbeit. Man musste alte Batterien öffnen, und darin befand sich eine Art Metall, das man herausholen musste.«*

5 Die Karteikarten der Familien Frank und van Pels aus dem Melderegister der Gemeinde Westerbork. Die handgeschriebenen Vermerke auf den Karten stammen von Mitarbeitern des Roten Kreuzes, die nach dem Krieg Informationen über Deportierte sammelten und Auskünfte über deren Schicksal erteilten. Die getippten und gestempelten Daten stammen aus dem Jahr 1944. Fritz Pfeffers Registrierungskarte ist verloren gegangen. Auf diese vorgedruckten Karten tippte und stempelte ein Beamter der Gemeinde Westerbork die Daten der neu angekommenen Häftlinge, einschließlich Geburtsdatum und letzter offizieller Anschrift. Ganz unten ist ein Stempel mit dem Datum des Transportes aus Westerbork: 3. September 1944. Ins »Ausland«, steht verschleiernd dabei.

4

5

Das Leben im Durchgangslager Westerbork dreht sich um den Deportationszug. Vom Sommer 1942 bis zum Frühjahr 1943 fährt nahezu jeden Dienstag ein Zug in den Osten, jedesmal wieder voll gestopft mit Hunderten, oft sogar Tausenden von Menschen. Später nehmen die Transporte an Häufigkeit und Umfang ab. Im Lager wartet jeder in unerträglicher Spannung auf das Verlesen der neuen Liste. Insgesamt werden rund hunderttausend Juden aus Westerbork abtransportiert. Außerdem werden 254 Roma und Sinti (»Zigeuner«) von Westerbork aus deportiert. Anfangs sind die Zielorte nicht genau bekannt. Die meisten Züge gehen in die Vernichtungslager Sobibor und Auschwitz. Bergen-Belsen und Theresienstadt sind die anderen Bestimmungsorte.

Durchgangslager Westerbork

1 Ein Teil der Liste des 83. »Judentransports« von Westerbork in »den Osten« am 3. September 1944. Dieser Transport, mit dem auch die Untergetauchten aus dem Hinterhaus deportiert werden, ist der letzte Transport von Westerbork nach Auschwitz. In dem Zug befinden sich 1019 Menschen, 498 Männer, 442 Frauen und 79 Kinder, sie alle Juden nach den Kriterien der Nazis. Frieda Brommet, Rachel van Amerongen, Rozette (Ronnie) van Cleef, Bloeme Emden, Judik, Manus und Rosa de Winter sowie Sally und Rose Deliema stehen auch auf dieser Liste. Sie gehören zu den wenigen, die die Lager überleben, und berichten später über Anne, Margot, Edith und Otto in den Lagern.

2 Menschen, die deportiert werden, versuchen oft verzweifelt, eine letzte Nachricht an ihre Familie zu schicken. Diesen Brief schreibt Judik de Winter einen Tag vor dem Transport, auch im Namen ihrer Mutter

Judentransport aus den Niederlanden – Lager Westerbork
3. September
Blatt 7
am Haeftlinge 194

301.	Engers	Isidor	30.4.93	Kaufmann
302.	Engers	Leonard	13.6.20	Landarbeiter
303.	Franco	Manfred	1.5.05	Verleger
304.	Frank	Arthur	27.8.81	Kaufmann
305.	Frank	Isaac	29.11.87	Installateur
306.	Frank	Margot	16.2.26	ohne
307.	Frank	Otto	12.5.89	Kaufmann
308.	Frank-Hollaender	Edith	16.1.00	ohne
309.	Frank	Anneliese	12.6.29	ohne
310.	v. Franck	Sara	27.4.02	Typistin
311.	Franken	Abraham	16.5.96	Landarbeiter
312.	Franken-Weyand	Johanna	24.12.96	Landbauer
313.	Franken	Hermann	12.5.34	ohne
314.	Franken	Louis	10.8.17	Gaertner
315.	Franken	Roselina	29.3.27	Landbau
316.	Frankfort	Alex	14.11.19	Dr.i.d.Oekonomie
317.	Frankfort-Elsas	Regina	11.12.19	Apoth.-Ass.
318.	Frankfoort	Elias	22.10.98	Schneider
319.	Frankfort	Max	20.8.21	Schneider
320.	Frankfort-Weijl	Hetty	25.3.24	Naeherin
321.	Frankfort-Werkendam	Rosette	24.6.93	Schriftstellerin
322.	Frijda	Herman	22.6.87	Hochschullehrer
323.	Frenk	Henriette	28.4.21	Typistin
324.	Frenk	Rosa	15.3.24	Haushalthilfe
325.	Friezer	Isaac	10.3.20	Korrespondent
326.	Fruitman-Vleeschedrager	Fanny		
327.	Gans	Elie	24.1.03	ohne
328.	Gans-Koopman	Gesina	24.10.03	Betriebleiter
329.	Gans	Kalman	20.12.05	Maschinenstrickerin
330.	Gans-Nord	Klara	6.3.79	Diamantbearb.
331.	Gans	Paul	12.5.13	Naeherin
332.	v.Gelder	Abraham	27.9.08	Landbauer
333.	v.Gelder-de Jong	Reintje	9.11.78	Metzger
334.	v.Gelder	Alexander	22.10.81	ohne
335.	v.Gelder-Vischschraper		27.8.03	Kaufmann
		Clara	12.4.12	ohne
336.	v.Gelder-Raphael	Hendrika	17.3.77	ohne
337.	v.Gelder	Henny	15.5.18	Naeheirn
338.	v.Gelder	Simon	19.5.19	Landarbeiter
339.	v.Gelderen	Johanna	22.5.10	Verkaeuferin
340.	v.Gelderen	Karel	25.8.99	Kapellmeister
341.	Gerson	Alexander	1.5.69	ohne
342.	G...sons-Hartog	Kaatje	9.9.94	ohne
343.	Ginsberg	Arthur	24.3.27	Baecker
344.	Ginsberg	Benjamin	7.9.93	Kaufmann
345.	Ginsberg-Rosen	Rosa	10.6.97	ohne
346.	Glowinski	Israel	3.5.94	Stepper
347.	Glowinski-Streep	Sara	31.12.91	Naeherin
348.	Gobets	Zadok	6.3.79	Diamantarb.
349.	Godschalk	Bernard	26.9.15	Kaufmann
350.	Goldberg	Hans	6.6.10	Pelzsortierer

734.	Werkendam	Hartog	15.2.94	Kaufmann
735.	v. West	Eliazer	7.4.14	Kaufmann
736.	Wieman-Olivier	Marianna	5.9.91	Verkaeuferin
737.	de Winter	Emanuel	21.6.89	Metzger
738.	de Winter-Levy	Rosa	9.6.05	ohne
739.	de Winter	Judik	27.10.28	Schuelerin
740.	de Winter	Hartog	18.6.67	ohne
741.	de Winter-Hertog	Johanna	29.6.78	ohne
742.	Witstein	Jacob	13.11.79	Schneider
743.	Witstein-Druset	Alexandrine	6.9.89	ohne
744.	Witstein	Sonja	28.5.20	Studentin
745.	Wolfarth	Siegfried	26.3.04	Kontorist
746.	Wohlfarth-Katz	Herta	14.4.09	ohne
747.	Wolder	Martha	16.12.90	Blumenhaendlerin
748.	Wolff-Goldstein	Fanny	17.3.66	ohne
749.	Wolff	Jacob	16.6.11	Metallspalter
750.	Wolff-Canter	Sientje	18.3.58	ohne

Blatt – Judentransport aus den Niederlanden – Lager Westerbork
am 3.9.44 194
Haeftlinge

551.	Oppenheimer-Levy	Juliana	22.2.69	ohne
552.	Orlow-Polak	Elias	8.4.18	Stenotypistin
553.	Pijpeman	Philip	13.4.91	Kaufmann
554.	v.Pels	Clara	27.5.20	Kinderpflegerin
555.	van Pels	Herman	31.3.98	Metzg.Fachmann
556.	van Pels-Roettgen	Auguste	29.9.00	ohne
557.	van Pels	Peter	8.11.26	Metallarb.
558.	Pfeffer Dr.	Fritz	30.4.89	Zahnarzt
559.	Pino	Mietje	17.10.91	Dipl.Pflegerin
560.	Polak			Student
561.	Polak	Herman J.	13.7.24	Techniker
562.	Polak-Wessel	Carolina		Krankenpfleg.
563.	Polak	Juda	19.1.07	Betriebsleiter
564.	Polak-de Hond	Femina	24.5.08	ohne
565.	Polak-Presser	Aaltje	19.12.71	ohne
566.	Polak		30.11.24	Kontoristin
567.	Polak	Samson	1.1.00	Reisender
568.	Polak	Samuel	24.12.09	Gärtner
569.	Polak-Maykels	Elly	24.10.09	Gymnastiklehrerin
570.	Polak	Therese	21.1.37	ohne
571.	Pozener	Fritz	1.11.40	ohne
572.	Pozener	Joseph	4.9.08	Gymnastiklehrer

1

Rosa und ihres Vaters Manus. *»Ihr Lieben, morgen, am 3. September, gehen wir auf Transport; wohin, wissen wir noch nicht, wohl in Richtung Osten. Wir sind guten Mutes und noch gesund und werden unser Bestes tun, durchzukommen. Hier herrschen schreckliche Zustände.«* Judik, Manus und Rosa de Winter schicken diesen Brief an Judiks Tante. Sie wissen nicht, was ihnen »im Osten« bevorsteht. Später, in Auschwitz, kommt Rosa de Winter in Kontakt mit Edith Frank.

Die Abfahrt eines Transports aus Westerbork. Einigen Menschen gelingt es, aus dem Zug, der am 3. September abfährt, zu entkommen. Kurz nach der Abfahrt sägen sie in einem der Waggons ein Loch in den Boden. Fünf Menschen lassen sich durch das Loch fallen. Obwohl verletzt, überleben alle fünf. Als die Bewacher des Zuges die Flucht bemerken, verteilen sie die Häftlinge aus diesem Wagen auf die anderen Waggons.

4 Der Zug fährt ab. Das Mädchen mit dem Kopftuch heißt Settela Steinbach. Sie stammt aus einer Sinti-Familie und wird aus diesem Grund nach Auschwitz verschleppt. Dort wird sie ermordet.

5 Das Schild am Zug. Die Zugfahrt dauert mehrere Tage. In verschlossenen Waggons ohne Ausblick, mit viel zu viel Menschen auf engstem Raum, kaum Wasser und Essen, ohne frische Luft und ohne Toiletten.

»Dunkelheit ist das, woran ich bei der Zugfahrt denke. Zu viele Menschen. Nicht genug Platz. Gepäck. Keine Möglichkeit, zu liegen. Drei Tage lang sitzen. Ab und zu stehen. Wir hatten keine Ahnung, welche Strecke wir fuhren, wo der Zug anhalten und wie lange es dauern würde.« (Frieda Menco)

»Frau Frank hatte einen blauen Overall mitgeschmuggelt und trennte das rote Stück Stoff im Licht einer Taschenlampe ab. Sehr viele, auch die Frank-Mädchen, schliefen an die Mutter oder den Vater gelehnt, alle waren todmüde.« (Lenie de Jong-van Naarden)

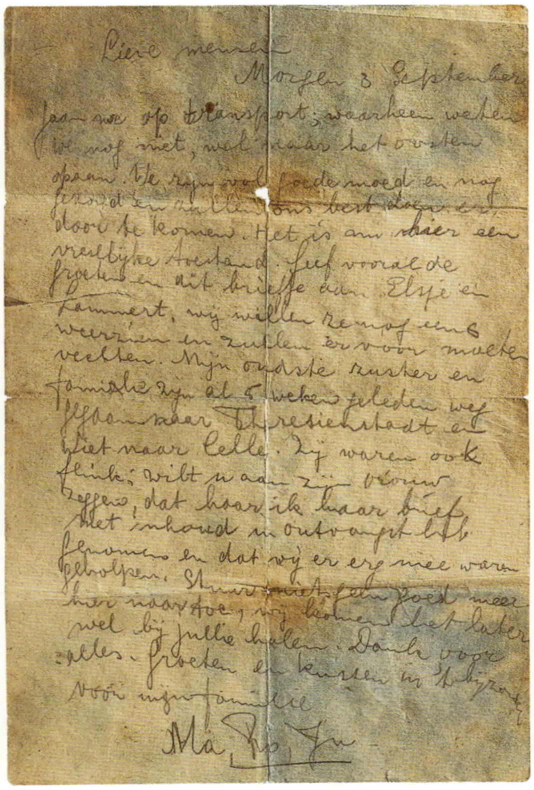

Lieve mensen
Morgen 3 September
gaan we op transport; waarheen weten
we nog niet, wel naar het oosten
opaan. We zijn vol goede moed en nog
gezond en zullen ons best doen er
door te komen. Het is om hier een
vreselijke toestand. Geef vooral de
groeten en dit briefje aan Elsje en
[illegible], wij willen ze nog eens
weerzien en zullen er voor moeten
vechten. Mijn oudste zuster en
familie zijn al 5 weken geleden weg
gegaan naar Theresienstadt en
niet naar Celle. Zij waren ook
flink; wilt u aan zijn vrouw
zeggen, dat ik haar brief
met inhoud in ontvangst heb
genomen en dat wij er erg mee waren
geholpen. Stuur niets geen goed meer
hier naartoe, wij komen het later
wel bij jullie halen. Dank voor
alles. Groeten en kussen in 't bijzonder
voor mijn familie
Ma, Ro, Ju

2

3

4

5

»Ich will nicht mehr darüber sprechen, was ich empfand, als in Auschwitz auf der Rampe meine Familie auseinander gerissen wurde.«

Otto Frank, 1979

Auschwitz-Birkenau

Ankunft und »Selektion« ungarischer Juden
in Auschwitz-Birkenau, Mai 1944.

Hermann van Pels stirbt als erster der acht Untergetauchten. In der Nacht vom 5. auf den 6. September 1944 kommt er mit den anderen in Auschwitz an. Direkt bei der Ankunft findet eine Selektion statt. Männer und Frauen werden getrennt. Kinder unter fünfzehn, alte Leute, Schwache und Kranke werden sofort vergast. Die anderen, darunter vorläufig auch alle Untergetauchten aus dem Hinterhaus, werden in Arbeitslager gebracht. Sie sind einem System ausgesetzt, das Menschen entmenschlichen will: Sie werden kahl geschoren, müssen Häftlingskleidung tragen und bekommen eine Nummer auf den Arm tätowiert. Die männlichen Untergetauchten erhalten eine Nummer zwischen B-9108 und B-9365. Die Häftlinge werden mit dieser Nummer angeredet. Hermann van Pels wird zur Arbeit in einem Außenkommando eingeteilt. Einige Wochen später wird er vergast. Er ist zu diesem Zeitpunkt 54 Jahre alt. Das genaue Todesdatum ist unbekannt.

Hermann van Pels

1 Karteikarte von Hermann van Pels aus der Verwaltung des Jüdischen Rates in Westerbork. Nach der Befreiung nahm das Rote Kreuz die Karteikästen mit, um Auskünfte über das Schicksal Deportierter geben zu können. Mit Rotstift wurde S 3.9.44 auf die Karte geschrieben, das Datum, an dem Hermann aus der Strafbaracke von Westerbork nach Auschwitz deportiert wurde.

»Nie werde ich vergessen, wie der siebzehnjährige Peter van Pels und ich in Auschwitz einen Trupp selektierter Männer sahen. Einer von ihnen war Peters Vater. Die Männer marschierten ab. Zwei Stunden später kam ein Wagen zurück, beladen mit ihren Kleidungsstücken.« (Otto Frank)

2 Das Tor von Auschwitz I. Die Inschrift »Arbeit macht frei« passt in die Nazistrategie, alle Lager als

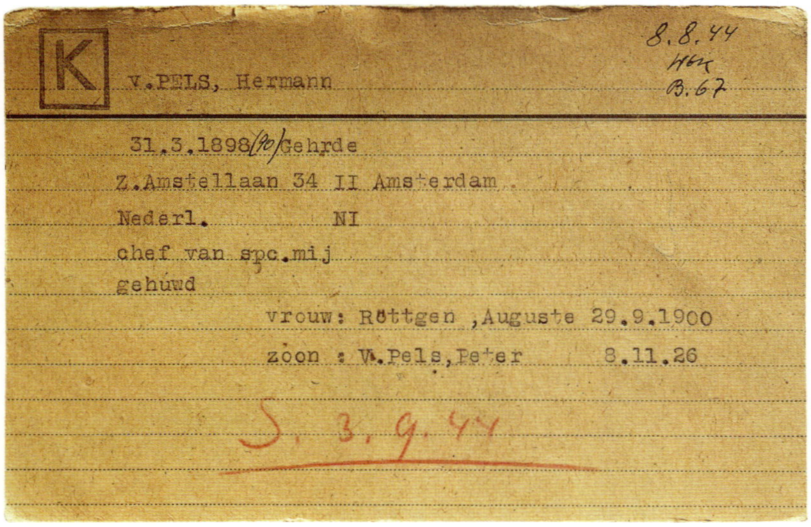
K
v.PELS, Hermann
8.8.44
Hks
B.67
31.3.1898(90)Gehrde
Z.Amstellaan 34 II Amsterdam
Nederl. NI
chef van spc.mij
gehuwd
vrouw: Röttgen ,Auguste 29.9.1900
zoon : v.Pels,Peter 8.11.26
S. 3. 9. 44

1

3

4

2

Arbeitslager erscheinen zu lassen. Hermann und Peter van Pels, Otto Frank und Fritz Pfeffer werden in Block 1 oder 2 dieses Lagers untergebracht. Die SS selektiert direkt nach der Ankunft eines Zuges alle Menschen, die arbeitsfähig sind. Sie müssen Schwerarbeit verrichten, jeden Tag von neuem von sechs Uhr morgens bis halb sechs abends.

Auschwitz-Birkenau ist ein Vernichtungslager. Fabrikmäßig organisieren die Nazis dort den Massenmord. Seit September 1941 benutzen sie Gaskammern. Die Shoah ist ein Genozid an den Juden, ein Völkermord von nie gekanntem Ausmaß. Allein in Auschwitz-Birkenau ermorden die Nazis mehr als eine Million Juden. Die genaue Zahl ist nicht bekannt, denn die Menschen, die direkt nach der Ankunft vergast wurden, sind nicht registriert. Der Lagerkommandant Rudolf Höß nennt nach dem Krieg sowohl die Anzahl von 1,3 als auch die von 2,5 Millionen Opfern in Auschwitz. Die letzte Vergasung in Auschwitz-Birkenau findet Anfang November 1944 statt. Drei Wochen zuvor, am 7. Oktober, wurde bei einem Aufstand von Häftlingen eine Gaskammer teilweise zerstört. Beim Anrücken der sowjetischen Armee im November 1944 werden die Gaskammern und Krematorien abgerissen, um die Beweise des Massenmords auszulöschen.

»Herr van Pels kam mit seinem Sohn Peter, mit Otto und Fritz Pfeffer zusammen in eine Baracke. Er ging dann täglich zu der ihm zugeteilten Arbeit. Nach einigen Wochen, im Oktober oder November, hatte er sich dabei seinen Daumen sehr verletzt und frug um Erlaubnis, den nächsten Tag nicht zur Arbeit gehen zu müssen. Er wurde dann zum Zimmerdienst eingeteilt. Gerade an diesem Tag wurden Männer ausgesucht, die vergast werden sollten. Darunter war Herr van Pels. Er wurde nicht mehr gesehen.« (Fritzi Frank)

4 Auschwitz-Birkenau, Mai 1944. Das Gepäck und die Kleidungsstücke der Menschen, die in den Gaskammern ermordet wurden, werden von anderen Häftlingen sortiert. Für diese Arbeit kann man sich als Freiwilliger melden. Zwischen den Sachen findet sich oft etwas Essbares oder etwas, das man tauschen kann. Etwas mitzunehmen, ist jedoch sehr riskant. Wenn ein KZ-Wächter einen Häftling dabei ertappt, folgt eine schwere Misshandlung oder eine andere schwere Strafe. Häftlinge werden auch zum Ausräumen der Gaskammern und zum Verbrennen der Leichen in den Krematorien eingesetzt.

Fritz Pfeffer ist einer der Häftlinge, die von Auschwitz in ein anderes Lager überführt werden. Die Häftlinge hoffen immer, dass es anderswo besser ist. Fritz Pfeffer auch. Im Oktober 1944 meldet er sich für einen Ärztetransport aus Auschwitz an. Er kommt nach Neuengamme, ein Konzentrationslager in der Nähe von Hamburg. Dieses Lager hat mehr als achtzig Außenkommandos, davon ungefähr sechzig mit männlichen und zwanzig mit weiblichen Häftlingen, die alle sehr schwere Zwangsarbeit verrichten. Die miserablen Arbeitsbedingungen, die schlechte Kleidung, die unzureichende Ernährung, das Fehlen von Gesundheitsfürsorge und Hygiene und die Misshandlungen durch die SS und die Aufseher führen zum Tod vieler Häftlinge. Diese Morde gehören zu der bewussten Politik der Nazis, durch Zwangsarbeit zu töten. Fritz Pfeffer stirbt in der Krankenbaracke von Neuengamme am 20. Dezember 1944 im Alter von 55 Jahren.

Fritz Pfeffer

1 Fritz Pfeffers Karteikarte aus der Verwaltung des Jüdischen Rates in Westerbork.

2 Im Sterbebuch der Häftlinge in Neuengamme ist Fritz Pfeffers Tod verzeichnet: »Jude 64971, Reichsdeutscher, Pfeffer, Fritz, Geburtsdatum 30.4.1889, Todesdatum 20.12.1944, 9.00 Uhr, Todesursache Enterokolitis.« Enteritis und Kolitis sind Darmentzündungen. Unter normalen Umständen sind sie gut zu heilen, in den Konzentrationslagern sind es jedoch häufige Todesursachen. Das Sterbebuch wird von Häftlingen geführt, die in der Krankenbaracke arbeiten. Fast das ganze Archiv von Neuengamme, mit allen Beweisen des Massensterbens, wurde von den Nazis vernichtet. Nur das, was Häftlinge selbst gerettet haben, existiert noch.

3 Zwangsarbeit am Dove-Elbe-Kanal. Die schweren Ausschachtungsarbeiten für diesen Kanal werden von

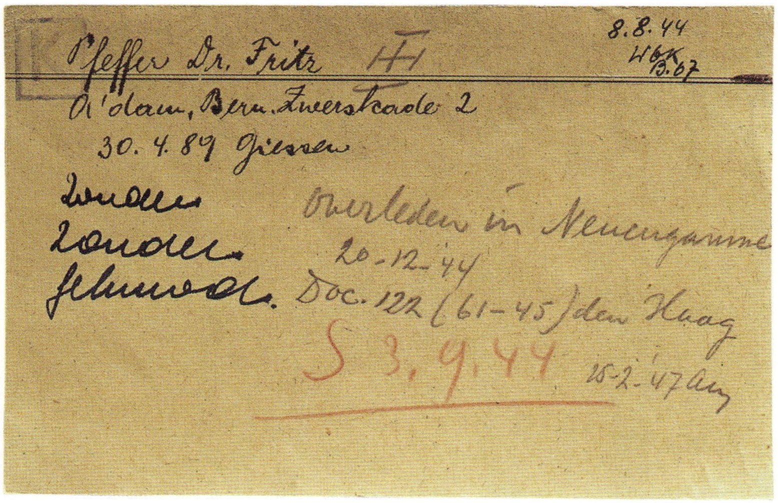

Pfeffer Dr. Fritz
8.8.44
A'dam, Bern. Zweerstrade 2
30. 4. 89 Giessen
Overleden in Neuengamme
20-12-44
Doc. 122 (61-45) den Haag
S 3.9.44
18-2-47

1

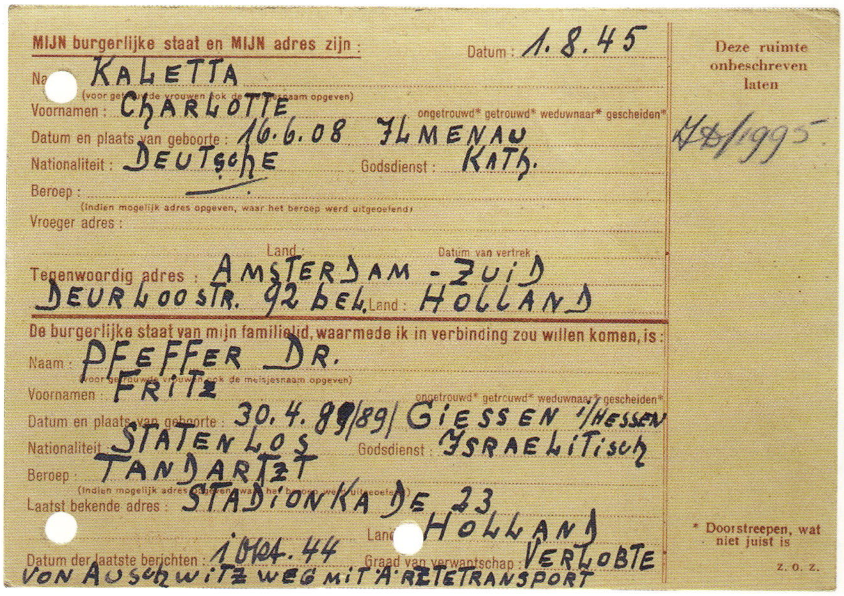

MIJN burgerlijke staat en MIJN adres zijn: Datum: 1.8.45
Naam: KALETTA
Voornamen: CHARLOTTE
Datum en plaats van geboorte: 16.6.08 ILMENAU
Nationaliteit: DEUTSCHE Godsdienst: KATH.
Beroep:
Vroeger adres:
Tegenwoordig adres: AMSTERDAM-ZUID DEURLOOSTR. 92 bel. Land: HOLLAND
De burgerlijke staat van mijn familielid, waarmede ik in verbinding zou willen komen, is:
Naam: PFEFFER DR.
Voornamen: FRITZ
Datum en plaats van geboorte: 30.4.89/89/ GIESSEN /HESSEN
Nationaliteit: STATENLOS Godsdienst: ISRAELITISCH
Beroep: TANDARTZT
Laatst bekende adres: STADIONKADE 23
Land: HOLLAND
Datum der laatste berichten: 10.04.44 Graad van verwantschap: VERLOBTE
VON AUSCHWITZ WEG MIT ÄRZTETRANSPORT
Deze ruimte onbeschreven laten
* Doorstreepen, wat niet juist is
z. o. z.

6

3

Häftlingen des Lagers Neuengamme verrichtet. Die systematische Demütigung und die Gewalt während der Arbeit sind unvorstellbar. Der wirtschaftliche Nutzen der Arbeit steht für die Nazis erst an zweiter Stelle. Ihr primäres Ziel ist die Vernichtung bestimmter Bevölkerungsgruppen. Häufig arbeiten die Häftlinge aus den verschiedenen Lagern in der Waffenindustrie. Die Leitung der Lager liegt in den Händen der SS.

Neuengamme, um 1941.

Von 1938 bis 1945 ist »Vernichtung durch Arbeit« Teil des Konzentrationslager-Systems der Nazis. Nach ihren Vorstellungen darf in Deutschland nur die sogenannte »arische Rasse« leben. Erst dann gäbe es ein »gesundes deutsches Volk«. Die Gruppen, die nicht dazugehören oder die sich gegen diese Ideen auflehnen, werden ausgestoßen, verfolgt und ermordet. Dazu zählen Juden, Roma und Sinti (»Zigeuner«), Behinderte, politische Gegner, Homosexuelle, Zeugen Jehovas und andere.

5 Die Krankenbaracke im Stammlager von Neuengamme, dem Ort, wo Fritz Pfeffer stirbt. In diesen Baracken liegen entkräftete, halb verhungerte Häftlinge mit verschiedenen Krankheiten durcheinander, auf Pritschen zusammengepfercht. Von medizinischer Versorgung kann keine Rede sein. Die Pfleger können nicht mehr tun als Kranke aufnehmen und die Toten aus der Baracke holen.

6 Mit dieser Karte holt Charlotte Kaletta als »Verlobte« Fritz Pfeffers eine Auskunft beim Roten Kreuz ein. Sie will wissen, was mit ihrem Lebenspartner geschehen ist. Die letzte Nachricht, die sie von ihm empfing, datiert vom 1. Oktober 1944. Wahrscheinlich hat sie von Otto Frank gehört, dass Fritz an diesem Tag mit einem »speziellen Ärztetransport mit 60 Doktoren von Auschwitz nach Danzig« überführt wurde, wie sie auf der Karte schreibt. Ende 1945 erfährt sie, dass ihr Verlobter nicht mehr lebt. Am 9. April 1953 geht sie postum die Ehe mit ihm ein.

Häftlings-
Toten-Nachweis
vom: 17.12.1944
bis: 19.1.1945.

Häftlg. Nr.	Name	Geburts-Dat.	Todes-Tag	Stunde	Todesursache
Belg. 58770	Mention, Jules	9.7.96.	20.12.44	5.00	Gehirnschlag (auf Block 18 verstorben)
Pole 46142	Lewandowski, Wojciech	21.4.05.	"	5.00	Sepsis nach Phlegmone li. u. Arm.
Russ. 41675	Ignatiew, Kiril	- 06.	"	5.20	Nierenentzündung
Holl. 49772	Schut, Albert	22.5.22.	"	5.30	Enterokolitis
Br. 26281	Maier, Ernst	16.7.05.	"	6.00	blut. Enteritis
Pole 46796	Skolski, Mieczyslaw	23.12.97.	"	6.00	Sepsis n. Phlegmone li. Hand.
" 55009	Derengowski, Jan	8.2.02.	"	6.30	Herzschwäche bei Erysipel
Fr. 61718	Bodart, Emil	9.4.94.	"	7.00	Herzschlag
Fr. 62756	Metivier, Bernard	7.7.25.	"	7.00	Eitrige Rippenfellentzündung
RD. 61803	Domanski, Albin	2.3.08.	"	7.30	Herzmuskelschwäche
Holl. 56504	Norman van d. Dussen Johannes	11.12.19.	"	7.40	Endocarditis bei Rheumatismus
Belg. 44651	Brenez, Jules	5.3.24.	"	7.50	Gastroenteritis
Pole 48197	Manosek, Edward	26.11.07.	"	8.00	Herzschlag
Holl. 49272	Tronchet, Gerrit	3.3.25	"	8.00	blut. Enteritis
Lette 60423	Miseniks, Antons	18.8.12	"	8.20	Sepsis n. Phlegmone
Holl. 49265	Malgo, Jan	2.9.97	"	8.20	Enterokolitis
RD. Jude 64971	Pfeffer, Fritz	30.4.89.	"	9.00	Enterokolitis
Holl. 48842	Dijkers, Petrus	7.12.16.	"	10.00	Herzmuskelschwäche
Russ. 41963	Nikiforov, Alexej	93.	"	6.00	Herzschlag (a. Block 18 verstorben)
Sch. 63657	Bleschke, Paul	8.1.98.	20.12.44	10.00	Cardiale Insufficienz.
Lette 38666	Jolesnieks Julian	16.7.02	20.12.44.	10.00	Herzschlag (a. Block 18 verstorben)
Fr. 62639	Gilles Henry	16.10.10	20.12.44	7.00	Lungenentzündg. (Transport Husum-Neuengamme)

2

4

5

Edith Frank steht die ersten Tage in Auschwitz-Birkenau »unter Quarantäne«, zusammen mit ihren Töchtern und den anderen neu angekommenen Frauen. Die 212 niederländischen Frauen aus dem Transport vom 3. September 1944 bekommen dort eine Nummer auf den Arm tätowiert: A-25060 bis A-25271. Nach der Quarantäne werden die meisten zu einem Arbeitskommando eingeteilt; vermutlich auch Edith, Margot und Anne. Sie werden in einer Baracke mit vielen anderen niederländischen Frauen untergebracht. Überlebende berichten später, dass die Beziehung zwischen Mutter und Töchtern sehr eng ist. Offenbar gehören die Reibereien zwischen Anne und Edith der Vergangenheit an. Als Ende Oktober ein großer Teil der Niederländerinnen in ein Arbeitslager in Liebau (Oberschlesien) gebracht wird, bleibt Edith bei ihren kranken Töchtern zurück. Einige Tage später findet erneut eine Selektion statt. Margot und Anne werden nun auf Transport nach Bergen-Belsen geschickt, und Edith muss von ihren Töchtern Abschied nehmen. Ende November muss Edith in die Krankenbaracke. Sie stirbt dort am 6. Januar 1945 im Alter von 44 Jahren.

Edith Frank-Holländer

1 Karteikarte von Edith Frank aus der Verwaltung des Jüdischen Rates in Westerbork.

»Ich sprach mit Frau Frank, die bei Margot war; Anne war irgendwo anders, sie hatte Krätze und musste isoliert werden. Anne konnte also nicht mit unserer Gruppe mit, und Frau Frank sagte: ›Und wir gehen natürlich mit ihr mit.‹ Margot wiederholte das noch einmal.« (Bloeme Evers-Emden)

»Ich war mit Anne und Margot im Krätzeblock. Unsere Mütter stibitzten Essen, wo es nur ging, um uns zu ernähren. Sie hatten ein Loch unter der Baracke durch gegraben, das ging, überall war Sandboden, und die Baracken waren aus Holz. Dann riefen sie. Und dann holte ich das Essen, ein Stück Brot oder ein Stück Fleisch oder Wurst, und das teilten wir dann miteinander.« (Ronnie Goldstein-van Cleef)

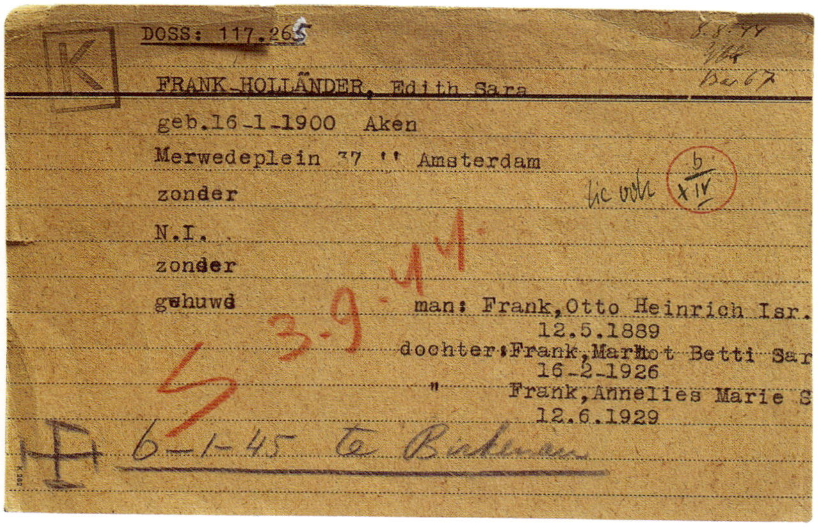
K
DOSS: 117.265
8.8.44
Bar 67
FRANK-HOLLÄNDER, Edith Sara
geb.16-1-1900 Aken
Merwedeplein 37 '' Amsterdam
zonder
N.I.
zonder
gehuwd man: Frank,Otto Heinrich Isr.
12.5.1889
dochter:Frank,Margot Betti Sar
16-2-1926
" Frank,Annelies Marie S
12.6.1929
3-9-44
6-1-45 te Birkenau

1

3

2

5

Ungarische Jüdinnen bei einem Appell, Mai 1944. Jeden Morgen um halb vier müssen alle Häftlinge aufstehen und sich draußen auf dem »Appellplatz« in Fünferreihen aufstellen, um sich zählen zu lassen. Das dauert oft stundenlang; danach muss ein großer Teil von ihnen zur Arbeit. So verrichten am 2. Oktober 1944 11.506 von den 26.230 registrierten Häftlingen im Frauenlager Zwangsarbeit. Die anderen warten auf den Transport in ein anderes Lager, befinden sich in Quarantäne oder sind krank.

»Immer wieder Selektion ... Edith, eine gute Bekannte von mir, ist auch bei mir, sie musste zwei Töchter hergeben, 15 und 18 Jahre. Wir trösten einander und werden Freundinnen, wir bereiten uns auf das Schlimmste vor.« (Rosa de Winter, 1945)

Auschwitz-Birkenau kurz nach der Befreiung, Anfang 1945. Eine Aufnahme der sowjetischen Armee.

4 »Aan de gaskamer ontsnapt« (Der Gaskammer entronnen) heißt das Buch, das Rosa de Winter Ende 1945 über ihre Erfahrungen in Auschwitz schreibt. Darin berichtet sie von ihrer Bekanntschaft mit Edith Frank. In Auschwitz-Birkenau, Lager B-II-B Block 29, freundet sich Edith Frank mit Rosa de Winter an. Anfang November 1944 werden sie in das A-Lager, Block 4a, verlegt. Dort brauchen sie vorläufig nicht zu arbeiten.

5 Auschwitz-Birkenau 1945.

Einige Wochen später werden Edith Frank und Rosa de Winter wieder verlegt. *»Edith und ich sind immer zusammen ... Edith wird krank, hat hohes Fieber. Ich will, dass sie zur Ambulanz geht. Aber die Angst, vergast zu werden, ist groß, denn jede Woche kommt Dr. Mengele in die Krankenbaracke, um die Frauen auszusuchen, die in seinen Augen zu mager sind, um weiterzuleben. Trotz allem bringe ich Edith dorthin. Sie hat 41 Grad Fieber und wird sofort in das Revier (die Krankenbaracke) aufgenommen.«* Das ist Ende November. Kurz darauf wird Rosa selbst auch so krank, dass sie in eine andere Krankenbaracke kommt. Anfang Januar 1945 ist es vierzig Grad unter Null. Edith stirbt in der bitteren Kälte am 6. Januar. Rosa überlebt in der Krankenbaracke, wo sie am 27. Januar 1945 von den Russen befreit wird. Auf der Heimreise in die Niederlande trifft sie Otto Frank, dem sie berichtet, dass seine Frau nicht mehr lebt.

»Eines Morgens kommen neue Patienten herein. Plötzlich erkenne ich Edith, sie kommt aus einer anderen Krankenabteilung. Sie ist nur noch ein Schatten. Wenige Tage später stirbt sie, völlig entkräftet.« (Rosa de Winter)

4

Margot Frank ist in Auschwitz zuerst mit ihrer Mutter und ihrer Schwester zusammen. Ende Oktober 1944 nähert sich die rote Armee dem in Polen gelegenen Lager. Die Nazis bringen so viele Häftlinge wie möglich nach Deutschland zurück, vor allem jene, die noch arbeitsfähig sind. Margot und Anne Frank werden für einen Transport nach Bergen-Belsen ausgesucht. Wahrscheinlich fahren sie am 28. Oktober 1944, zusammen mit 1306 anderen Frauen, in überfüllten Viehwaggons nach Bergen-Belsen. Es könnte auch der 1. November gewesen sein, in einem Evakuierungstransport mit 634 Frauen. Eine Bahnfahrt von vier Tagen, wieder in einem voll gepfropften Zug, kaum etwas zu essen und zu trinken. Vom Bahnhof Celle aus müssen die Häftlinge noch viele Kilometer bis zum Lager laufen. Bergen-Belsen ist bereits überfüllt, als die Häftlinge aus Auschwitz dort ankommen. Die Verhältnisse sind entsetzlich, es fehlt an allem, und es grassieren ansteckende Krankheiten. Einige Monate später, im März 1945, stirbt Margot Frank in Bergen-Belsen an Typhus und an den Entbehrungen. Sie ist gerade neunzehn geworden. Ihr genaues Todesdatum ist nicht bekannt.

Margot Frank

1 Karteikarte von Margot Frank aus der Verwaltung des Jüdischen Rates in Westerbork.

2 Die ersten Tage in Bergen-Belsen werden Margot und Anne in Zelten untergebracht. Im August 1944 war das Lager Bergen-Belsen bereits so voll, dass ein zusätzliches Zeltlager für Häftlinge aus anderen, geräumten Konzentrationslagern errichtet wurde. Im November 1944 fegt so ein Sturm über die Lüneburger Heide, dass alle Zelte zusammenfallen. Anne und Margot werden mit den anderen Frauen in einem anderen Teil des Lagers untergebracht. Dieses Foto wurde von der britischen Armee aufgenommen, direkt nach der Befreiung des Lagers am 15. April 1945.

»Die beiden Frank-Mädchen waren unzertrennlich, wie meine Schwester und ich. In Bergen-Belsen sind wir ihnen wieder begegnet. Sie wollten zuerst nicht in den Zelten

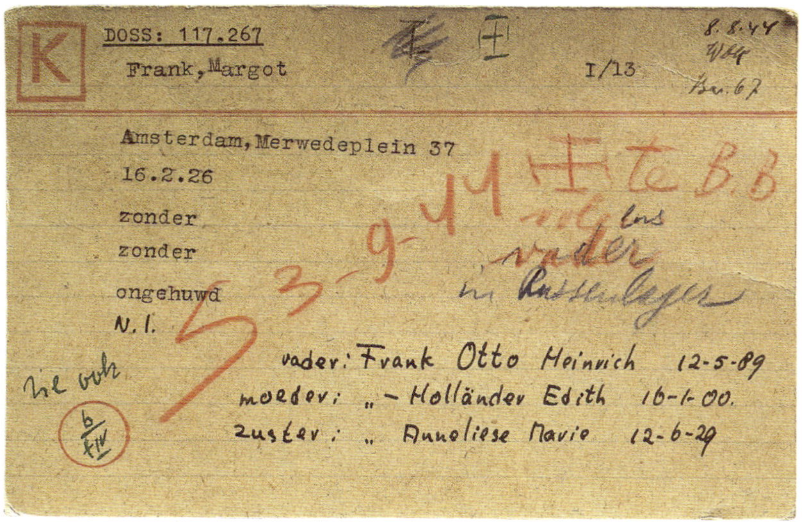
K
DOSS: 117.267
Frank, Margot
I/13
Amsterdam, Merwedeplein 37
16.2.26
zonder
zonder
ongehuwd
N. I.
vader: Frank Otto Heinrich 12-5-89
moeder: „ – Holländer Edith 16-1-00.
zuster: „ Anneliese Marie 12-6-29

1

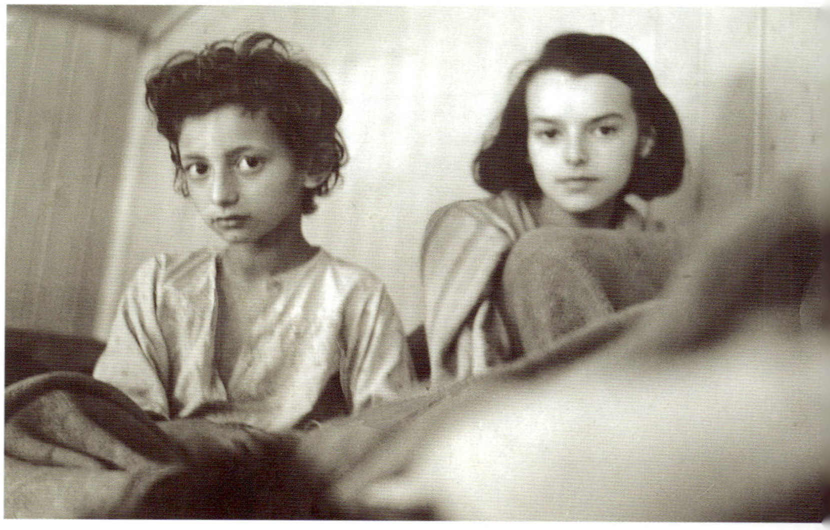

3

2

schlafen. In diesen Zelten war es schmutzig, und es stank.« (Lientje Brilleslijper, die ebenfalls nach der Räumung von Auschwitz nach Bergen-Belsen transportiert worden war)

Zwei Patientinnen, die an Typhus leiden, in der Krankenbaracke von Bergen-Belsen, 20. April 1945. Auch nach der Befreiung sterben noch viele im Lager.

In den Monaten Oktober und November 1944 kommen achttausend Frauen aus Auschwitz-Birkenau in Bergen-Belsen an. Im gesamten Lager leben bei der Befreiung noch ungefähr sechsundfünfzigtausend hungernde und kranke Menschen. Zehntausend Tote sind zu diesem Zeitpunkt noch nicht begraben. Insgesamt starben in diesem Lager achtzigtausend Menschen.

»In der Baracke traf ich Anne und ihre Schwester Margot wieder. Die Frank-Mädchen waren fast nicht wiederzuerkennen, weil man ihnen die Haare abgeschnitten hatte. Und sie froren, wie wir alle. Es war Winter, und man hatte keine Kleidung. Sie hatten die ungünstigsten Plätze in der Baracke, unten neben der Tür, die ständig auf und zu ging. Man hörte sie immerfort rufen: ›Tür zu, Tür zu‹, und diese Rufe wurden jeden Tag ein wenig schwächer. Man sah sie wirklich sterben.« (Rachel van Amerongen-Frankfoorder)

4

Bei der Selektion auf der Rampe von Auschwitz entgeht Anne Frank den Gaskammern. Zusammen mit Margot, Edith und den anderen Neuankömmlingen wird sie zuerst »unter Quarantäne« gestellt. Danach werden die Häftlinge meist einem Arbeitskommando zugewiesen. Gelegenheit, sich von der Arbeit zu erholen, gibt es nicht. Die Baracken sind mit Pritschen und Menschen voll gepfropft. Durch das endlose Antreten zum Appell sind die Häftlinge zu Tode erschöpft. Nach einigen Wochen wird Anne krank. Sie wird mit Margot in eine Krankenbaracke verlegt. Das Risiko, von dort aus in die Gaskammer geschickt zu werden, ist sehr groß. Ende Oktober oder Anfang November 1944 werden die Frank-Schwestern in das Lager Bergen-Belsen transportiert. Ihre Mutter Edith bleibt zurück. Von der organisierten Tötungsfabrik Auschwitz kommen sie in ein großes, unübersichtliches und chaotisches Lager. Durst und Hunger herrschen in Bergen-Belsen. Es gibt keine sanitären Anlagen. Epidemien fordern Tausende von Opfern. Anne lebt noch gut vier Monate in Bergen-Belsen, bis sie dem Typhus und den Entbehrungen erliegt. Im März 1945, wenige Wochen vor der Befreiung des Lagers und ein paar Tage nach Margot, stirbt sie im Alter von fünfzehn Jahren. Das genaue Datum ist nicht bekannt.

Anne Frank

1 Karteikarte von Anne Frank aus der Verwaltung des Jüdischen Rates in Westerbork.

»Vielleicht war Auschwitz schlimmer, was die Zahl der Toten angeht, aber dort sah man es weniger. Hier in Belsen spürte man die Toten. Und es war näher an zu Hause, dicht bei Holland. Hier sah ich Anne Frank krank und mit Typhus. Man sah es am Aussehen, an den Augen.«
(Rachel van Amerongen-Frankfoorder)

2 Bergen-Belsen, 1945. In manchen Baracken, die für 100 Häftlinge vorgesehen waren, zählen die Briten bei der Befreiung zwischen 600 und 1000 Menschen. Das Lager Bergen-Belsen ist ursprünglich ein deutsches Militärlager, das von 1940 an für französische, belgische und später auch für sowjetische Kriegsgefangene benutzt wird. In diesem Lager sterben dreißigtausend russische Gefangene. Von April 1943 an werden dort

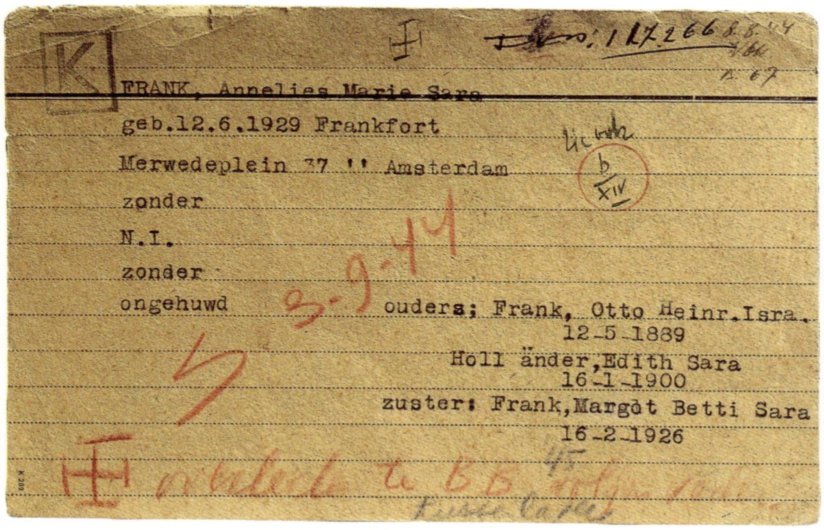
K
FRANK, Annelies Marie Sara
geb.12.6.1929 Frankfort
Merwedeplein 37 '' Amsterdam
zonder
N.I.
zonder
ongehuwd 3-9-44 ouders; Frank, Otto Heinr.Isra.
12-5-1889
Holl änder,Edith Sara
16-1-1900
zuster: Frank,Margot Betti Sara
16-2-1926

1

3

4

2

2

auch sogenannte »Austauschjuden« gefangen gehalten: Gefangene, die die Nazis gegen Deutsche austauschen könnten. Sie befinden sich im sogenannten »Sternlager«. Als heftige Sturmböen die Zelte im November 1944 umwehen, werden die Gefangenen im »Sternlager« noch enger zusammengepfercht. Quer durch das Lager wird eine Absperrung aus Stacheldraht mit Stroh dazwischen errichtet, so dass die verschiedenen Häftlingsgruppen einander nicht sehen können. In vier leeren Baracken auf der anderen Seite des Stacheldrahts werden die Frauen aus dem Zeltlager untergebracht, unter ihnen auch Anne und Margot Frank.

Hannah Goslar, eine Freundin Annes aus der Zeit vor dem Untertauchen, auf einem Foto von 1996. Hannah befindet sich von Februar 1944 an im »Sternlager«. Dort hört sie eines Tages, dass Anne Frank unter den Frauen im Zeltlager ist. *»Ich ging also zum Stacheldraht. Das war verboten, und vom Turm aus hielten die Deutschen Wache. Als es dunkel wurde, ging ich dorthin und begann zu rufen. Ich bekam Antwort von Frau van Pels. Sie sagte sofort zu mir: Du bist wegen Anne da. Sie ging Anne holen, Margot war schon sehr krank.«* Es ist noch vor dem 25. Februar, dem Tag, als Hannahs Vater in dem Lager stirbt. Kurz vor der Begegnung erhält Hannah über das Rote Kreuz ein Päckchen. Daraus macht sie ein Päckchen für Anne.

»Alle meine Freundinnen gaben auch noch etwas, einen Handschuh, ein Stückchen Brot, und ich warf das Päckchen über den Stacheldraht. Plötzlich hörte ich einen Schrei, und dann stellte sich heraus, dass eine Frau neben Anne das Päckchen aufgefangen hatte und nicht zurückgeben wollte. Da bin ich noch einmal hingegangen, und beim zweiten Mal fing sie das Paket auf. Das war das letzte Mal, dass ich mit ihr gesprochen habe.« (Hannah Goslar)

4 Bergen-Belsen direkt nach der Befreiung. Hannah Goslar: *»Anne dachte, ihre Eltern seien tot. Ich denke immer, wenn Anne nun gewusst hätte, dass ihr Vater noch lebte, hätte sie mehr Kraft gehabt, um noch zu überleben.«*

Auf der Rampe von Auschwitz wird Gusti van Pels von ihrem Mann und ihrem Sohn getrennt. Wahrscheinlich verliert sie auch bald darauf den Kontakt zu Edith, Anne und Margot. Die vielen Tausende von Häftlingen sind über verschiedene Lager aufgeteilt, die durch Stacheldraht voneinander getrennt sind. Es ist nicht bekannt, in welchen Baracken Gusti untergebracht ist und in welchem Kommando sie in Auschwitz arbeiten muss. Am 26. November 1944 wird sie nach Bergen-Belsen überführt. Hier sieht sie Margot und Anne Frank wieder. Sie bringt die Begegnung zwischen Anne und Hannah Goslar zuwege. Am 6. Februar 1945 muss Gusti wieder auf Transport, zu dem Kommando Raguhn, einem Außenkommando des Konzentrationslagers Buchenwald. Wahrscheinlich arbeitet sie dort, bis Raguhn geräumt wird und die Gefangenen nach Theresienstadt gebracht werden. Auguste van Pels stirbt unterwegs oder nach der Ankunft in Theresienstadt, im April oder Mai 1945, im Alter von 44 Jahren.

Auguste van Pels

1 Karteikarte von Auguste van Pels aus der Verwaltung des Jüdischen Rates in Westerbork.

2 Die Registrierungskarte von Auguste van Pels-Röttgen aus dem Westerborker Melderegister. Das Datum der Ankunft im Lager Westerbork am 8. August 1944 ist getippt. Der Stempel mit dem Deportationsdatum, »3. Sept. 1944 Ausland«, ist gut zu sehen. Auf der Rückseite der Karte hat ein Mitarbeiter des Roten Kreuzes notiert, in welche Konzentrationslager in Polen und Deutschland Auguste van Pels verschleppt wurde.

3 Transport von Häftlingen nach Theresienstadt, 1942. Am 12. Februar 1945 kommt eine kleine Gruppe Frauen, darunter Rachel van Amerongen, im Außenkommando Raguhn an. Sie sind, wie Auguste van Pels, in Bergen-Belsen zur Sklavenarbeit ausgesucht worden. Raguhn liegt direkt bei Halle, im Osten Deutschlands. Dort

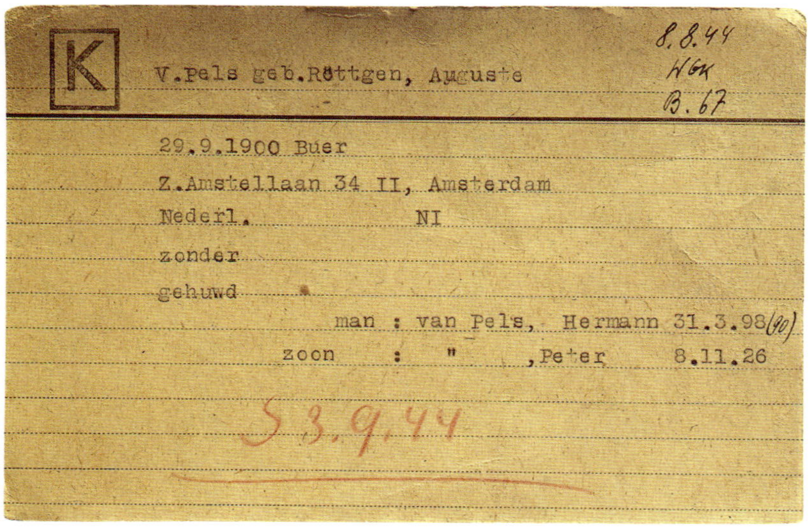

K

V.Pels geb.Röttgen, Auguste — 8.8.44 / HGK / B.67

29.9.1900 Buer

Z.Amstellaan 34 II, Amsterdam

Nederl. NI

zonder

gehuwd

man : van Pels, Hermann 31.3.98(40)

zoon : " ,Peter 8.11.26

S 3.9.44

1

3

5

befindet sich eine Flugzeugfabrik. An Auguste van Pels kann Rachel sich nicht erinnern. Rachel muss mit neun Polinnen in einem Keller Kartoffeln schälen. Durch diese Arbeit kommt sie wieder ein wenig zu Kräften. *»Bis auch das ein Ende hatte und wir wieder auf Transport geschickt wurden.«* (Rachel van Amerongen-Frankfoorder)

»Wir standen kurz davor, befreit zu werden, und das versuchten sie zu verhindern. Keiner wusste, wohin wir gebracht wurden. Es war ein schrecklicher Transport, weil viele es nicht mehr schafften, jedesmal wieder aus dem Viehwagen zu gehen, um ihre Notdurft zu verrichten. Noch schlimmer war, dass es Frauen gab, die nicht mehr die Kraft hatten, wieder in die Waggons zu klettern. Sie blieben zurück und waren rettungslos verloren.« (Rachel van Amerongen-Frankfoorder)

4 Eine Baracke in Theresienstadt, unweit von Prag. Theresienstadt gilt anfangs als ein »gutes« Lager. Deutsche Juden, die im Ersten Weltkrieg gekämpft haben, sind »privilegiert« und werden in dieses Lager geschickt. Auch viele Menschen, die anfangs von der Deportation verschont bleiben, werden hierher gebracht. Nach außen hin versuchen die Nazis, aus Theresienstadt ein »Musterlager« zu machen, ein organisiertes »Ghetto« mit Schule, Familienleben, Arbeit und Erholung. Sie führen internationale Beobachter durch dieses Lager, um sie von den Vernichtungslagern in Polen abzulenken. Theresienstadt wird von 1942 an wie Westerbork ein Durchgangslager, mit vielen Transporten nach Auschwitz.

5 Dachau, Mai 1945. Wie bei so vielen Opfern sind Sterbedatum und -ort von Auguste van Pels nicht genau bekannt. Sie stirbt irgendwo in Deutschland oder in der Tschechoslowakei zwischen dem 9. April und dem 8. Mai 1945.

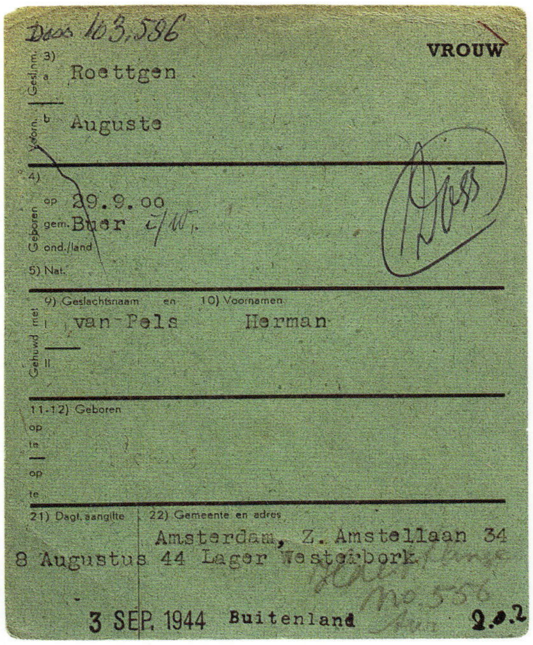

Doss 103.586

VROUW

3) a Geslnm. Roettgen

b Voorn. Auguste

4) Geboren op 29.9.00

gem. Buer i/W.

ond./land

5) Nat.

Doss

Gehuwd met 9) Geslachtsnaam en 10) Voornamen

I van Pels Herman

II

11-12) Geboren

op

te

op

te

21) Dagt. aangilte | 22) Gemeente en adres

Amsterdam, Z. Amstellaan 34

8 Augustus 44 Lager Westerbork

no. 556

3 SEP. 1944 Buitenland 2.0.2

2

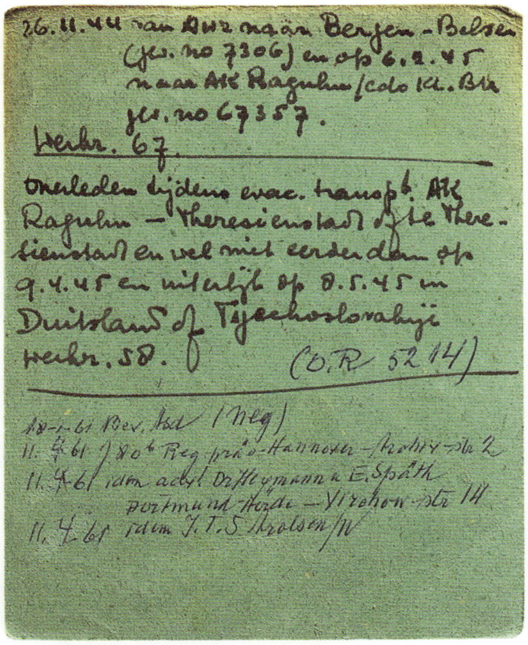

26.11.44 van Awz naar Bergen-Belsen (gev. no 7306) en op 6.2.45 naar AK Raguhn / cdo Kl. Bu gev. no 67357.

Herkr. 67.

Overleden tijdens evac. transp. AK Raguhn – Theresienstadt of te Theresienstadt en wel niet eerder dan op 9.4.45 en uiterlijk op 8.5.45 in Duitsland of Tsjechoslovakije

Herkr. 58. (O.R. 5214)

18-1-61 Bev. Ast (Neg)

11.4.61 [illegible]

11.4.61 [illegible]

11.4.61 idem J.T.S. Arolsen/W

2

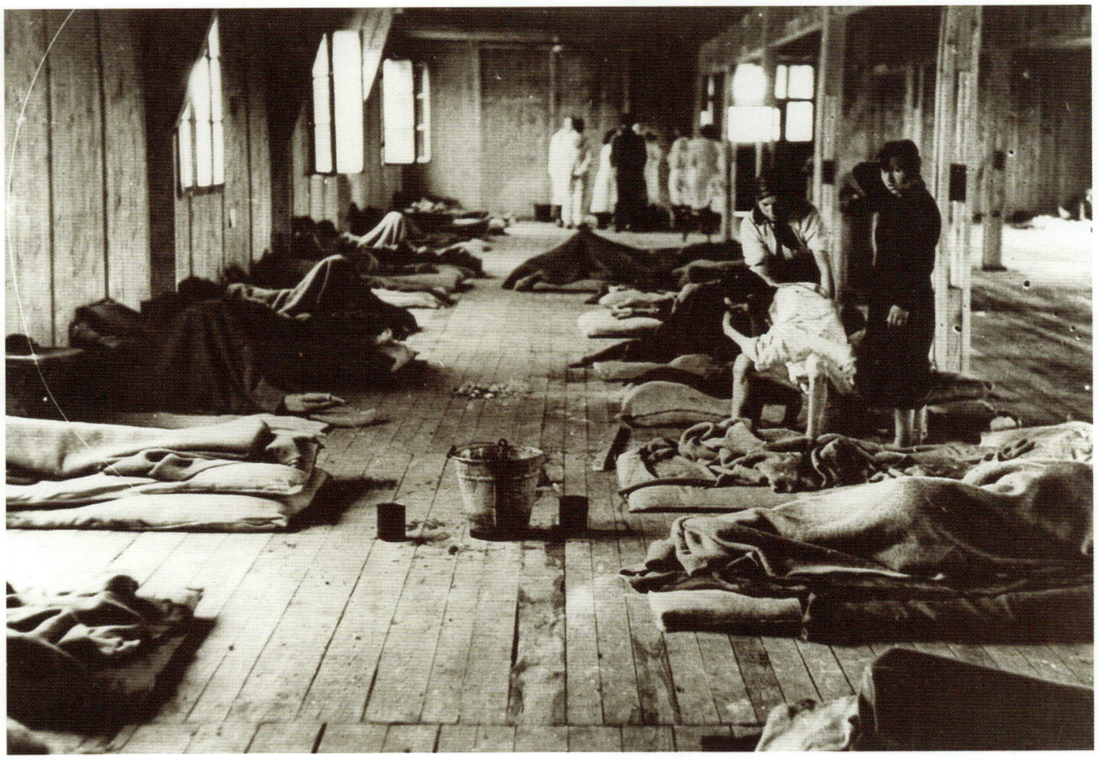

4

Peter van Pels bleibt in Auschwitz wahrscheinlich noch einige Wochen mit seinem Vater zusammen. Im Oktober oder November 1944 sieht er, wie sein Vater in die Gaskammer gebracht wird. Peter arbeitet in der Postabteilung, eine weniger anstrengende Tätigkeit als die Arbeit im Außenkommando. Durch seinen Posten findet er manchmal zusätzliche Nahrungsmittel, die er mit Otto Frank und anderen Häftlingen teilt. Um den 20. Januar 1945 rückt die Rote Armee so nahe an Auschwitz heran, dass die SS die Flucht ergreift. Im November haben sie die Gaskammern demontiert, nun versuchen sie, das Lagerarchiv zu vernichten, und sie nehmen die Häftlinge auf ihrer Flucht mit. Bei diesen »Evakuierungen«, meist zu Fuß, sterben sehr viele Menschen. Die genaue Strecke von Peter van Pels ist nicht bekannt. Wahrscheinlich wurde er noch mit dem Zug oder einem Lastwagen transportiert, denn er kommt am 25. Januar 1945 in Mauthausen an. Dort stirbt er am 5. Mai 1945, dem Tag der Befreiung des Lagers, im Alter von achtzehn Jahren.

Peter van Pels

1 Karteikarte von Peter van Pels aus der Verwaltung des Jüdischen Rates in Westerbork.

2 Häftlinge aus Dachau auf einem »Todesmarsch«, 1945.

In Auschwitz begegnet Peter van Pels Max Stoppelman. Max ist dort Blockältester. Peter kennt Stoppelmans Mutter und berichtet ihm, dass sie in den Niederlanden an einem sicheren Ort untergetaucht ist. Max nimmt Peter unter seinen Schutz. *»Er erzählte mir, dass er von Jan und Miep Gies wusste, dass bei meiner Mutter noch alles in Ordnung war. Ich sagte ihm, er solle sich möglichst in meiner Nähe aufhalten, ich würde versuchen, ihn durchzubringen. Am 17. Januar 1945 wurde ich auf Transport geschickt, Peter war nicht zu finden. Wahrscheinlich war er bereits mit einem anderen Transport weg.«*

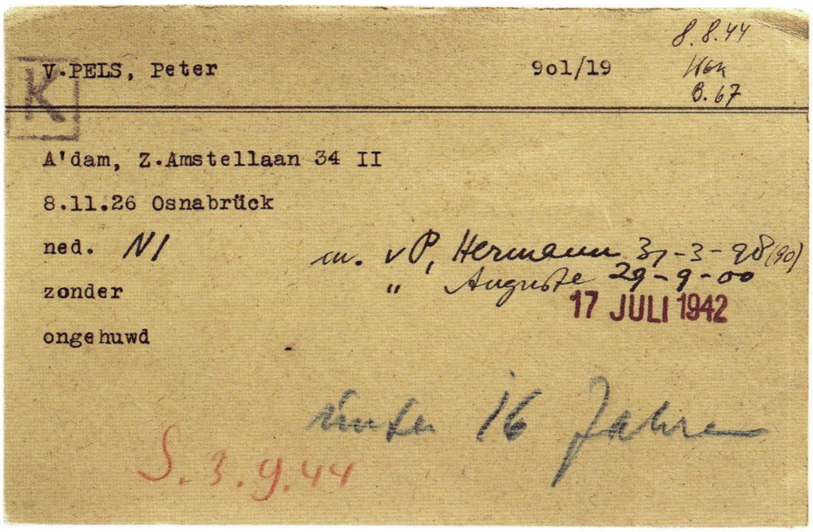

K V.PELS, Peter 901/19 8.8.44 Hev B.67

A'dam, Z.Amstellaan 34 II

8.11.26 Osnabrück

ned. NI m. v P, Hermann 31-3-98 (90)

zonder " Auguste 29-9-00

17 JULI 1942

ongehuwd

unter 16 Jahren

S. 3.9.44

1

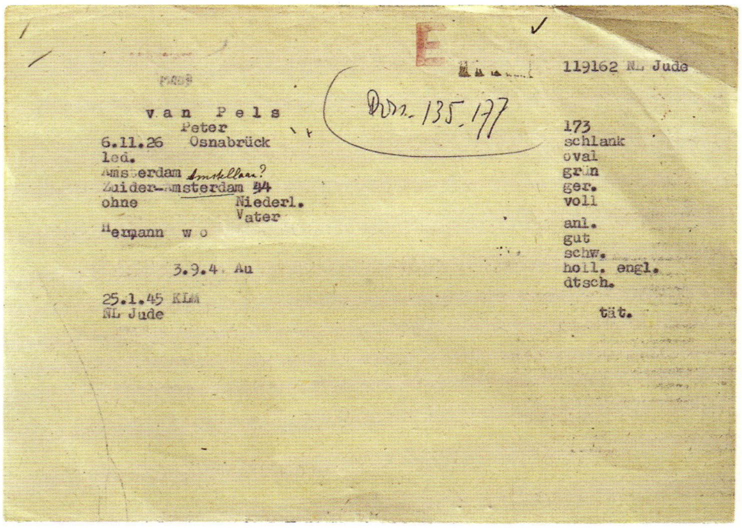

E 119162 NL Jude

Dos. 135.177

van Pels
Peter
6.11.26 Osnabrück
led.
Amsterdam Amstellaan?
Zuider-Amsterdam 34
ohne Niederl.
Vater
Hermann w o

3.9.4 Au

25.1.45 KLM
NL Jude

173
schlank
oval
grün
ger.
voll
anl.
gut
schw.
holl. engl.
dtsch.
tät.

3

4

5

2

Nach Entbehrungen unterwegs kommt Peter am 25. Januar 1945 in cem berüchtigten Konzentrations- und Vernichtungslager Mauthausen an. Dort spannt ein Schreiber zwei Bögen für die Registrierung in die Maschine. Auf dem oberen, vorgedruckten Formular stehen alle Kategorien. Daran kann ein Aufseher ablesen, wie der Häftling zur (Sklaven)arbeit eingesetzt werden kann. Oben rechts steht die Nummer des Häftlings: 119162 und NL (=Niederländischer) Jude. Darunter stehen die körperlichen Merkmale von Peter: Größe: 173. Figur: schlank. Gesicht: oval. Augen: grün. Nase: gerade. Mund: voll. Ohren: anliegend. Zähne: gut. Haare: schwarz. Sprachen: Holländisch, Englisch, Deutsch. Besondere Kennzeichen: Tätowierung.

Als Durchschlagpapier für die Verwaltung von Mauthausen benutzt der Schreiber ein altes Formular von Mauthausen aus dem Jahr 1943. Auf der Rückseite steht der Beruf, den Peter angibt: »Tischler«. Ein Stempel gibt das Ankunftsdatum an: 25. Januar 1945. Bis zum 29. Januar bleibt Peter in Mauthausen in Quarantäne. Vom 29. Januar bis zum 11. April arbeitet er in Melk, wo sich ein Außenkommando von Mauthausen befindet, das den Tarnnamen »Quarz« trägt. Das bedeutet schwere Arbeit in den Steinbrüchen, auf dem Bau, in unterirdischen Munitions- und Raketenfabriken und dergleichen. Mitte April 1945 wird Melk geräumt, und die Häftlinge müssen wieder in das Hauptlager Mauthausen zurück. Peter kommt dann in die Krankenbaracke von Mauthausen.

5 Häftlinge in einer Baracke von Mauthausen, 6. Mai 1945. Das Lager Mauthausen in Österreich wurde bei einem Granitsteinbruch errichtet. 1938 ist es bereits fertig. Die Nazis wenden auch in diesem Lager das Prinzip »Vernichtung durch Arbeit« an. Durch Schwerstarbeit unter den denkbar schlechtesten Bedingungen in den Steinbrüchen ermorden sie Schätzungen zufolge mehr als hunderttausend Häftlinge. Unter ihnen sind Polen, Tschechen, russische Kriegsgefangene, spanische Republikaner, holländische Juden, Sinti und Roma (»Zigeuner«) sowie französische, belgische, jugoslawische und österreichische Kommunisten. Peter van Pels hat hier die letzten zwei Monate vor seinem Tod bis zur Erschöpfung gearbeitet.

6 Am 5. Mai 1945 befreit die amerikanische Armee Mauthausen. Diese jungen Häftlinge werden in einem Feldlazarett untergebracht, damit sie wieder zu Kräften kommen.

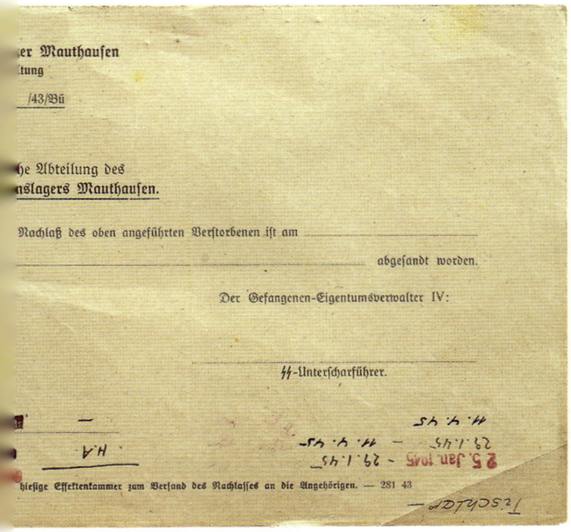

...er Mauthausen
...tung
.../43/Bü

...he Abteilung des
...nslagers Mauthausen.

Nachlaß des oben angeführten Verstorbenen ist am ...
... abgesandt worden.

Der Gefangenen-Eigentumsverwalter IV:

SS-Unterscharführer.

25. Jan. 1945

... hiesige Effektenkammer zum Versand des Nachlasses an die Angehörigen. — 281 43

6

Otto Frank ist der einzige der acht Untergetauchten aus dem Hinterhaus, der die Odyssee durch die Lager überlebt. Er kann sich das selbst auch nicht erklären. »Ich hatte viel Glück, und viele Freunde«, schreibt er dazu an seine Mutter. Nachdem Otto mehrere Monate Schwerarbeit in einem Außenkommando von Auschwitz durchgestanden hat, ist er eines Tages erschöpft. Dank der Vermittlung eines Arztes kommt er in die Krankenbaracke. Von medizinischer Versorgung kann dort keine Rede sein, aber er braucht wenigstens nicht mehr zu arbeiten. Peter van Pels kommt jeden Tag zu Otto Frank und sorgt für ihn. Er besucht Otto auch kurz vor der Liquidation von Auschwitz, um den 20. Januar 1945, und drängt darauf, dass Otto mitkommt. Dieser hat jedoch nicht mehr die Kraft dazu. Gerade das wird seine Rettung.
Am 27. Januar 1945 befreit die Rote Armee das Lager. Otto ist einer der 7650 zurückgebliebenen Häftlinge. Nach monatelanger Irrfahrt kehrt er im Juni 1945 in die Niederlande zurück.

Otto Frank

1 Karteikarte von Otto Frank aus der Verwaltung des Jüdischen Rates in Westerbork. »Zurück!« hat ein Mitarbeiter des Roten Kreuzes später darauf vermerkt. An dem Ausrufezeichen ist zu sehen, wie außergewöhnlich dies ist. Aus den Lagern im Osten kehren nur 5200 Menschen zurück.

2 Sal und Rose Deliema mit Otto Frank in Amsterdam, 1967.

Sally Deliema freundet sich in Auschwitz mit Otto Frank an und berichtet später: »*Otto Frank bat mich, ihn Papa zu nennen. Er wusste, ich hatte niemanden mehr, und ich wusste, er hatte niemanden mehr. Darum unterstützten wir uns gegenseitig. Papa Frank und ich … wir sprachen über Beethoven, und natürlich hatten wir den Kopf voll mit anderen Dingen, aber wir machten das trotzdem. Manchmal sangen wir etwas füreinander,*

Terug!

FRANK, Otto Heinrich Isr.

12-5-1889 Frankfort

Merwedeplein 37 II Amsterdam

zonder

N.I.

koopman

gehuwd vrouw: Holländer, Edith Sara
geb. 16-1-1900
dochter: Frank, Margot Betti Sara
geb. 16.2.1926
" Frank, Annelies Marie Sar
12.6.1929

1

2

3

und wir unterhielten uns über Rembrandt und ähnliche Themen, nur, um uns von dem abzulenken, was dort geschah.« Otto wird jedoch krank und fürchtet um sein Leben.

»Der Arzt kam zu mir in die Baracke. Er hat gesagt: ›Steh auf und komme morgen früh an die Krankenbaracke. Ich werde mit dem deutschen Arzt sprechen, dass du aufgenommen wirst.‹ Und so ist es gekommen und dadurch bin ich gerettet worden.« (Otto Frank)

Befreite Häftlinge vor der Krankenbaracke von Auschwitz. Das Paradoxe ist, dass Otto Frank überlebt, gerade weil er so geschwächt ist. Darum bleibt er in der Krankenbaracke, darum geht er bei der Räumung des Lagers nicht mit. Die SS-Aufseher haben sicherlich geplant, die zurückgebliebenen Häftlinge zu töten, aber dazu kommt es nicht mehr, weil sie vor den Russen fliehen. Otto Frank wiegt bei der Befreiung von Auschwitz nur noch 52 Kilo.

4 In dieser Tasche bewahrt Otto Frank die einzigen Dinge auf, die er aus Auschwitz mitnimmt: eine Nadel mit ein paar Fäden, ein paar Papiere. *»Normale menschliche Beziehungen kann ich mir kaum noch vorstellen. Hier bin ich ein Bettler, und so sehe ich auch aus«*, schreibt er am 18. März 1945 aus Katowice an seine Mutter.

5 Auf der Rückreise, die lange dauert, weil überall Chaos herrscht, führt Otto dieses Notizbuch.

6 Carte de Rapatrié, ein Reisedokument, das Otto Frank für seine Rückkehr benötigte. Am 3. Juni 1945, gut vier Monate nach seiner Befreiung, kommt er in Amsterdam an.

7 Am 7. Juli 1945 schreibt Otto an seine Großnichte Milly Stanfield: *»Die Tatsache, dass Edith tot ist, muss ich akzeptieren, aber ich hoffe noch immer, meine Kinder zu finden. Das ist alles, wofür ich in diesem Moment lebe. Ich schwanke zwischen Hoffnung und Furcht …«*
Am 21. Juli schreibt er an seine Mutter und seine Brüder, dass er von Margots und Annes Tod in Bergen-Belsen erfahren hat. *»Jeden Tag fragte ich andere Menschen nach den Mädchen. Ich sprach mit vielen Leuten, die ihnen im Januar oder Februar in Bergen-Belsen begegnet waren, aber danach verliert sich ihre Spur. Nun weiß ich die ganze Wahrheit.«* (Otto Frank an Milly Stanfield, 27. Juli 1945)

»Unsere Freunde hier konnten einige Fotos und Annes Tagebuch retten. Ich hielt es in den Händen, konnte es aber noch nicht lesen.« (Otto Frank an Milly Stanfield, 26. August 1945)

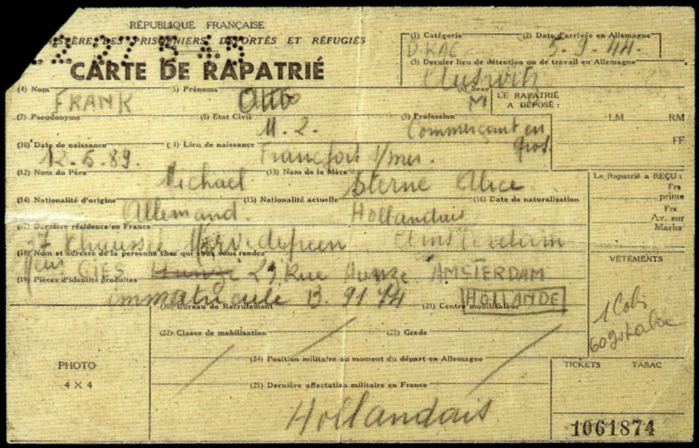
RÉPUBLIQUE FRANÇAISE
[MINI]STÈRE DES PRISONNIERS DÉPORTÉS ET RÉFUGIÉS
CARTE DE RAPATRIÉ

(1) Catégorie: D.KAC — (2) Date d'arrivée en Allemagne: 5.9.44.
(3) Dernier lieu de détention ou de travail en Allemagne: Auswitz
(4) Nom: FRANK — (5) Prénoms: Otto — (6) Sexe: M
(7) Pseudonyme — (8) Etat Civil: M. 2. — (9) Profession: Commerçant en gros
(10) Date de naissance: 12.5.89. — (11) Lieu de naissance: Francfort s/m.
(12) Nom du Père: Michael — (13) Nom de la Mère: Sterne Alice
(14) Nationalité d'origine: Allemand. — (15) Nationalité actuelle: Hollandais — (16) Date de naturalisation
(17) Dernière résidence en France: [illegible]
(18) Nom et adresse de la personne chez qui vous vous rendez: [illegible] GIES [illegible] 2? Rue [illegible] AMSTERDAM
(19) Pièces d'identité produites: immatriculé [illegible] — HOLLANDE
(20) Bureau de Recrutement — (21) Centre mobilisateur
(22) Classe de mobilisation — (23) Grade
(24) Position militaire au moment du départ en Allemagne
(25) Dernière affectation militaire en France: Hollandais
PHOTO 4 × 4
LE RAPATRIÉ A DÉPOSÉ: LM RM FF
Le Rapatrié a REÇU: Frs prime, Frs Av. sur Marks
VÊTEMENTS: 1 Colis, 60 gr Tabac
TICKETS TABAC
1061874

6

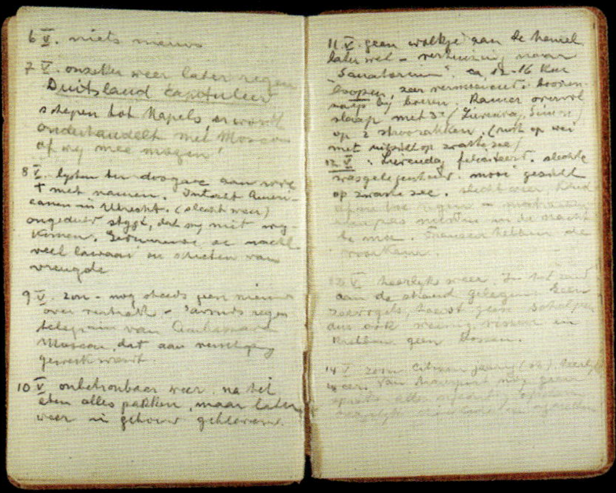

5

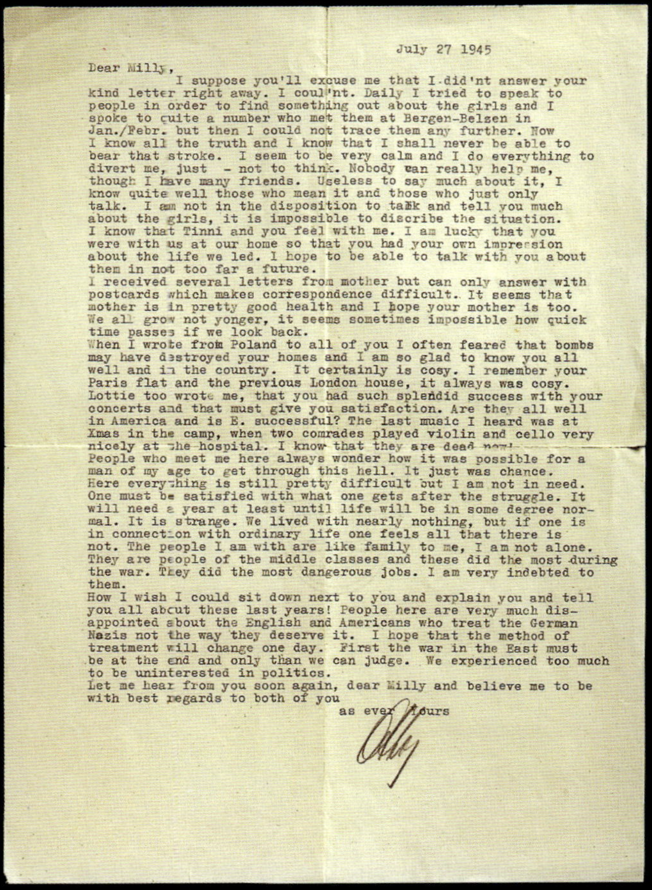
July 27 1945

Dear Milly,

I suppose you'll excuse me that I did'nt answer your kind letter right away. I coul'nt. Daily I tried to speak to people in order to find something out about the girls and I spoke to quite a number who met them at Bergen-Belsen in Jan./Febr. but then I could not trace them any further. Now I know all the truth and I know that I shall never be able to bear that stroke. I seem to be very calm and I do everything to divert me, just - not to think. Nobody can really help me, though I have many friends. Useless to say much about it, I know quite well those who mean it and those who just only talk. I am not in the disposition to talk and tell you much about the girls, it is impossible to discribe the situation. I know that Tinni and you feel with me. I am lucky that you were with us at our home so that you had your own impression about the life we led. I hope to be able to talk with you about them in not too far a future.
I received several letters from mother but can only answer with postcards which makes correspondence difficult. It seems that mother is in pretty good health and I hope your mother is too. We all grow not yonger, it seems sometimes impossible how quick time passes if we look back.
When I wrote from Poland to all of you I often feared that bombs may have destroyed your homes and I am so glad to know you all well and in the country. It certainly is cosy. I remember your Paris flat and the previous London house, it always was cosy. Lottie too wrote me, that you had such splendid success with your concerts and that must give you satisfaction. Are they all well in America and is E. successful? The last music I heard was at Xmas in the camp, when two comrades played violin and cello very nicely at the hospital. I know that they are dead now!
People who meet me here always wonder how it was possible for a man of my age to get through this hell. It just was chance.
Here everything is still pretty difficult but I am not in need. One must be satisfied with what one gets after the struggle. It will need a year at least until life will be in some degree normal. It is strange. We lived with nearly nothing, but if one is in connection with ordinary life one feels all that there is not. The people I am with are like family to me, I am not alone. They are people of the middle classes and these did the most during the war. They did the most dangerous jobs. I am very indebted to them.
How I wish I could sit down next to you and explain you and tell you all about these last years! People here are very much disappointed about the English and Americans who treat the German Nazis not the way they deserve it. I hope that the method of treatment will change one day. First the war in the East must be at the end and only than we can judge. We experienced too much to be uninterested in politics.
Let me hear from you soon again, dear Milly and believe me to be with best regards to both of you

as ever Yours

Otto

7

»Du weißt längst, dass es mein liebster Wunsch ist, einmal Journalistin und später eine berühmte Schriftstellerin zu werden. Nach dem Krieg möchte ich auf jeden Fall ein Buch mit dem Titel *Das Hinterhaus* veröffentlichen.«

11. Mai 1944

Das Tagebuch von Anne Frank

Anne Frank bekommt das Tagebuch am 12. Juni 1942 geschenkt, kurz bevor die Familie untertauchen muss. Sie beginnt sofort mit ihren Aufzeichnungen. Am Anfang schreibt sie vor allem über das, was sie in der Schule erlebt. Jedes Kind aus ihrer Klasse charakterisiert sie in ein paar Sätzen. Es ist ein Tagebuch, wie es viele Mädchen führen und geführt haben. Vieles dreht sich um Jungen, Schule und Freundinnen. Auf die erste Seite schreibt sie: *»Ich kann dir, so hoffe ich, alles anvertrauen, wie ich es bisher bei niemandem konnte, und ich hoffe, du wirst mir eine große Stütze sein.«* (12. Juni 1942)

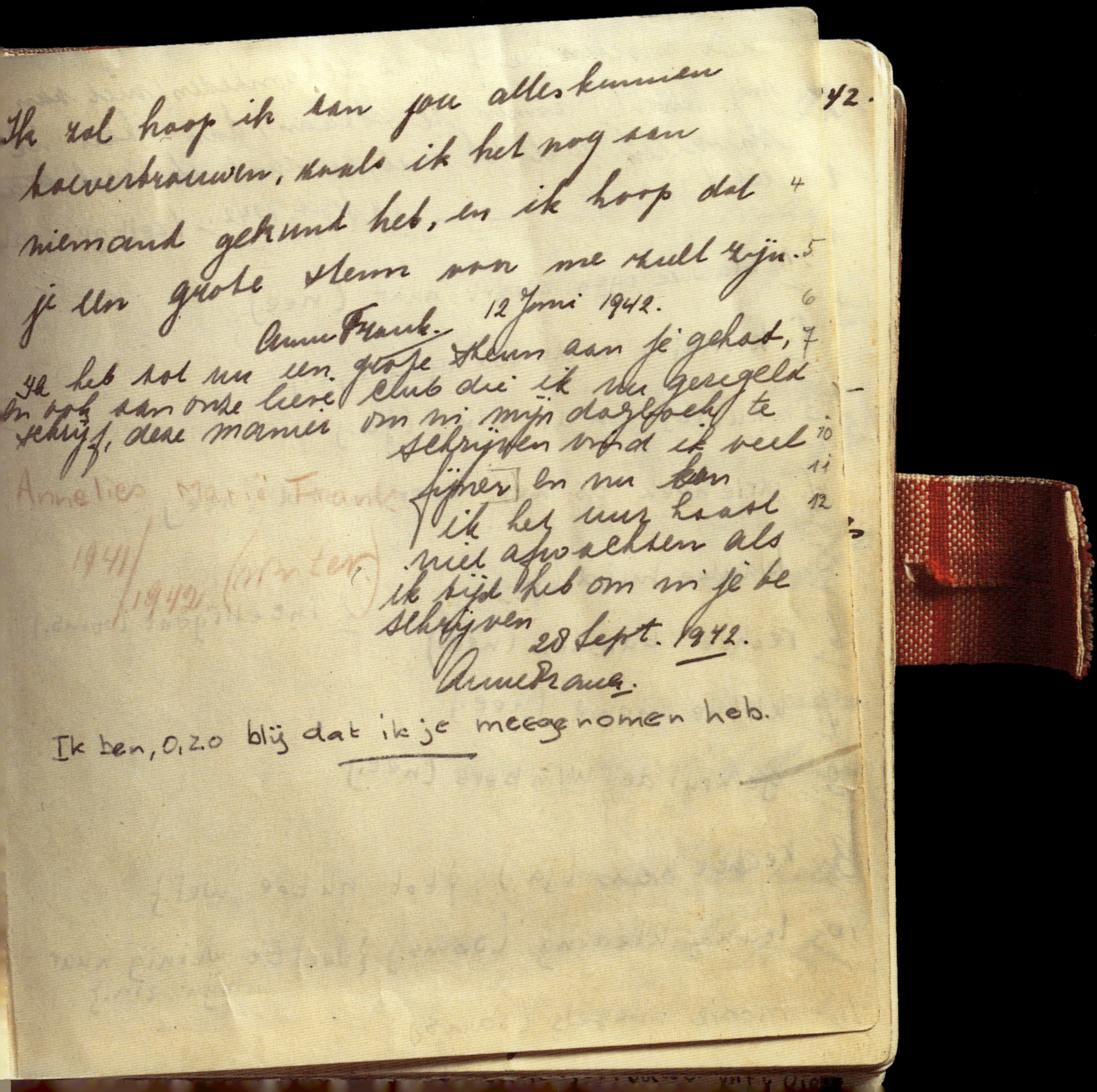
Ik zal hoop ik aan jou alles kunnen
toevertrouwen, zoals ik het nog aan
niemand gekund heb, en ik hoop dat
je een grote steun aan me zult zijn.
Anne Frank. 12 Juni 1942.
Ik heb tot nu toe een grote steun aan je gehad,
en ook aan onze lieve club die ik nu geregeld
schrijf, deze manier om in mijn dagboek te
schrijven vind ik veel
fijner en nu kan
ik het uur haast
niet afwachten als
ik tijd heb om in je te
schrijven 28 Sept. 1942.
Anne Frank.
Ik ben, o, z.o blij dat ik je meegenomen heb.

1 Ein paar Wochen später muss die Familie Frank untertauchen, um der Verfolgung zu entgehen. Während der Zeit im Versteck liest Anne viel. Jo Kleiman bringt ihr jede zweite Woche ein paar Mädchenbücher mit. Sie ist vor allem von den Joop-ter-Heul-Büchern der Autorin Cissy van Marxveldt fasziniert. Die Heldin Joop ter Heul hat einen Kreis enger Freundinnen. Von nun an richtet Anne ihre Tagebuchbriefe an diesen imaginären Freundinnenklub.

»Ich bin begeistert von den Joop-ter-Heul-Büchern. Die ganze Cissy van Marxveldt gefällt mir im Allgemeinen ausgesprochen gut. ›Eine Sommerverrücktheit‹ habe ich schon viermal gelesen, und ich muss immer noch über die komischen Situationen lachen.« (21. September 1942)

2 Während der Zeit im Versteck werden Annes Texte immer tiefgründiger. Durch die Situation wird sie stark mit sich selbst konfrontiert und denkt immer mehr über sich und die Menschen um sie herum nach. Anne besitzt viel Selbsterkenntnis, wodurch sie nüchtern und offen über ihr eigenes Handeln schreiben kann. Aber auch die anderen Untergetauchten unterzieht sie kritischen Analysen.

3 Das Tagebuch, das Anne zu ihrem 13. Geburtstag bekommen hat, ist schnell voll.

4 Die Helfer geben ihr Buchführungsjournale und lose Blätter, und manchmal schenkt ihr auch Margot Papier, damit sie weiterschreiben kann.

»Wieder gab es einen Schatz, der ein Chemieheft für mich auseinander genommen hat, um mir ein neues Tagebuch zu verschaffen, diesmal ist es Margot.« (18. April 1944)

5 In der Zeit von Juli 1943 bis Mai 1944 schreibt Anne auch viele kleine Geschichten. Anfangs handeln sie vor allem von Ereignissen während des Untertauchens, später schreibt Anne auch einige Märchen und Anfänge von Romanen.

»Vor ein paar Wochen habe ich angefangen, mal eine Geschichte zu schreiben, etwas vollkommen Ausgedachtes, und so viel Spaß daran gefunden, dass sich meine Füllerkinder stapeln.« (7. August 1943)

6 Vom 14. August 1943 an schreibt Anne auch Passagen und Zitate aus Büchern ab, die sie schön oder interessant findet. Dieses »Buch der schönen Sätze« ist eine Idee ihres Vaters. Viele Fragmente und Zitate stammen aus der klassischen Literatur (Shakespeare und Goethe), andere aus Romanen der dreißiger und vierziger Jahre.

1

3

6

5

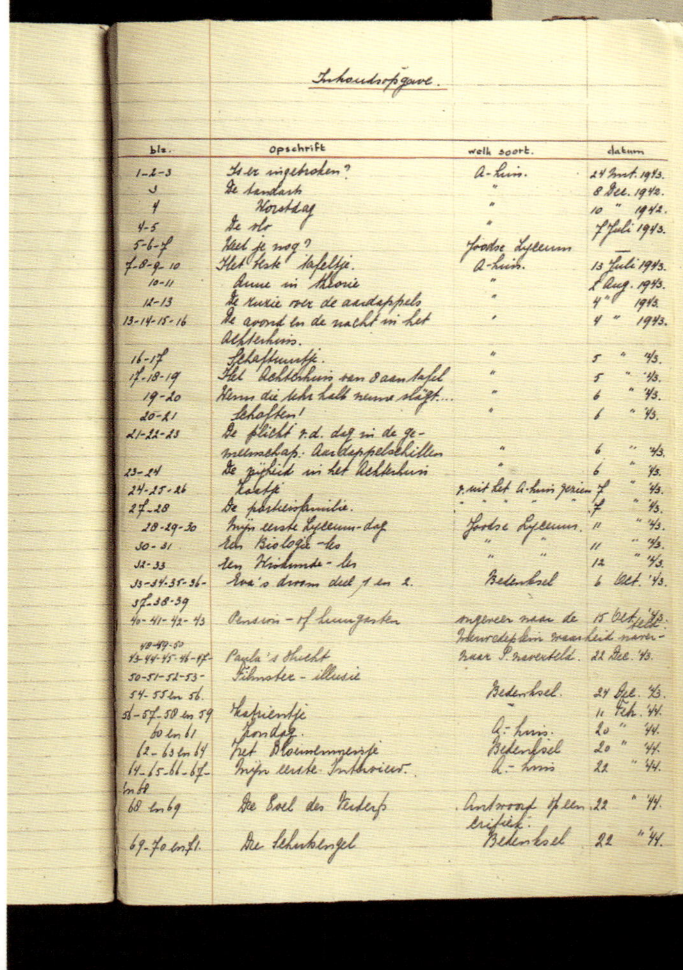

Inhoudsopgave.

blz.	opschrift	welk soort.	datum
1-2-3	Is er ingebroken?	A-huis.	24 Mrt. 1943.
3	De tandarts	"	8 Dec. 1942.
4	Worstdag	"	10 " 1942.
4-5	De slo	"	7 Juli 1943.
5-6-7	Weet je nog?	Joodse Lyceum	—
7-8-9-10	Het 'beste' tafeltje.	A-huis.	13 Juli 1943.
10-11	Anne in theorie	"	2 Aug. 1943.
12-13	De ruzie over de aardappels	"	4 " 1943.
13-14-15-16	De avond en de nacht in het Achterhuis.	"	4 " 1943.
16-17	Schaftuurtje.	"	5 " '43.
17-18-19	Het Achterhuis van 8 aan tafel	"	5 " '43.
19-20	Wenn die Uhr halb neune schlägt...	"	6 " '43.
20-21	Schaften!	"	6 " '43.
21-22-23	De plicht v.d. dag in de gemeenschap: Aardappelschillen	"	6 " '43.
23-24	De vrijheid in het Achterhuis	"	6 " '43.
24-25-26	Kaatje	v. uit het A-huis gezien	7 " '43.
27-28	De portiersfamilie.	" " " " "	7 " '43.
28-29-30	Mijn eerste Lyceum-dag	Joodse Lyceum.	11 " '43.
30-31	Een Biologie-les	" "	11 " '43.
32-33	Een Wiskunde-les	" "	12 " '43.
33-34-35-36-37-38-39	Eva's droom deel 1 en 2.	Bedenksel	6 Oct. '43.
40-41-42-43	Pension- of huurgasten	ongeveer naar de werkelijkheid.	15 Oct. '43.
43-44-45-46-47-48-49-50	Paula's vlucht	[illegible] waarheid naverteld naar P. naverteld.	22 Dec. '43.
50-51-52-53-54-55 en 56.	Filmster-illusie	Bedenksel.	24 Dec. '43.
56-57-58 en 59	Katrientje		11 Feb. '44.
60 en 61	Zondag.	A-huis.	20 " '44.
62-63 en 64	Het Bloemenmeisje	Bedenksel	20 " '44.
64-65-66-67-en 68	Mijn eerste Interview.	A-huis	22 " '44.
68 en 69	[illegible]	Antwoord op een critiek.	22 " '44.
69-70 en 71.	De Schutsengel	Bedenksel	22 " '44.

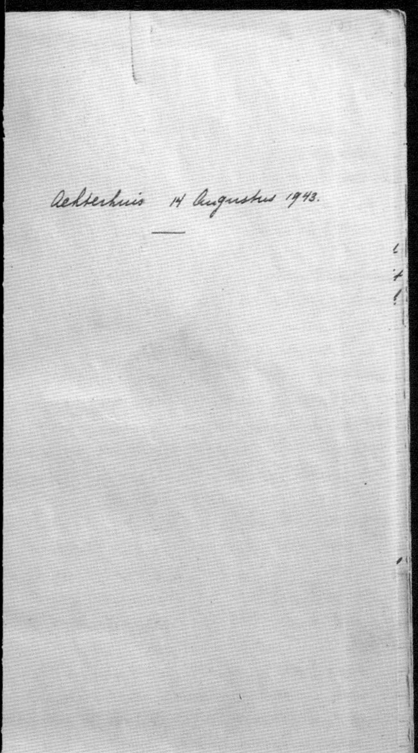
Achterhuis 14 Augustus 1943.
Een uitvinding van Pim!

2

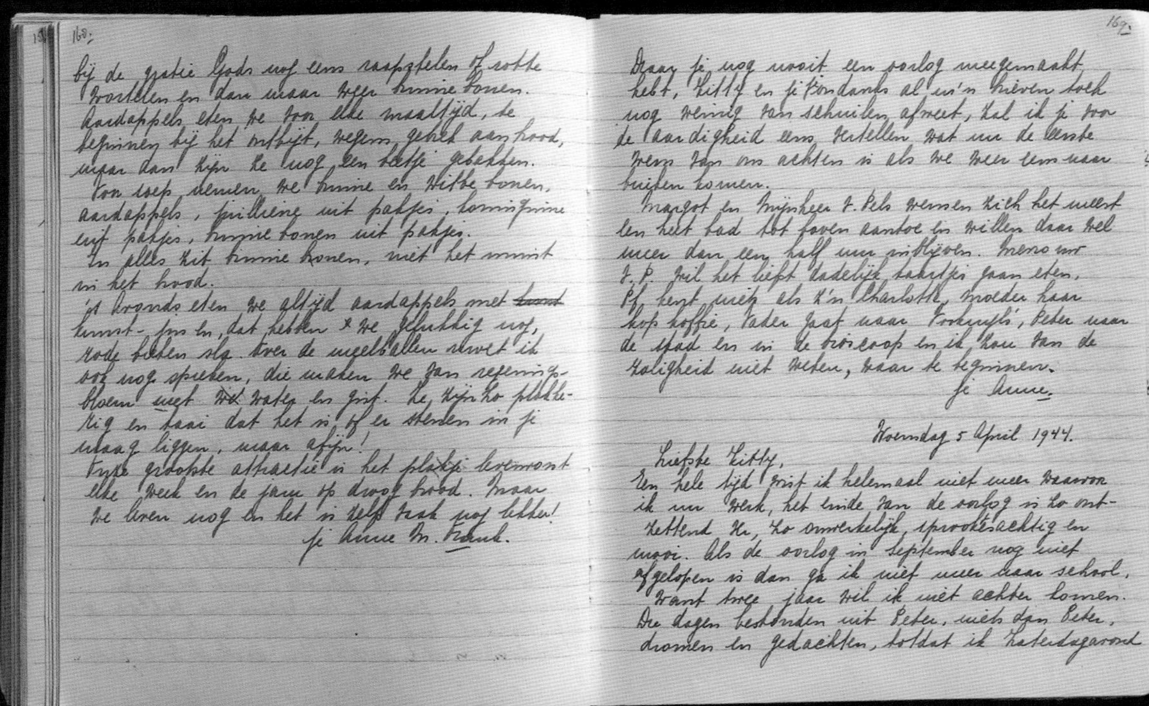

4

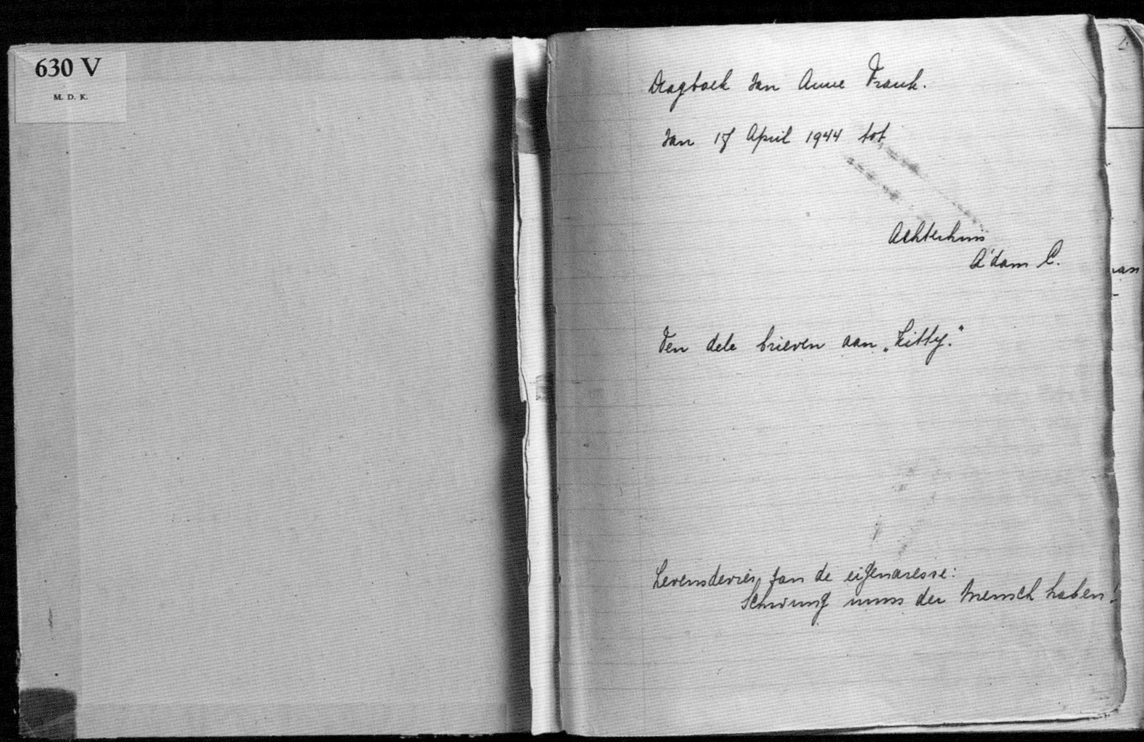
630 V
M. D. K.
Dagboek van Anne Frank.
van 17 April 1944 tot
Achterhuis
A'dam C.
Een dele brieven aan „Kitty."
Levensdevies van de eigenaresse:
Schwung muss der Mensch haben!

1 Das Schreiben wird während der Zeit des Untertauchens für Anne immer wichtiger. Am 5. April 1944 notiert sie: *»Mit Schreiben werde ich alles los, mein Kummer verschwindet, mein Mut lebt wieder auf!«*

2 Die anderen Untergetauchten sind sehr neugierig auf das, was Anne schreibt. Nur aus ihrem Geschichtenbuch liest Anne den anderen manchmal etwas vor. *»Heute morgen war ich oben, ich hatte Frau van Pels versprochen, ein paar Geschichten vorzulesen. Ich begann mit ›Evas Traum‹, das gefiel ihr sehr gut. Dann las ich noch ein paar Sachen aus dem ›Hinterhaus‹ vor, über die sie sehr lachen mussten. Peter hörte auch teilweise zu (ich meine, nur beim letzten) und fragte, ob ich nicht mal zu ihm kommen und noch mehr vorlesen könnte.«* (17. Februar 1944)

3 Anne kommt Peters Bitte, ihm etwas vorzulesen, sofort entgegen, auch aus dem Bedürfnis heraus, mit Peter *»tiefer auf Dinge einzugehen«*. Sie liest ihm ein Stück aus einer Geschichte vor, in der die Hauptpersonen darüber diskutieren, was Gott für sie bedeutet.

»Ich dachte, nun könnte ich mein Glück versuchen, holte mein Tagebuch und gab ihm den Abschnitt zu lesen, in dem Cady und Hans über Gott sprechen. Ich kann überhaupt nicht sagen, welchen Eindruck das auf ihn gemacht hat. Er sagte etwas, was ich nicht mehr weiß, nicht, ob es gut ist, sondern etwas über den Gedanken selbst. Ich erzählte ihm, dass ich nur zeigen wollte, dass ich nicht nur lustige Sachen aufschreibe. Er nickte, und ich verließ das Zimmer. Mal sehn, ob ich noch was davon höre!« (17. Februar 1944)

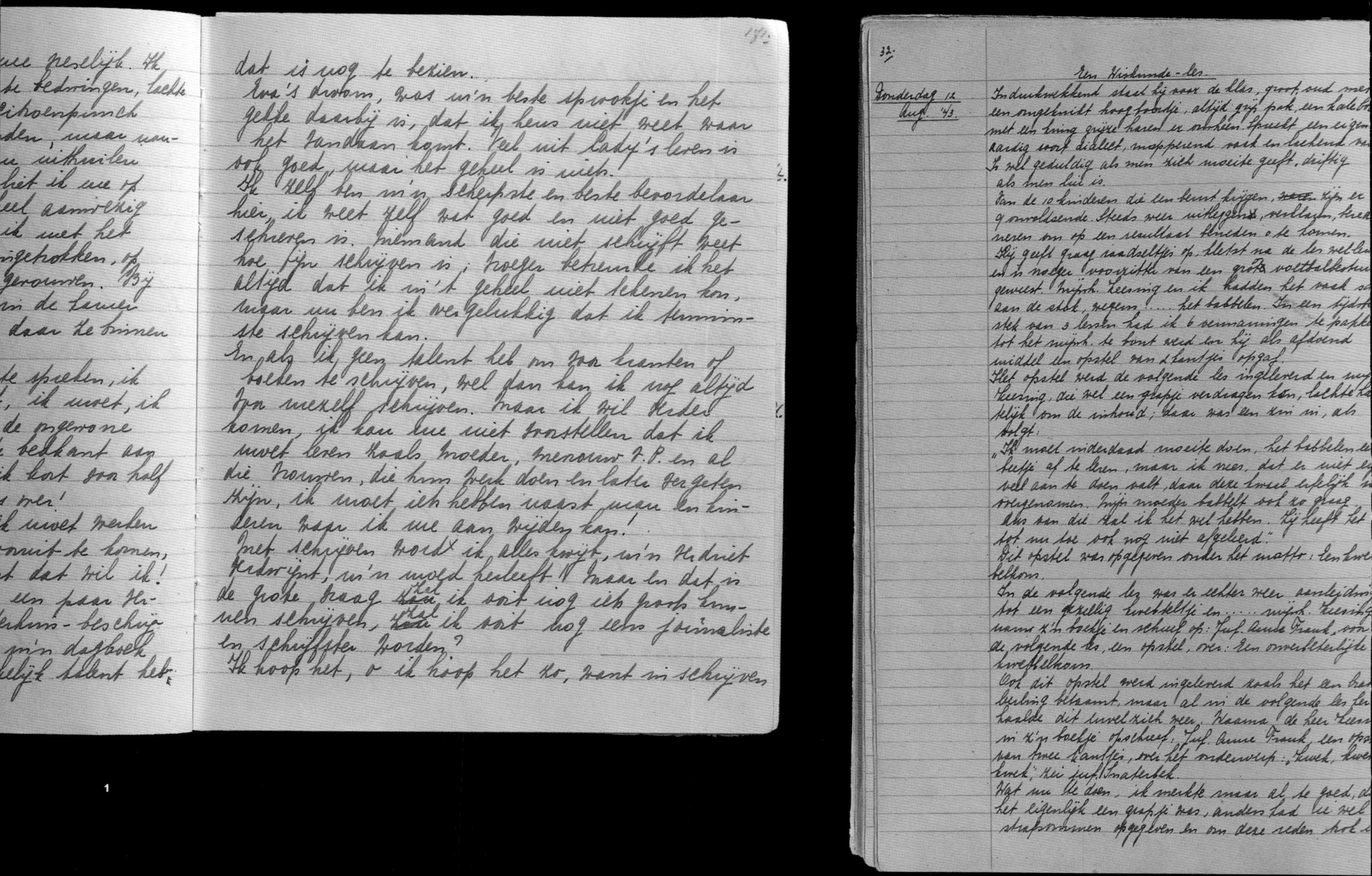
dat is nog te bezien.
Eva's droom, was m'n beste sprookje en het gekke daarbij is, dat ik heus niet weet waar het vandaan komt. Veel uit Cady's leven is ook goed, maar het geheel is niets.
Ik zelf ben m'n scherpste en beste beoordelaar hier, ik weet zelf wat goed en niet goed geschreven is. Niemand die niet schrijft weet hoe fijn schrijven is; vroeger betreurde ik het altijd dat ik m'n 't geheel niet tekenen kon, maar nu ben ik overgelukkig dat ik tenminste schrijven kan.
En als ik geen talent heb om voor kranten of boeken te schrijven, wel dan kan ik nog altijd voor mezelf schrijven. Maar ik wil verder komen, ik kan me niet voorstellen dat ik moet leven zoals Moeder, Mevrouw v.P. en al die vrouwen, die hun werk doen en later vergeten zijn, ik moet iets hebben naast man en kinderen waar ik me aan wijden kan!
Met schrijven word ik alles kwijt, m'n verdriet verdwijnt, m'n moed herleeft! Maar en dat is de grote vraag zal ik ooit nog iets groots kunnen schrijven, zal ik ooit nog eens journaliste en schrijfster worden?
Ik hoop het, o ik hoop het zo, want in schrijven

1

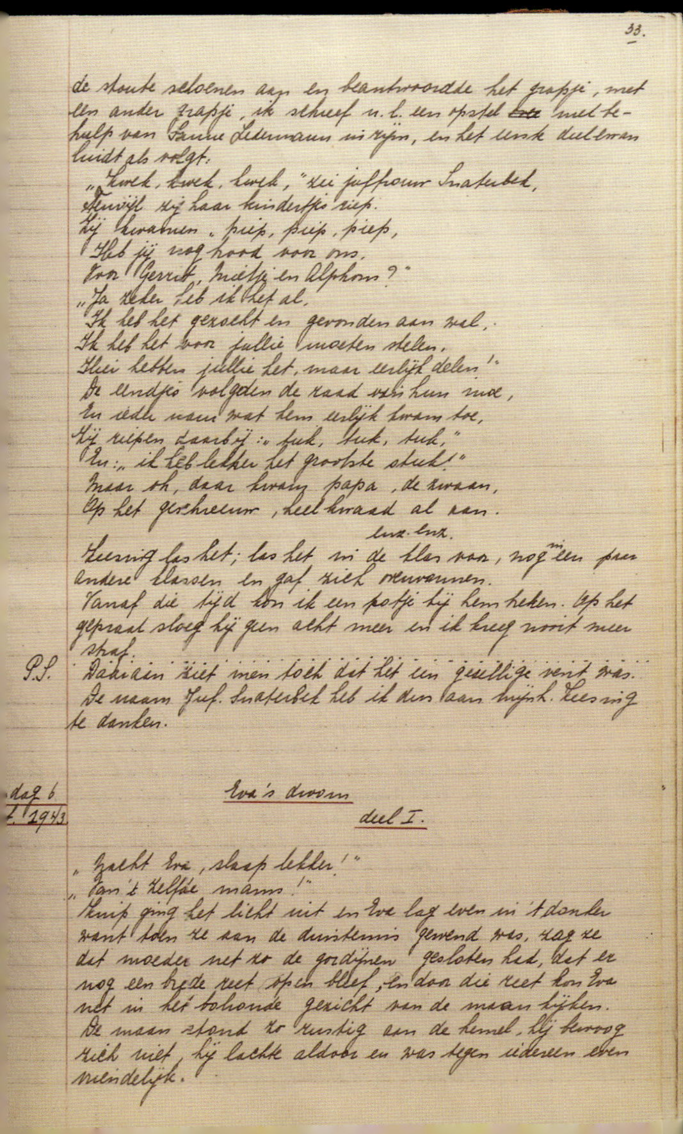

33.

de stoute schoenen aan en beantwoordde het grapje, met een ander grapje, ik schreef n.l. een opstel ~~~~ met behulp van Sanne Ledermann in rijm, en het eerste deel ervan luidt als volgt:
„Kwek, kwek, kwek," zei juffrouw Snaterbek,
Terwijl zij haar kindertjes riep.
Zij kwamen: piep, piep, piep,
„Heb jij nog brood voor ons,
Voor Gerrit, Meitje en Alphons?"
„Ja zeker heb ik het al,
Ik heb het gezocht en gevonden aan wal,
Ik heb het voor jullie moeten stelen,
Hier hebben jullie het, maar eerlijk delen!"
De eendjes volgden de raad van hun moe,
En ieder nam wat hem eerlijk kwam toe,
Zij riepen daarbij: „tuk, tuk, tuk,"
En: „ik heb lekker het grootste stuk!"
Maar oh, daar kwam papa, de zwaan,
Op het geschreeuw, heel kwaad al aan.
enz. enz.

Keesing las het; las het in de klas voor, nog in een paar andere klassen en gaf zich gewonnen.
Vanaf die tijd kon ik een potje bij hem breken. Op het gepraat sloeg hij geen acht meer en ik kreeg nooit meer straf.

P.S. Daaraan ziet men toch dat het een gezellige vent was. De naam Juf. Snaterbek heb ik dus [illegible] Keesing te danken.

…dag 6 … 1943

Eva's droom

deel I.

„Nacht Eva, slaap lekker!"
„Van 't zelfde mams!"
Knip ging het licht uit en Eva lag even in 't donker want toen ze aan de duisternis gewend was, zag ze dat moeder niet zo de gordijnen gesloten had, dat er nog een brede reet open bleef, en door die reet kon Eva net in het bolronde gezicht van de maan kijken. De maan stond zo rustig aan de hemel, hij bewoog zich niet, hij lachte aldoor en was tegen iedereen even vriendelijk.

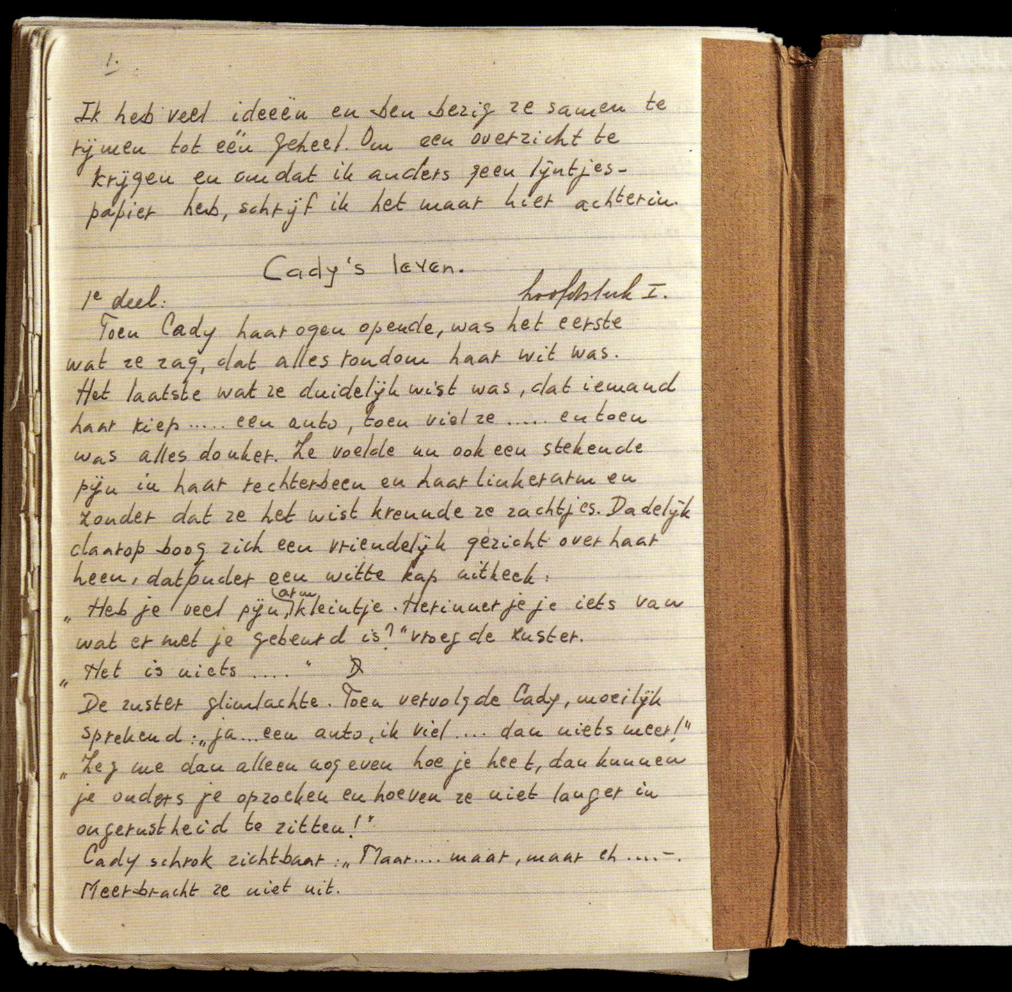

1.

Ik heb veel ideeën en ben bezig ze samen te rijmen tot één geheel. Om een overzicht te krijgen en omdat ik anders geen lijntjes-papier heb, schrijf ik het maar hier achterin.

Cady's leven.

1e deel: hoofdstuk I.

Toen Cady haar ogen opende, was het eerste wat ze zag, dat alles rondom haar wit was. Het laatste wat ze duidelijk wist was, dat iemand haar riep..... een auto, toen viel ze..... en toen was alles donker. Ze voelde nu ook een stekende pijn in haar rechterbeen en haar linkerarm en zonder dat ze het wist kreunde ze zachtjes. Dadelijk daarop boog zich een vriendelijk gezicht over haar heen, dat onder een witte kap uitkeek.
„Heb je veel pijn, arm kleintje. Herinner je je iets van wat er met je gebeurd is?" vroeg de zuster.
„Het is niets....."
De zuster glimlachte. Toen vervolgde Cady, moeilijk sprekend: „ja... een auto, ik viel... dan niets meer!"
„Zeg me dan alleen nog even hoe je heet, dan kunnen je ouders je opzoeken en hoeven ze niet langer in ongerustheid te zitten!"
Cady schrok zichtbaar: „Maar.... maar, maar eh....". Meer bracht ze niet uit.

3

1 Auch die Geschichte über einen kleinen Bären, der *»die Welt entdecken«* will, liest Anne vor. Ihre Zuhörer sind - wahrscheinlich - Margot, Peter und Bep Voskuijl.

»Ich habe eine hübsche Geschichte geschrieben. Sie heißt ›Blurry, der Weltentdecker‹ und ist bei meinen drei Zuhörern sehr gut angekommen.« (25. April 1944)

2 Eine andere Geschichte, »Ellen, die Fee«, schreibt sie eigens für ihren Vater. Es soll ein Geschenk zu seinem 55. Geburtstag sein.
»Die Geschichte von Ellen, der Fee, ist fertig. Ich habe sie auf schönes Briefpapier abgeschrieben, mit roter Tinte verziert und zusammengenäht. Das Ganze sieht wirklich hübsch aus, nur weiß ich nicht, ob es nicht etwas wenig ist. Margot und Mutter haben jede ein Geburtstagsgedicht gemacht.« (9. Mai 1944)

3 Anne hat sogar schon Pläne, eines ihrer Märchen zur Veröffentlichung an eine Zeitschrift zu senden.

»Ich will bei ›De Prins‹ anfragen, ob sie ein Märchen von mir abdrucken, natürlich unter einem Pseudonym. Aber weil meine Märchen bis jetzt noch zu lang sind, glaube ich nicht, dass ich große Aussicht auf Erfolg habe.« (21. April 1944)

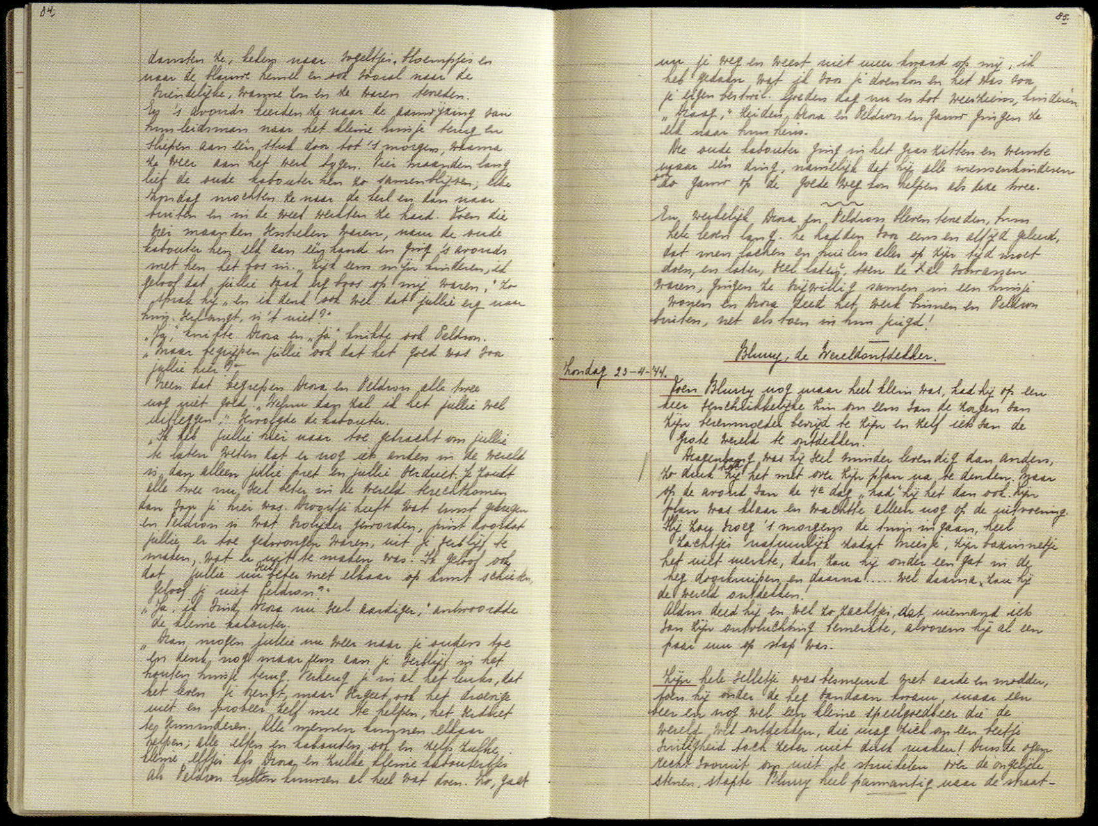

1

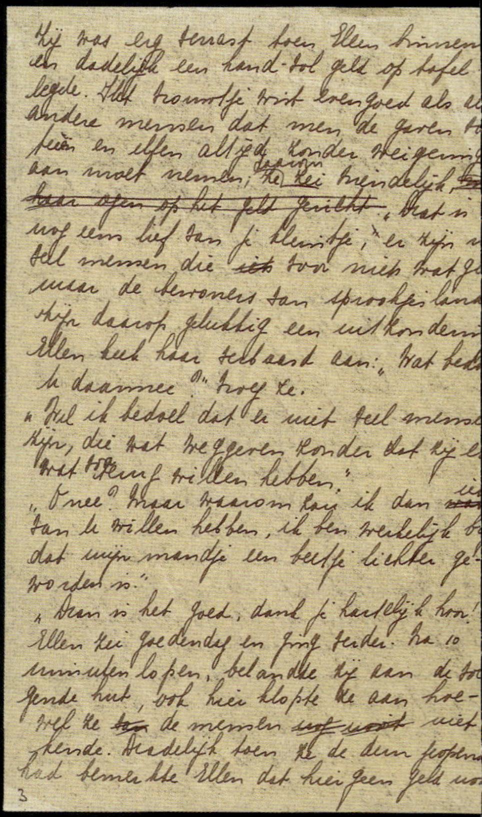

2

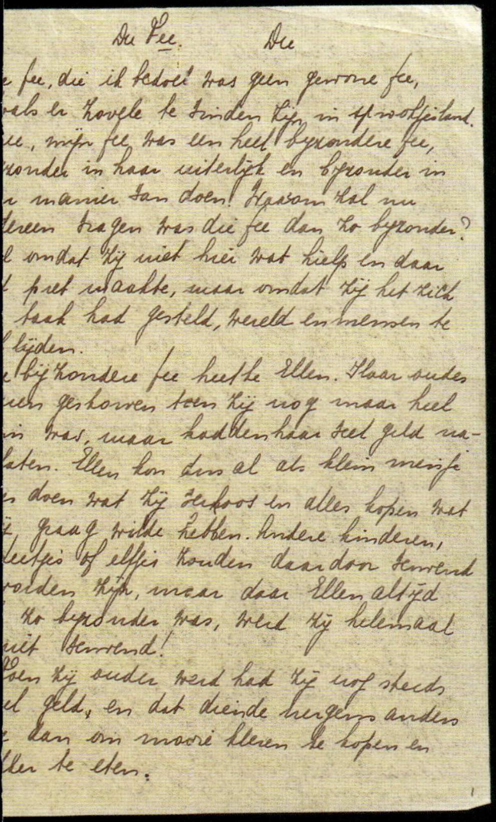

De Fee. Die

e fee, die ik bedoel was geen gewone fee,
vals er zovele te vinden zijn in sprookjesland.
ee, mijn fee was een heel bijzondere fee,
zonder in haar uiterlijk en bijzonder in
n manier van doen! Waarom zal nu
dereen vragen was die fee dan zo bijzonder?
l omdat zij niet hier wat hielp en daar
t pret maakte, maar omdat zij het zich
taak had gesteld, wereld en mensen te
l tijden.
e bijzondere fee heette Ellen. Haar ouders
een gestorven toen zij nog maar heel
in was, maar hadden haar veel geld na-
laten. Ellen kon dus al als klein meisje
s doen wat zij verkoos en alles kopen wat
ij graag wilde hebben. Andere kinderen,
eetjes of elfjes zouden daardoor verwend
worden zijn, maar daar Ellen altijd
zo bijzonder was, werd zij helemaal
niet verwend!
Toen zij ouder werd had zij nog steeds
el geld, en dat diende heel anders
e dan om mooie kleren te kopen en
ller te eten.

3

1 Am 28. März 1944 hören die Untergetauchten, dass Kultusminister Bolkestein in einer Radiosendung der niederländischen Exilregierung in Großbritannien die Hörer auffordert, persönliche Schriftstücke aus der Zeit des Krieges aufzubewahren. Die Untergetauchten reden sofort über Annes Tagebuch. Anne fantasiert auch gleich selbst über einen Roman mit dem Titel »Das Hinterhaus«; sie meint, dieser Titel klinge richtig spannend, als ob es sich um einen Kriminalroman handle. *»Aber jetzt im Ernst, es muss ungefähr zehn Jahre nach dem Krieg schon komisch wirken, wenn man erzählt, wie wir als Juden hier gelebt, gegessen und gesprochen haben. Auch wenn ich dir viel von uns erzähle, weißt du doch nur ein ganz klein wenig über unser Leben.«* (29. März 1944)

2 Anne denkt weiter über ihre Ambitionen nach und über das, was sie mit Schreiben erreichen möchte. Sie ist sich zunehmend sicher, dass sie später Journalistin und Schriftstellerin werden möchte. Mit ihren Hinterhaus-Schilderungen ist sie recht zufrieden, findet jedoch, noch sei ihr Talent nicht unumstößlich bewiesen. Vieles könne noch verbessert werden. *»Evas Traum war mein bestes Märchen, und das Seltsame daran ist, dass ich wirklich nicht weiß, woher ich es habe. Vieles aus Cadys Leben ist auch gut, aber als Ganzes ist es nichts. Ich bin selber meine schärfste und beste Kritikerin hier, ich weiß selber, was gut geschrieben ist und was nicht.«* (5. April 1944)

3 Zwei Monate nach der Rundfunkansprache von Minister Bolkestein nehmen Annes Ideen über ein Hinterhausbuch konkrete Gestalt an. Am 11. Mai 1944 schreibt sie, sie sei fest entschlossen, nach dem Krieg ein solches Buch zu veröffentlichen. *»Ob das gelingt, ist noch die Frage, aber mein Tagebuch könnte dazu dienen.«* (11. Mai 1944)

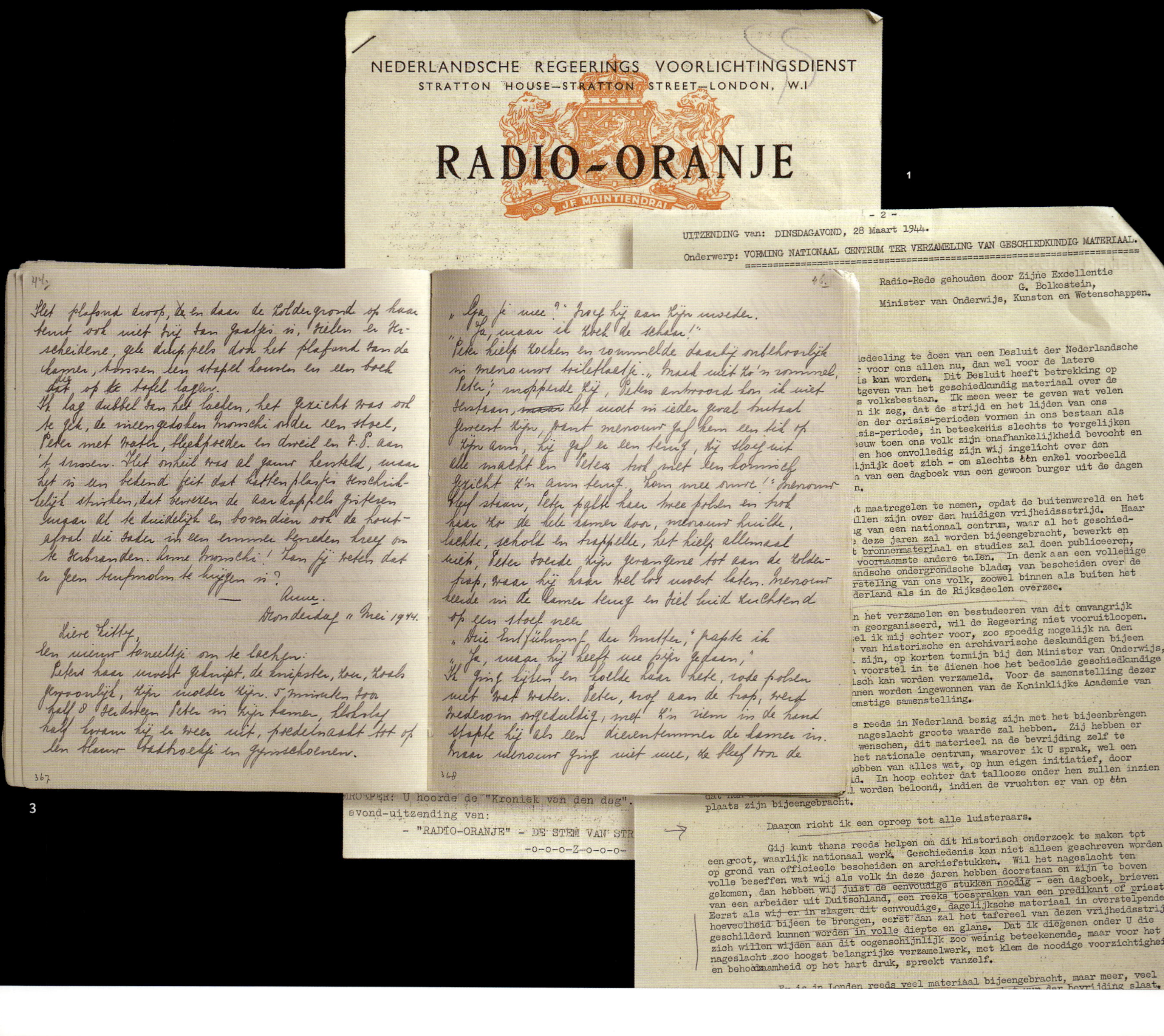

1

3

1 Um den 20. Mai 1944 beginnt Anne Frank tatsächlich mit ihrem »Hinterhaus«. Innerhalb von ungefähr zehn Wochen schreibt sie einen großen Teil der ursprünglichen Version ihres Tagebuchs neu. Sie benutzt dazu lose Blätter. Alle Briefe richtet sie konsequent an eine einzige imaginäre Freundin des früheren Klubs: Kitty.

»Endlich und nach sehr vielen Überlegungen habe ich nun mit meinem ›Hinterhaus‹ angefangen, in meinem Kopf ist es schon so weit fertig, wie es nur möglich ist, aber in Wirklichkeit wird es wohl sehr viel langsamer gehen, wenn es überhaupt jemals fertig wird.« (20. Mai 1944)

2 In dem kurzen Zeitraum vom 20. Mai 1944 bis zur Verhaftung am 4. August 1944 bearbeitet und redigiert Anne ihr ursprüngliches Tagebuch. Manchmal sind es kleine Textkorrekturen, manchmal lässt sie ganze Passagen weg, zum Beispiel über ihre Sexualität.

Im Folgenden ein Beispiel für eine Textredaktion; zuerst die ursprüngliche, dann die überarbeitete Fassung.

»Glaub mir, Kitty, wenn man 1 ½ Jahre so eingeschlossen ist, dann kann es einem an manchen Tagen schon mal zu viel werden. Ob es gerecht oder undankbar ist, das Gefühl lässt sich nicht verscheuchen. Auch mal wieder Rad fahren, Tanzen, Flirten und wer weiß was alles, das würde ich wirklich begrüßen, wenn ich nur erst wieder frei bin! Ich denke sogar manchmal, würde mich jemand hierbei verstehen, würde jemand über die Undankbarkeit hinwegsehen, hinwegsehen über Jude oder nicht Jude, nur den Backfisch in mir sehen, der so ein Bedürfnis nach ausgelassenem Vergnügen hat? Ich weiß es nicht, und ich könnte auch mit niemandem darüber reden, denn ich weiß, dass ich dann weinen würde.« (24. Dezember 1943; ursprüngliche Fassung)

»Glaub mir, wenn man 1 ½ Jahre eingeschlossen ist, dann kann es einem an manchen Tagen mal zu viel werden. Jeder Gerechtigkeit oder Undankbarkeit zum Trotz; Gefühle lassen sich nicht verscheuchen. Rad fahren, Tanzen, Pfeifen, in die Welt hinausschauen, mich jung fühlen, wissen, dass ich frei bin, danach sehne ich mich, und doch darf ich es nicht zeigen, denn stell dir vor, wir würden alle 8 anfangen, uns zu beklagen oder unzufriedene Gesichter machen, wohin soll das führen?« (24. Dezember 1943; überarbeitete Fassung)

Daneben führt sie auch ihr aktuelles Tagebuch weiter. Das letzte lose Blatt mit überarbeitetem Text trägt das Datum 29. März 1944. Bis zu diesem Tag war Anne mit der Neufassung ihres ursprünglichen Tagebuchtextes vorangekommen. In einem Zeitraum von zehn Wochen schrieb sie pro Tag durchschnittlich vier bis fünf lose Blätter voll.

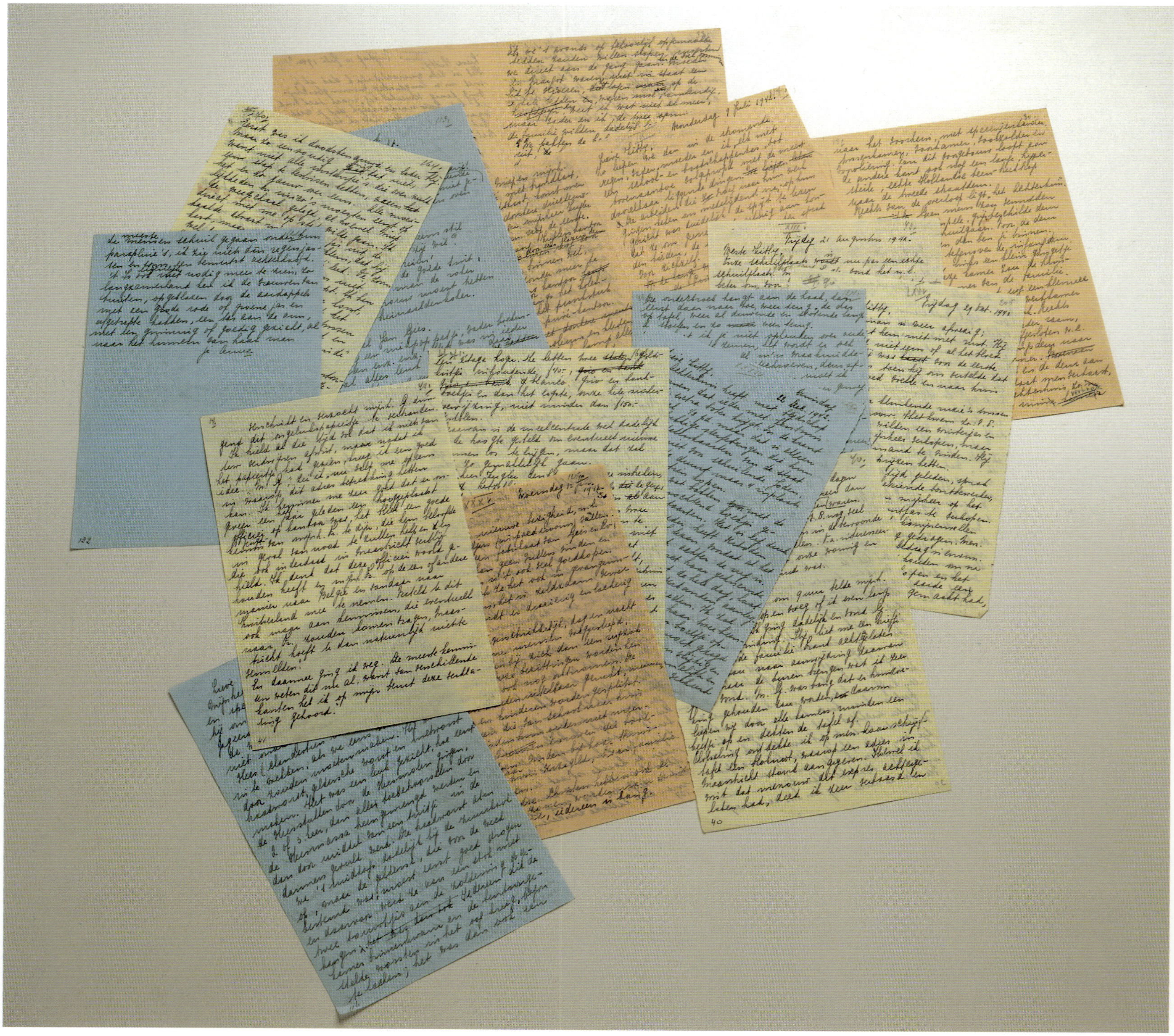

1

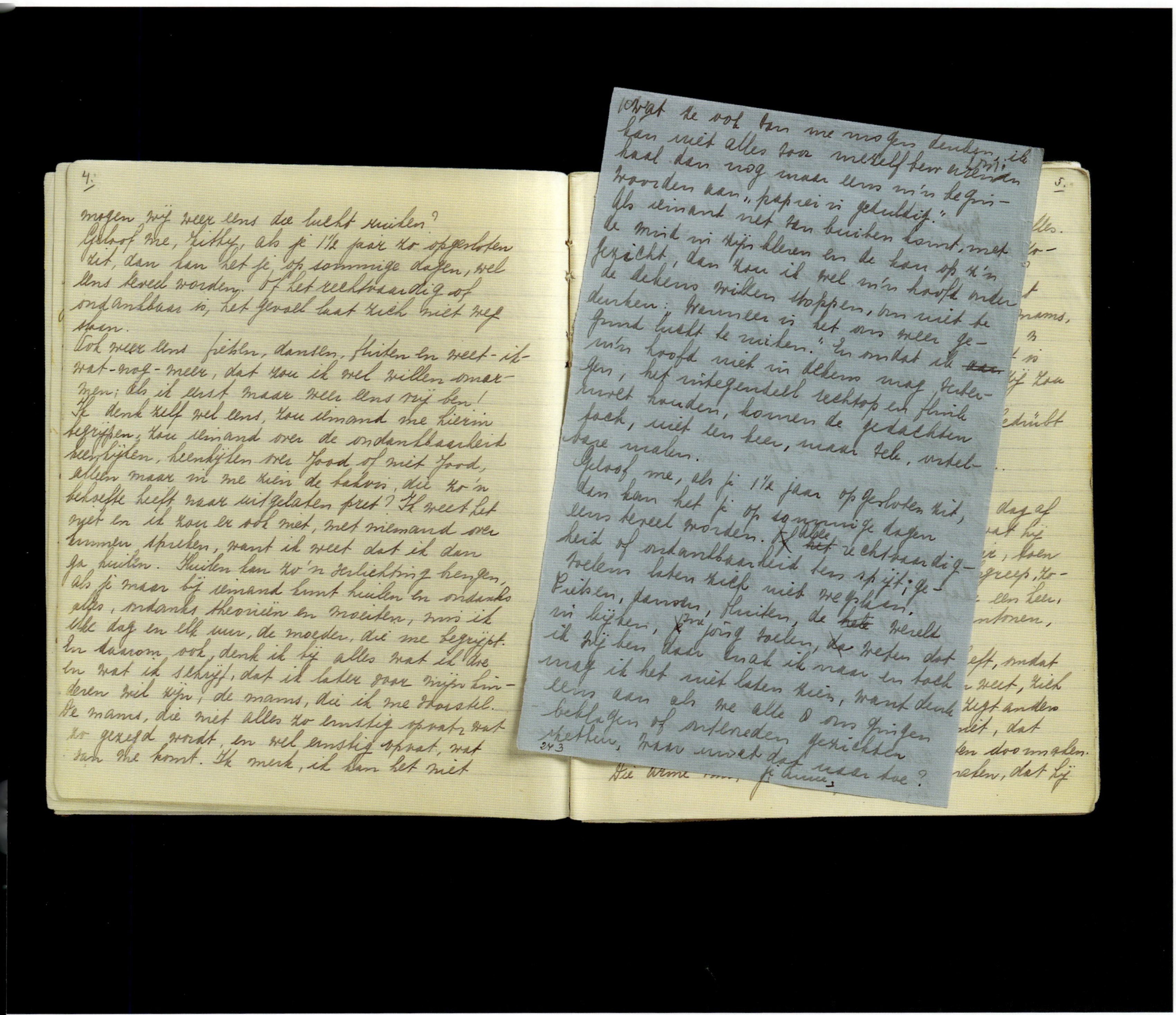

»Ich will nützlich sein oder den Menschen Freude bringen. Ich will noch weiterleben, auch nach meinem Tod! Und darum bin ich Gott so dankbar, dass er mir bei meiner Geburt schon eine Möglichkeit mitgegeben hat, zu schreiben, also alles auszudrücken, was in mir ist.«

25. März 1944

Die Veröffentlichung des Tagebuchs

1 Otto Frank in seinem Büro an der Prinsengracht. Auf seinem Arm ist die im Lager eintätowierte Nummer zu sehen.

Als Otto Frank Mitte Juli 1945 die schreckliche Nachricht erhält, dass auch seine beiden Töchter umgekommen sind, übergibt Miep Gies ihm Annes Schriften mit den Worten: *»Dies ist das Erbe Ihrer Tochter Anne.«*

Otto informiert seine Angehörigen in den Vereinigten Staaten und England und seine Mutter und Schwester in der Schweiz über den Tod von Anne und Margot. In einem Brief an seine Mutter vom 22. August 1945 erwähnt Otto zum erstenmal die Existenz von Annes Tagebuch: *»Miep hat durch Zufall ein Album retten können und das Tagebuch von Anne. Ich hatte nicht die Kraft, es zu lesen.«* Aber als er erst einmal anfängt, die Tagebuchpapiere zu lesen, kann er fast nicht mehr aufhören.

Am 26. September 1945 schreibt Otto an seine Schwester Leni Elias-Frank über Annes Tagebuch: *»Was ich da lese, ist unbeschreiblich aufregend, und doch lese ich. Ich bin auch noch nicht fertig mit Lesen und will alles erst durchgelesen haben, bevor ich Auszüge oder Übersetzungen mache.«* Vier Tage später schreibt er an seine Mutter: *»Ich kann von Annes Tagebüchern nicht abbleiben, dabei sind sie so unglaublich aufregend. Die Tagebücher kann ich nicht aus der Hand geben, es steht zuviel drin, was für niemand anders bestimmt ist, aber auch da werde ich Auszüge machen.«*

2 Später berichtet Otto von seinen Empfindungen beim ersten Lesen des Tagebuchs: *»Ich wurde von schmerzlichen Erinnerungen überflutet. Für mich war es eine Offenbarung. Vor mir erschien eine ganz andere Anne als die Tochter, die ich verloren hatte. Solche tiefen Gedanken und Gefühle, davon hatte ich keine Ahnung. Sie hatte all diese Gefühle für sich behalten. Manchmal las sie uns humoristische Episoden und Geschichten vor, aber sie las nie etwas vor, das von ihr selbst handelte. Und deshalb haben wir nie gewusst, wie intensiv ihre Persönlichkeit sich entwickelte; und von uns allen besaß sie die meiste Selbstkritik.«*

3 Otto fertigt eine bearbeitete Abschrift von Annes Texten an. Er übernimmt, wie er später erklärt, *»das Wesentliche«* aus dem Tagebuch. Was er weglässt, sind die in seinen Augen uninteressanten Passagen sowie persönliche Beobachtungen, *»die andere nichts angehen«*. An Milly Stanfield schreibt Otto zu diesem Thema am 16. September 1945: *»Es gibt verschiedene Dinge, die sie nicht richtig sah und zu denen sie ihre Meinung geändert hätte. Später im Lager stand sie mit ihrer Mutter auf sehr gutem Fuß. Aber es ist kein angenehmes Gefühl, Dinge zu veröffentlichen, die gegen ihre Mutter gerichtet sind –*

1

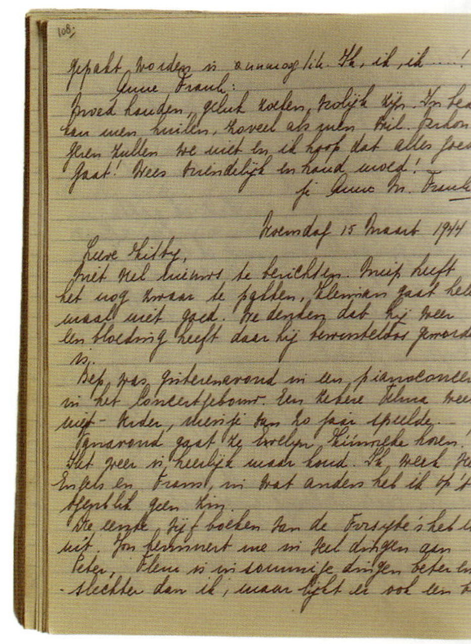
Anne Frank
Woensdag 15 Maart 1944
Lieve Kitty,

2

und doch muss ich es tun. Es gibt aber auch Passagen, die ich streichen kann, zum Beispiel, wie sie über meine Ehe mit Edith dachte. Es beschäftigt mich jeden Tag.« Den gekürzten Text übersetzt Otto ins Deutsche. Diese Fassung schickt er seiner Mutter in Basel, die kein Niederländisch versteht.

Nach dem Text, den er für seine Mutter zusammenstellte, tippt Otto einen neuen und ausführlicheren Auszug. Als Grundlage wählt er Annes zweite und letzte Fassung, lässt aber auch jetzt Teile weg. Außerdem fügt er Fragmente aus Annes erster Tagebuchversion ein, die er für wichtig hält, und fügt vier Geschichten aus Annes Heft »Geschichten und Ereignisse aus dem Hinterhaus« hinzu.

Otto lässt den von ihm zusammengestellten Text von Ab Cauvern, einem alten Freund, korrigieren und von dessen Frau Isa, die früher in Ottos Firma arbeitete, abtippen. Den korrigierten Text gibt Otto einigen guten Freunden zu lesen. Dr. Kurt Baschwitz ist einer der Leser. In einem Brief an seine Tochter erwähnt er Annes Tagebuch: *»Es ist das erschütterndste Dokument dieser Zeit, das ich kenne, auch literarisch ein verwunderliches Meisterstück. Ich denke, dass es in Druck erscheinen muss.«* Otto später: *»Zuerst hatte ich große Bedenken, aber dann wuchs meine Einsicht, dass sie recht hatten.«* Ein anderer Freund, Dr. Werner Cahn, bietet an, einen Verlag zu suchen. Doch das erweist sich als schwierig. Mehrere Verlage werden angesprochen, zeigen aber kein Interesse.

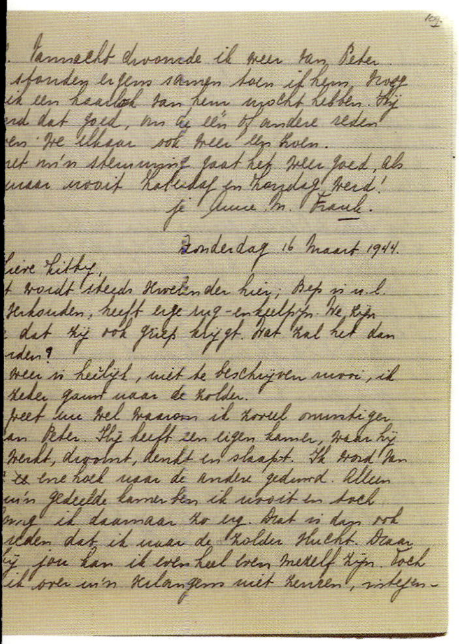

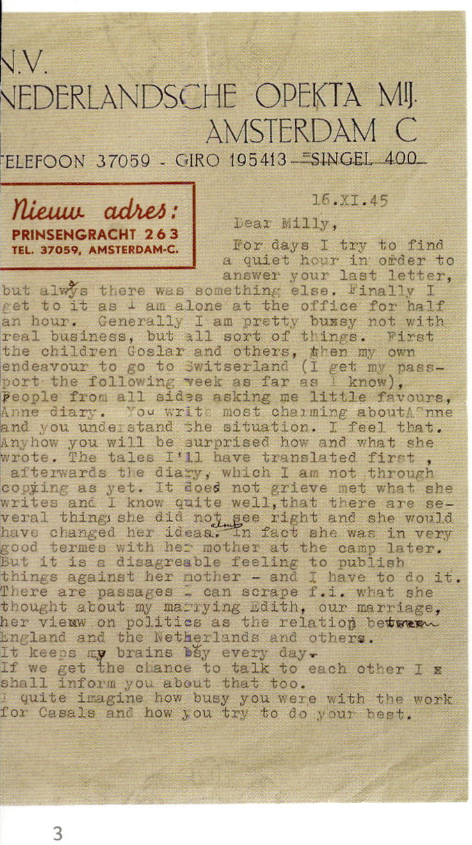

N.V.
NEDERLANDSCHE OPEKTA MIJ.
AMSTERDAM C
TELEFOON 37059 - GIRO 195413 - SINGEL 400

Nieuw adres:
PRINSENGRACHT 263
TEL. 37059, AMSTERDAM-C.

16.XI.45

Dear Milly,

For days I try to find a quiet hour in order to answer your last letter, but always there was something else. Finally I get to it as I am alone at the office for half an hour. Generally I am pretty buxsy not with real business, but all sort of things. First the children Goslar and others, then my own endeavour to go to Switserland (I get my passport the following week as far as I know), people from all sides asking me little favours, Anne diary. You write most charming about Anne and you understand the situation. I feel that. Anyhow you will be surprised how and what she wrote. The tales I'll have translated first, afterwards the diary, which I am not through copying as yet. It does not grieve met what she writes and I know quite well, that there are several things she did not see right and she would have changed her ideas. In fact she was in very good termes with her mother at the camp later. But it is a disagreable feeling to publish things against her mother - and I have to do it. There are passages I can scrape f.i. what she thought about my marrying Edith, our marriage, her views on politics as the relation between England and the Netherlands and others. It keeps my brains busy every day. If we get the chance to talk to each other I shall inform you about that too. I quite imagine how busy you were with the work for Casals and how you try to do your best.

3

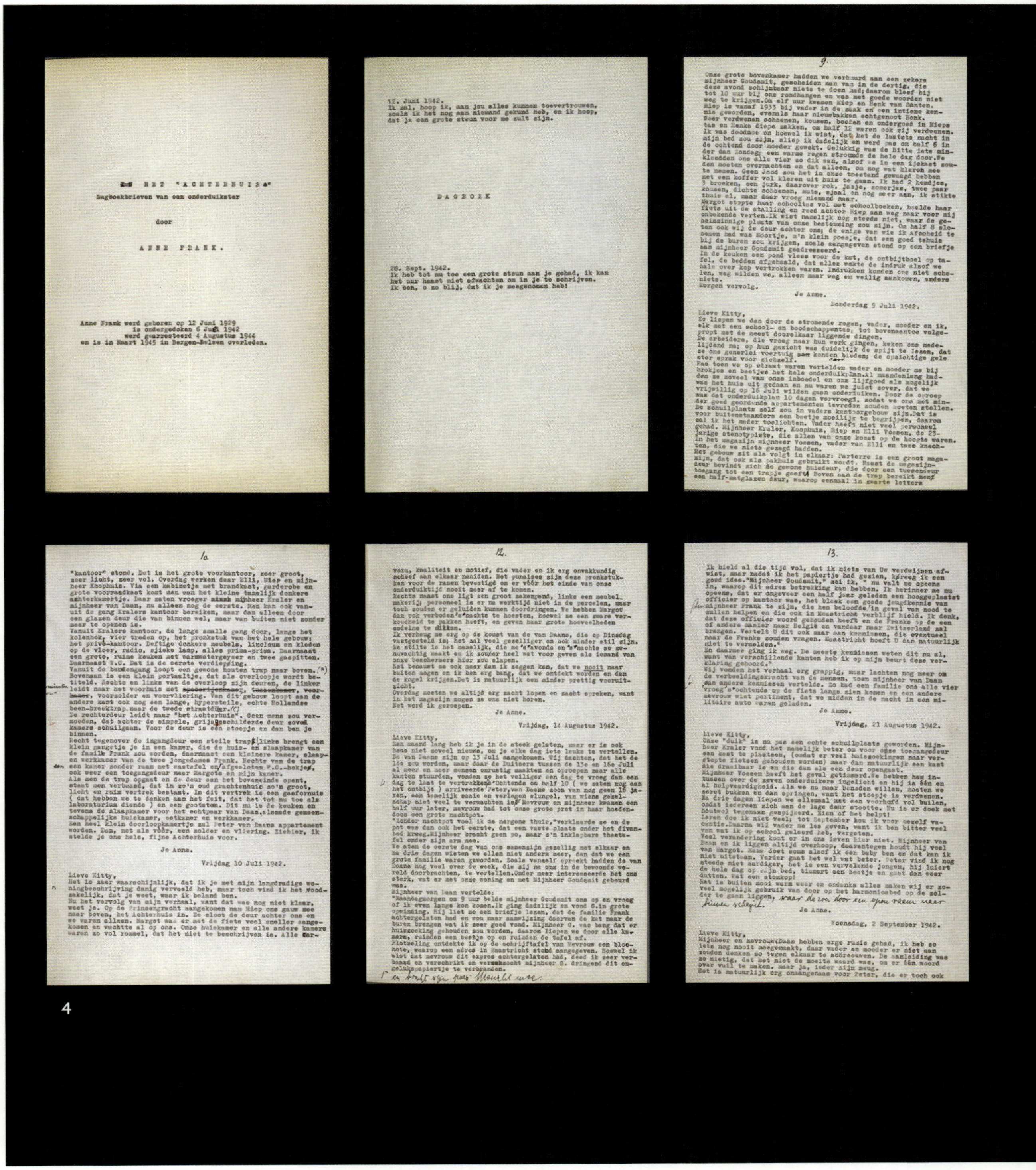

4

1 Das Manuskript gelangt über die Historikerin und Niederlandistin Dr. Annie Romein-Verschoor in die Hände ihres Mannes, des Historikers Dr. Jan Romein. Beide sind von dem Tagebuch tief beeindruckt. Jan Romein schreibt einen Artikel, der auf der Titelseite der großen überregionalen Tageszeitung »Het Parool«, einer ehemaligen Widerstandszeitung, erscheint: »Kinderstimme«. Sein Resümee lautet: *»Für mich ist in diesem scheinbar unbedeutenden Tagebuch eines Kindes die ganze Abscheulichkeit des Faschismus verkörpert, mehr als in den gesamten Akten der Nürnberger Prozesse.«* Dieser Artikel erregte Aufmerksamkeit; auch der niederländische Verlag »Contact« zeigte Interesse.

2 Auf Drängen des Verlagsleiters von Contact werden noch einige Textpassagen gestrichen. Seiner Ansicht nach spricht Anne hier zu freimütig über ihre Sexualität. Auch das Lektorat des Verlages nimmt noch eine Reihe von Änderungen vor. Am 25. Juni 1947 notiert Otto Frank in seinen Terminkalender: »BUCH«.

3 Am 25. Juni 1947 erscheint Anne Franks Buch »Het Achterhuis. Dagboekbrieven van 14 juni 1942 – 1 augustus 1944« (Das Hinterhaus. Tagebuchbriefe vom 14. Juni 1942 bis 1. August 1944) in einer Auflage von fünfzehnhundert Exemplaren. Damit hat Otto dem Wunsch seiner Tochter entsprochen. Das Buch erhält in den Niederlanden sehr gute Kritiken. Die erste niederländische Auflage ist bald vergriffen. Im Dezember 1947 erscheint eine zweite Auflage.

4 Im Jahr 1946 entsteht eine deutsche Übersetzung von Ottos getippter Version. Die Übersetzerin ist Anneliese Schütz, eine Journalistin und Bekannte Otto Franks. Sie hatte auch Anne und Margot gekannt. Dennoch ist sie nicht die geeignetste Übersetzerin von Annes Buch. Otto räumt später ein, dass sie eigentlich zu alt war und den jugendlichen Ton Annes oft nicht gut zu treffen wusste. Außerdem unterlaufen ihr bei der Übersetzung niederländischer Ausdrücke zuweilen gravierende Fehler.

3

2

- 26 -

Wir begannen schnell,sie einzusammeln,aber Bohnen sind so klein
und glatt,dass sie einem immer wieder durch die Finger gleiten und
in allen Ritzen und Löchern verschwinden.Jedes Mal,wenn jetzt jemand
die Treppe heraufgeht,findet er noch Bohnen und liefert sie oben
bei Frau v.Daan ab.

Beinahe hätte ich das wichtigste vergessen:Vater ist wieder
gesund !

P.S. Eben kommt die Radiomeldung,dass Algier gefallen ist.
Marokko,Casablanca und Oran sind auch seit einigen Tagen in eng=
lischen Händen.Nun muss bald Tunis fallen.

10.November 1942.

Liebe Kitty !

Eine epochemachende Neuigkeit! Wir wollen einen achten
"Untertaucher" aufnehmen.Wir hatten schon oft gedacht,dass hier
noch Platz und Essen für noch jemand ist.Wir wollten nur Kraler und
Koophuis nicht noch mehr aufbürden.Als aber die Berichte von den
grausamen Juden-Verfolgungen draussen immer schlimmer wurden,hat
Vater bei den beiden Herren auf den Busch geklopft und die fanden
die Idee ausgezeichnet.

"Die Gefahr ist dieselbe,für sieben oder für acht",sagten
sie sehr richtig.

So weit gekommen,überlegten wir dann,welcher alleinstehende
Mensch aus unserem Bekanntenkreis gut in unsere "Taucher-Familie"
passen würde. Es war nicht schwer einen zu finden. Nachdem Vater alle
Vorschläge von v.Daan's abgewiesen hatte,jemanden aus ihrer Familie
aufzunehmen,fiel unsere Wahl auf einen bekannten Zahnarzt namens
Albert Dussel.Er steht im Ruf,ein angenehmer Mensch zu sein und
~~das~~ ist uns und v.Daan's symphatisch.Da Miep ihn gut kennt,kann
sie alles regeln.Wenn er kommt,muss er in meinem Zimmer schlafen
anstelle von Margot,die dann mit dem Harmonikabett ins Zimmer der
Eltern zieht.

12.November 1942.

Liebe Kitty !

Dussel war sehr glücklich,als Miep ihm sagte,dass sie ein
Versteck für ihn wüsste.Sie riet ihm,möglichst schnell zu kommen,
am liebsten übermorgen.Er hatte Bedenken,weil er seine Kartothek
noch ordnen wollte,zwei Patienten behandeln und ~~die~~ Rechnung fertig
machen.Diese Nachricht brachte Miep heute morgen.Wir fanden es rich=
tiger,die Sache nicht zu verzögern.Solche Vorbereitungen erfordern
Erklärungen an verschiedene Menschen,die besser gar nichts davon
wissen.Miep sollte Dussel noch mal fragen,bereits Samstag zu kommen.
Er sagte nein und kommt nun am Montag.Es ist lächerlich,dass er nicht
direkt zugegriffen hat.Wenn er auf der Strasse mitgenommen wird,
kann er die Kartothek auch nicht mehr ordnen und weder Kasse machen noc
die Patienten behandeln.Ich finde es falsch von Vater,dass er sich
rumkriegen liess ! Sonst nichts Neues.

- 27 -

17.November 1942.

Liebe Kitty !

Dussel ist hier.Es ist alles gut gegangen.Miep hatte ihn vor
das Hauptpostamt bestellt.Er war pünktlich.Herr Koophuis,der ihn
kannte,ging hin und sagte ihm,dass der Herr - zu dem er angeblich
sollte - etwas später käme und Dussel sollte inzwischen bei Miep
im Büro warten.Koophuis fuhr mit der Elektrischen zurück,Dussel
ging zu Fuss und war um halb zwölf im Büro.Er musste den Mantel
ausziehen,damit man den Stern nicht sah und bei Koophuis im Privat-
Büro warten,bis die Aufräumefrau weg war.Diesen Grund wusste er
natürlich nicht.Dann ging Miep mit Dussel unter dem Vorwand,dass
eine Besprechung im Büro sein würde,in die obere Etage.Vor den Augen
des sprachlosen Mannes öffnete sie die Drehtür und beide schlüpf=
ten hinein.Wir waren oben bei v.Daan's versammelt,um den neuen
Genossen mit Kaffee und Cognac zu begrüssen.Inzwischen hatte Miep
ihn in unser Wohnzimmer gebracht.Er erkannte sofort unsere Möbel,
kam aber nicht auf den Gedanken,uns so nahe zu suchen.Als Miep es
ihm erzählte,konnte er es nicht fassen.Sie liess ihm auch keine Zeit
dazu,sondern brachte ihn nach oben.Da fiel Dussel mal erst auf einen
Stuhl,starrte uns alle der Reihe nach an und wollte seinen Augen nicht
trauen.Dann begann er zu stottern:" Aber..nein..aber sind Sie denn
nicht in Belgien ? Ist der Offizier nicht gekommen ? Das Auto ?
Ist die Flucht nicht geglückt...? "

Nun erzählten wir ihm alles,dass wir selbst das Märchen ver=
breitet hatten von dem Offizier und dem Auto,um die Menschen und
besonders die Deutschen,wenn sie nach uns suchen würden,irre zu
führen.Dussel war sprachlos über so viel Erfindungsgeist und ~~blieb~~ ×
erstaunte noch mehr,als er dann unseren gut ausgeklügelten,fein
angelegten Schlupfwinkel näher beschnüffelte.Wir assen zusammen,dann
ruhte er ein bischen,trank Tee mit uns und ordnete dann seine Habselig=
keiten,die Miep schon vorher mitgebracht hatte.Er fühlte sich schnell
zu Haus,besonders nachdem ihm die Hausordnung der Untertaucher
(Entwurf v.Daan) überreicht worden war.

Prospekt und Leitfaden vom Hinterhaus

Stiftung,eigens errichtet zum provisorischen Aufenthalt für
Juden und ihresgleichen.

Während des ganzen Jahres geöffnet

Schöne,ruhige,w a l d freie Umgebung im Herzen von Amsterdam.
Zu erreichen mit Linien 13 und 17,mit Auto und Fahrrad,für
diejenigen,denen die Deutschen den Gebrauch jeglicher Fahr=
gelegenheit verboten haben,jedoch ~~erreichbar~~ auch zu Fuss.

Wohnungsmiete

Gratis.

Fettfreie Diätküche

Fliessendes Wasser

Im Badezimmer(leider ohne Bad) und verschiedentlich an Aussen=
mauern und Wänden.

Geräumiges Magazin für Güter aller Art

Eigene Radiozentrale mit direktem Anschluss nach
London,New York,Tel Aviv und vielen anderen Stationen.
Der Apparat steht den Bewohnern ab 6 Uhr abends zur
Verfügung.

1 Otto Frank möchte gern, dass das Tagebuch auch in Deutschland erscheint. Darüber sagt er später: *»Im Allgemeinen wartete ich, bis Verleger in anderen Ländern Kontakt mit mir aufnahmen, aber in einem Land ergriff ich selbst die Initiative: in Deutschland. Ich fand, dass sie es lesen müssten.«* Einen deutschen Verlag zu finden, erweist sich jedoch als schwierig. Es dauert bis 1950 - in den Niederlanden ist das Buch inzwischen bereits in der sechsten Auflage erschienen - ehe ein Verlag gefunden wird. Die deutsche Übersetzung erscheint in einer Auflage von 4500 Exemplaren. Der Verkauf läuft mäßig. Im selben Jahr erscheint Annes Tagebuch auch in Frankreich.

2 In den USA wird das Manuskript zuerst von zehn Verlagen abgelehnt. *»Ich glaube nicht, dass in diesem Land genügend Interesse an dem Thema besteht, um so viele Exemplare verkaufen zu können, dass sich eine Veröffentlichung rentieren würde«*, schreibt zum Beispiel ein Verleger aus New York. Im Jahr 1952 erscheint schließlich »The Diary of a young Girl« in den Vereinigten Staaten und in England. Das Buch kommt in den USA in einer bescheidenen Auflage von 5000 Exemplaren auf den Markt. Nach einer lobenden Rezension in der New York Times erscheint jedoch eine zweite Auflage von 15.000 und ein paar Tage später sogar eine dritte von 45.000 Exemplaren.

3 In den folgenden Jahren erscheinen Übersetzungen unter anderem in Japan, der DDR, der Schweiz, Italien, Dänemark, Schweden, Norwegen, Finnland, Island, Spanien, Argentinien, Mexiko, Uruguay, Portugal, Brasilien, Griechenland, der Türkei, Ungarn, Polen, Rumänien, der Sowjetunion, der Tschechoslowakei, Jugoslawien, Israel, Indien, Südkorea und Thailand. Inzwischen wurde das Buch in mehr als sechzig Sprachen übersetzt. Die japanische Ausgabe wird im Jahr 1952 begeistert aufgenommen. Die Verkaufszahlen sind spektakulär. Innerhalb eines Jahres werden gut 100.000 Exemplare verkauft.

4 Otto bekommt immer mehr Reaktionen von Lesern aus der ganzen Welt. Rabbiner David Soetendorp erinnert sich: *»Er saß dann am Esstisch, voll mit Geschichten, wie das Tagebuch Kinder in fernen Ländern inspirierte.«* Bis zu seinem Tod am 19. August 1980 empfängt Otto Frank zehntausende Briefe von Jugendlichen. Zusammen mit seiner zweiten Frau Fritzi Frank-Markovits verbringt Otto all die Jahre täglich mehrere Stunden damit, diese Briefe zu beantworten. 1979, ein Jahr vor seinem Tod, schreibt er: *»Ich habe viele tausend Briefe bekommen. Vor allem Jugendliche wollen immer wieder wissen, wie es zu diesen schrecklichen Ereignissen überhaupt kommen konnte. Ich antworte ihnen, so gut ich*

3

kann. Und am Schluss schreibe ich häufig: ›Ich hoffe, dass Annes Buch eine Nachwirkung in deinem späteren Leben haben wird, dass du, soweit es in deinem Kreis möglich ist, für Verständigung und Frieden arbeiten wirst.‹ «

4

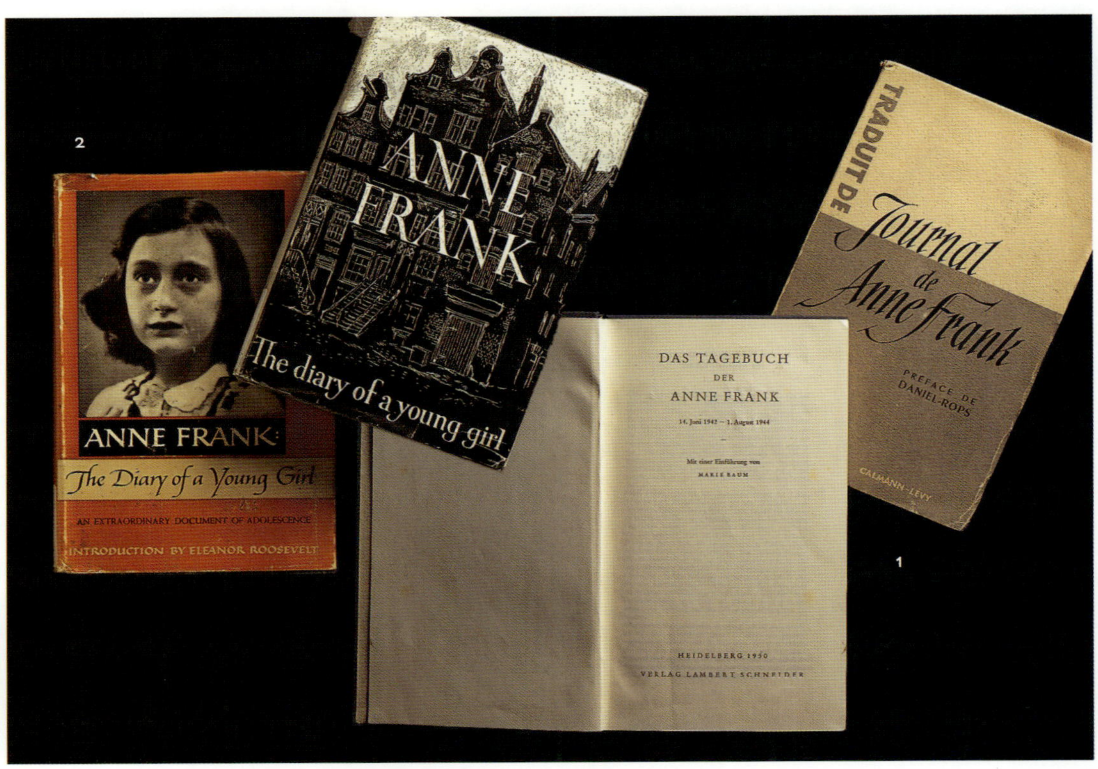

2

1

1 Von 1953 an wird in den USA ein Theaterstück auf der Basis von Anne Franks Tagebuch erarbeitet. Auf dem Foto sieht man von links nach rechts: Jo Kleiman, Frau Frank-Markovits, das Ehepaar Hackett-Goodrich (die Autoren der Bühnenbearbeitung), Otto Frank und Garson Kanin, den Regisseur. Die Bühnenfassung weicht an vielen Stellen vom Tagebuch ab. Hitler und der Nationalsozialismus treten stark in den Hintergrund, ebenso die Tatsache, dass es sich bei Anne und den anderen Untergetauchten um Juden handelt. Die Charaktere einzelner Personen, insbesondere Fritz Pfeffer und Hermann van Pels, werden aus theatralischen Gründen einseitig negativ betont. Dennoch ist Otto Frank der Ansicht, dass die Essenz des Tagebuchs hinreichend bewahrt bleibt, und er erklärt sich damit einverstanden.

2 Am 5. Oktober 1955 findet im Cort Theatre in New York die Premiere statt. Otto Frank ist nicht dabei und entschuldigt sich in einem Brief an die Schauspieler: *»Das Theaterstück ist eigentlich ein Teil meines Lebens, und der Gedanke, dass meine Frau, meine Kinder und ich auf der Bühne dargestellt werden, ist für mich sehr schmerzlich. Darum kann und will ich das Stück nicht sehen.«* Das Stück bekommt lobende Kritiken, und die Aufführung wird mit sage und schreibe 717 Broadway-Auftritten ein großer Erfolg. Die Schauspieler, die Hacketts und der Regisseur bekommen für die Inszenierung mehrere wichtige Theaterpreise.

3 Viele Theatergruppen in ganz Europa und anderswo in der Welt nehmen das Stück in ihr Repertoire auf. Die europäische Premiere findet in Schweden statt. Deutschland folgt. In Deutschland macht das Stück großen Eindruck und verzeichnet zwei Millionen Zuschauer. Oft herrscht hinterher minutenlange Stille. In den Niederlanden findet am 27. November 1956 die Premiere im Beisein von Königin Juliana und Prinz Bernhard statt. Seither wurde das Stück auf der ganzen Welt unzählige Male aufgeführt. 1955 werden Teile des Stücks von Wendy Kesselman umgeschrieben. Der historische Kontext und die Charakterentwicklung Annes erhalten nun mehr Raum, ebenso die Tatsache, dass es sich bei den dargestellten Personen um Juden handelt.

4 1958 beginnen die Aufnahmen für den Spielfilm »The Diary of Anne Frank«. George Stevens ist der Regisseur. Das amerikanische Fotomodell Millie Perkins spielt die Rolle der Anne Frank. In Beverly Hills wird eine Kopie des Hinterhauses nachgebaut. Der Film wird gut aufgenommen und erhält in jenem Jahr drei Oscars. Dennoch wird er kein großer Kassenerfolg. Die Beachtung, die der Film findet, führt

1

2

3

5

jedoch dazu, dass das Interesse am Buch auf der ganzen Welt wieder immens zunimmt.

5 Millie Perkins bleibt für viele *die* Anne Frank. Ihr Foto schmückt lange Zeit den Umschlag der amerikanischen Ausgabe des Tagebuchs. Millie ist während der Dreharbeiten noch jung und weiß wenig von den historischen Hintergründen. Die Schauspielerin Shelley Winters (rechts), die Frau van Pels spielt, nimmt sich ihrer an. *»Millie machte sich große Sorgen, dass sie zu wenig über jüdische Traditionen und Geschichte wüsste, also nahm ich sie unter meine Fittiche und versuchte, ihr so viel wie möglich zu helfen.«* Shelley Winters erhält für ihre Rolle in dem Film einen Oscar, den sie später dem Anne Frank Haus schenkt.

6 1957 droht der Abriss des Hauses Prinsengracht 263, der Stätte, die den Verfolgten als Unterschlupf diente. Aber durch die Initiative Amsterdamer Bürger wird dieses Vorhaben verhindert. Die Anne Frank Stiftung wird gegründet. Diese Stiftung kauft das Haus. Otto Frank gehört dem Vorstand der Stiftung an. Nach der Restauration des Gebäudes wird das Hinterhaus am 3. Mai 1960 als Museum eröffnet. Dieses Foto von Otto Frank wurde auf dem Dachboden des Hinterhauses, einige Stunden vor der Eröffnung, aufgenommen. Otto Frank will jedoch mehr als nur die Öffnung des Hinterhauses für das Publikum. Er gründet eine eigene pädagogische Stiftung, die Begegnungen zwischen Jugendlichen aus aller Welt ermöglicht.

4

6

© Arnold Newman

1 Der Erfolg des Tagebuchs ist international. Annes Tagebuch ist ein beeindruckendes Zeugnis gegen das Übel des Nationalsozialismus. Für Millionen Menschen ist das Buch die erste Begegnung mit dem Holocaust. Es führt dazu, dass Neonazis die Behauptung aufstellen, das Tagebuch sei eine Fälschung. Bereits 1957 erscheinen die ersten Veröffentlichungen mit diesem Tenor. Außerdem leugnen die Neonazis, dass der Holocaust je stattgefunden hat. Auf diese Weise wollen sie den Nationalsozialismus vom Verbrecherischen befreien und als eine akzeptable politische Strömung hinstellen.

2 Skulptur der Anne Frank in Utrecht, 1987.

Nicht nur in Broschüren und Pamphleten greifen Neonazis Anne Frank und das Tagebuch an. Das Internet bietet Neonazis neue, nie gekannte Möglichkeiten. In diesem international leicht zugänglichen Netzwerk findet sich eine große Zahl von Sites, in denen der Holocaust geleugnet und Annes Tagebuch als Fälschung bezeichnet wird. Über dieses Medium können die Neonazis eine neue Zielgruppe erreichen: zahlreiche Jugendliche in der ganzen Welt. Juristische Mittel, diese Botschaften aus dem Netz fernzuhalten, gibt es praktisch nicht.

3 Otto Frank widmet auch einen Teil seiner Zeit Prozessen gegen Neonazis, die behaupten, das Tagebuch sei eine Fälschung. Er bekommt jedes Mal Recht. Aber es kostet ihn sehr viel Kraft, stets von neuem mit den Neonazis konfrontiert zu werden. Nach seinem Tod im Jahr 1980 übernehmen das Anne Frank Haus und der Anne Frank Fonds die Aufgabe, das Tagebuch gegen Angriffe von Neonazis zu verteidigen.

4 Otto Frank hinterlässt nach seinem Tod 1980 die Schriften seiner Tochter dem niederländischen Staat. Im Auftrag der niederländischen Regierung werden diese Papiere wissenschaftlich erforscht. Ein wichtiger Teil ist die graphologische Untersuchung, die beweist, dass die Tagebuchpapiere authentisch sind. Das niederländische »Rijksinstituut voor Oorlogsdocumentatie« (Staatliches Institut für Kriegsdokumentation) beschließt, die Untersuchungsergebnisse zu veröffentlichen, zusammen mit fast allen Tagebuchaufzeichnungen Anne Franks.

5 Auch in der wissenschaftlichen Ausgabe des »Reichsinstituts für Kriegsdokumentation« fehlen jedoch einige Passagen. Auf nachdrücklichen Wunsch der Familie werden manche Fragmente weggelassen, in denen Anne über ihre Eltern schreibt. Außerdem werden einige andere Sätze auf Wunsch der direkt Betroffenen gestrichen. Manche Namen werden durch

1

3

2

fiktive Initialen ersetzt. 1998 stellt sich außerdem heraus, dass ein ehemaliger Mitarbeiter des Anne Frank Hauses im Besitz von fünf Textseiten ist, die niemand kennt. Diese Seiten hatte Otto Frank immer zurückgehalten, weil sie unter anderem etwas über eine frühere Liebesbeziehung und über sein Verhältnis zu seiner Frau Edith enthüllen.

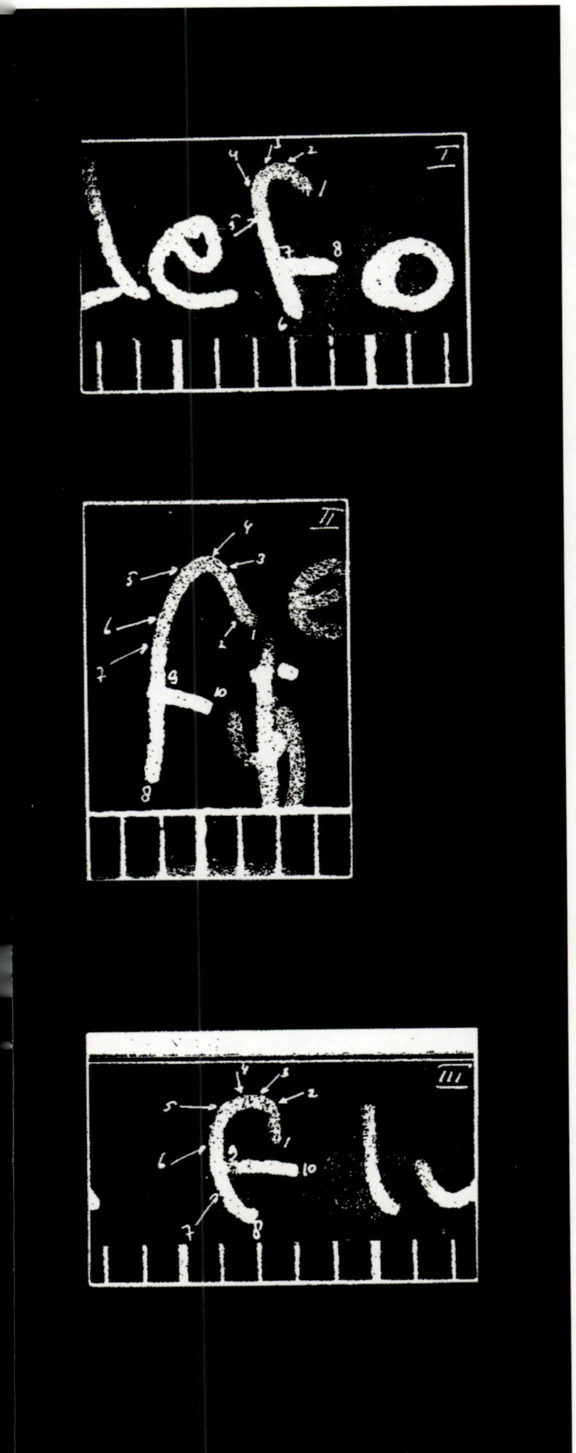

4

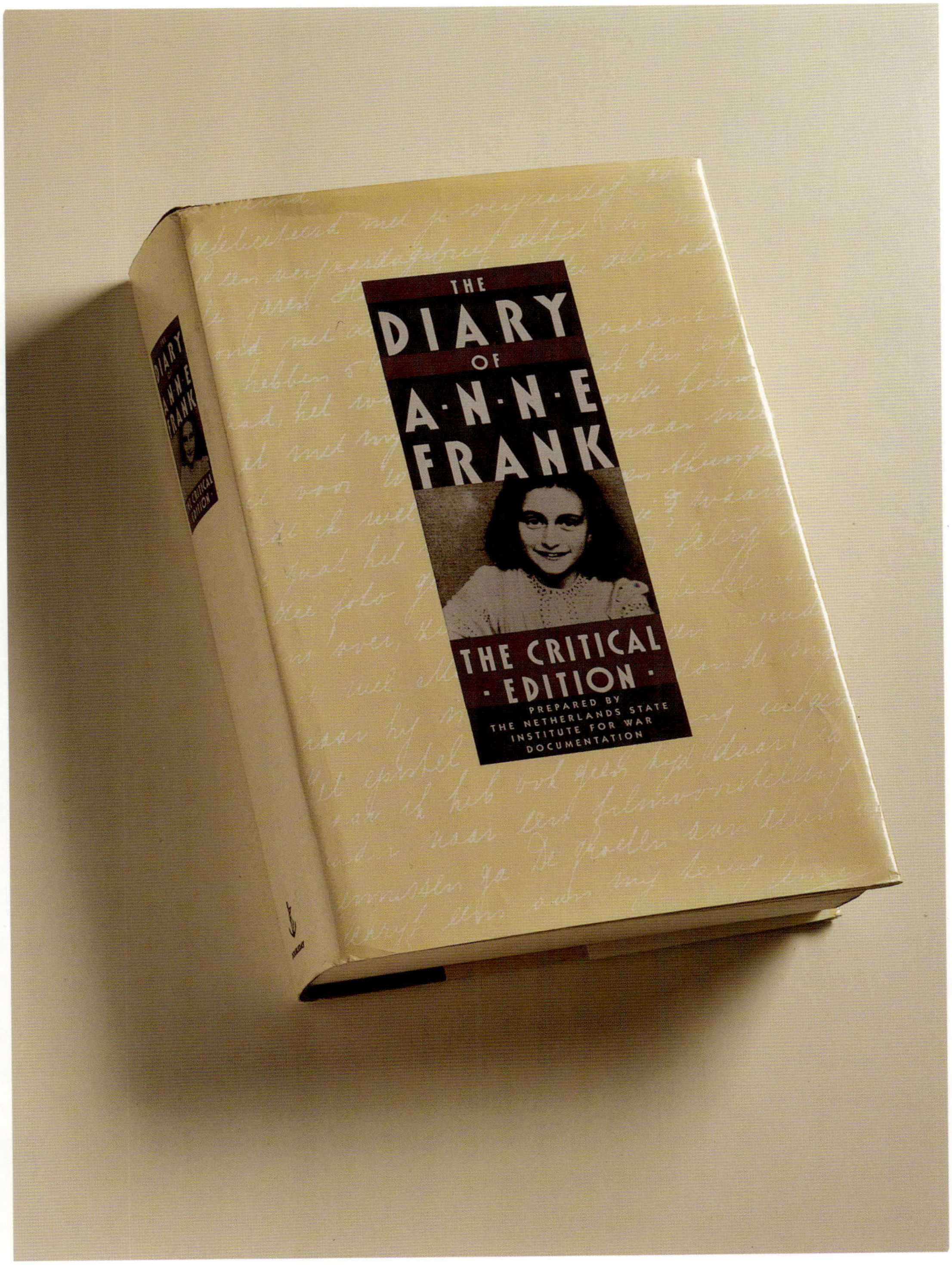

5

Das Tagebuch von Anne Frank wurde von Millionen Menschen auf der ganzen Welt gelesen. Es ist damit das meistübersetzte niederländische Buch. Anne Frank versteht es, Menschen in verschiedenen Kulturen und sehr unterschiedlichen Lebenssituationen anzusprechen. Offensichtlich enthält das Tagebuch Elemente, in denen sich Alt und Jung universell wiedererkennen.

1 Anne Frank von Mari Andriessen. Diese Skulptur steht bei der Westerkirche in Amsterdam, in etwa 100 Meter Entfernung vom Anne Frank Haus.

»Eine Einzelperson wie Anne Frank erweckt mehr Anteilnahme als die Ungezählten, die wie sie gelitten haben, deren Bilder aber im Dunkeln geblieben sind. Vielleicht muss es so sein; müssten oder könnten wir die Leiden aller erleiden, könnten wir nicht leben.« (Primo Levi, Schriftsteller und Überlebender von Auschwitz)

2 Briefmarken aus den Niederlanden, aus Deutschland und Israel. Verschiedene Länder haben Briefmarken mit Annes Bild herausgebracht.

»Manche von uns haben Anne Franks Tagebuch auf Robben Island gelesen und Mut daraus geschöpft.« (Nelson Mandela, 1994, Präsident von Südafrika)

3 Wandbehang, von Frauen in Chile gestaltet und dem Anne Frank Haus geschenkt. Mit großer Regelmäßigkeit empfängt das Anne Frank Haus Briefe und künstlerische Äußerungen von Menschen aus aller Welt.

»Es ist schwer, nicht immer wieder beeindruckt zu sein von dem hohen Maß an Selbstkritik und literarischer Einsicht, mit der die kaum fünfzehnjährige Anne ihre ursprünglichen Texte überarbeitet und ergänzt hat, um eine spannende und gut lesbare Geschichte daraus zu machen. Schade, dass sie als Schriftstellerin noch immer zu wenig ernst genommen wird.« (Laureen Nussbaum, Professorin der Literaturwissenschaft)

4 Zahlreiche Schriften und Bücher über Anne Frank und ihr Tagebuch werden veröffentlicht.

»Von den vielen, die im Laufe der Geschichte (in Zeiten tiefen Leids und großer Verluste) für die Würde des Menschen eingetreten sind, ist keine Stimme zwingender als die von Anne Frank.« (John F. Kennedy, 1961, Präsident der Vereinigten Staaten)

5 Litho von Marc Chagall. Viele große Künstler waren von Annes Texten fasziniert.

»Anne Franks Vermächtnis ist noch immer quicklebendig und sagt uns allen noch etwas, insbesondere in dieser

1

2

Zeit, in der sich Grenzen verändern und Völker von dunklen Leidenschaften beherrscht werden.« (Vaclav Havel, Schriftsteller und Präsident von Tschechien, 1994)

Auf der ganzen Welt sind Schulen und Straßen nach Anne Frank benannt.

»Das Tagebuch zeigt die unermessliche Tragödie des Holocaust, die Vergeudung von Menschenleben und Talent und den Preis, der bezahlt wurde, weil freie Völker nicht rechtzeitig eingriffen, um totalitäre Bewegungen zu unterdrücken.« (Yehuda Lev, Philosoph und Schriftsteller)

3

6

5

4

»Was das Vorderhaus angeht, würde ich, falls das nur irgendwie möglich wäre, eine Restaurierung bevorzugen, weil ich möchte, dass auch im Vorderhaus die Situation so bleibt, wie Anne sie in ihrem Tagebuch beschrieben hat. Aber das ist eine Sache, um die wir uns später kümmern müssen.«

Otto Frank, 23. Juni 1957

Das Anne Frank Haus

»Das Hinterhaus verdankt seine Berühmtheit einer relativ kurzen Phase seiner Existenz. Das Gebäude hat eine lange und komplizierte Nutzungsgeschichte, die typisch ist für Amsterdam. Das Haus an sich ist eine Geschichte. Niemand konnte wissen, wie es im Innern eingeteilt war, deshalb eignete es sich so gut als Versteck.« (Prof. Dr. Dipl.-Ing. C.L. Temminck Groll, Restaurierungsberater)

Das Anne Frank Haus an der Prinsengracht 263 wurde im Jahr 1635 erbaut. Es ist eines der vielen Handelshäuser an der Gracht. Der Transport von Rohstoffen und Handelsgütern erfolgt im siebzehnten Jahrhundert hauptsächlich zu Wasser. Jeder will ein Haus direkt an der Gracht, um von dort aus die Schiffe be- und entladen zu können. Die knappen Grundstücke an der Gracht sind teuer; deshalb sind die Häuser sehr schmal. Um dennoch den notwendigen Raum zu erhalten, baut man bis tief in den Garten. Damit mehr Tageslicht einfällt, teilt man das Gebäude oft in ein Vorder- und ein Hinterhaus. Der Grachtengürtel aus dem siebzehnten Jahrhundert wurde großzügig angelegt, mit weit nach hinten reichenden Gärten. In dem Garten schräg hinter dem Anne Frank Haus gedeiht die Kastanie bereits seit mehr als 150 Jahren. Das Gebäude Prinsengracht 263 und das Nachbarhaus 265 wurden zur gleichen Zeit errichtet. 1739 wurde das Haus Nummer 263 von Grund auf restauriert. Ein neues und größeres Hinterhaus trat an die Stelle des alten. Im Lauf der Jahrhunderte sieht das Haus viele Bewohner, und es wird sowohl zu Wohnzwecken als auch von kleinen Fabriken und Betrieben genutzt. 1940 mietet Otto Franks Handelsfirma das Gebäude. Zwei Jahre später beginnt die Untertauchzeit, die Anne in ihrem Tagebuch beschreibt und durch die das Haus in der ganzen Welt bekannt wird.

1 Das dritte Gebäude von links ist das Haus Prinsengracht Nummer 263, um 1956.

2 Das Hinterhaus und die alte Kastanie im Garten sind in der Mitte des Fotos gut erkennbar, um 1950.

1

2

Nachdem die Untergetauchten verhaftet wurden, holt die Firma Puls im Auftrag der deutschen Besatzer die Möbel aus dem Hinterhaus. Die Helfer führen den Betrieb im Vorderhaus weiter. Die Räume im Hinterhaus stehen leer. Nach dem Krieg (im Jahr 1953) erwirbt die Firma Opekta, nun unter der gemeinsamen Leitung von Jo Kleiman und Otto Frank, das Haus. Es befindet sich in einem schlechten Zustand, die Mauern sind voller Risse, die Fundamente mürbe. Die gleichfalls abgesackten und heruntergekommenen kleinen Häuser an der Ecke Prinsengracht/Westermarkt werden zwischen 1950 und 1953 von der Firma Berghaus aufgekauft. *»Diese Firma wollte auch unser Haus kaufen«*, schreibt Otto Frank um das Jahr 1960. *»Berghaus hatte vor, die Häuser abzureißen und dort einen Bürokomplex zu errichten. Wir befanden uns damals in einem großen Dilemma, denn wir wollten das Haus eigentlich behalten.«* Weil jedoch die Kosten für die Sanierung des Hauses sehr hoch und zum Teil unvorhersehbar waren, verfügte weder Otto noch die Firma Opekta über die erforderlichen Mittel. *»So musste ich schweren Herzens zustimmen, das Haus an Berghaus zu verkaufen«*, schreibt Otto Frank. Am 6. April 1954 ist der Verkauf eine Tatsache. Zum Kummer vieler droht die Abrissbirne. Proteste bleiben nicht aus.

»Wir wollten das Haus eigentlich behalten.« (Otto Frank)

»Wie könnte man Anne Franks Andenken besser in Ehren halten als dadurch, dass man dieses Haus, mit dem Amsterdams dunkelste Besatzungsjahre literarisch und historisch so unauflöslich verbunden sind, vor dem Abriss bewahrt.« (Gesellschaft für Geschichtskunde Amstelodamum an die Stadt Amsterdam, 1956)

1 Otto Frank, das Ehepaar Frances Goodrich, Albert Hackett und der Regisseur Garson Kanin in Annes Zimmer, Dezember 1954. Die Hacketts bearbeiten zu diesem Zeitpunkt Anne Franks Tagebuch für die Bühne. Am 6. Dezember 1954 reisen sie nach Amsterdam, so berichtet Frances Hackett-Goodrich in ihrem Tagebuch. Otto Frank persönlich führt sie durch das Haus. Im Auftrag des Regisseurs hält die Fotografin Maria Austria alle Details des Unterschlupfs fest: Türknäufe, Treppen, Spülbecken, Ofen und Fenster.

2 »Anne Franks ›Hinterhaus‹ wird abgerissen«, meldet die Tageszeitung »De Tijd« am 11. Dezember 1954 mit Wehmut.

3 1956 steht das Haus an der Prinsengracht 263 bereits seit einiger Zeit leer.

1

Dr. E. D. HIRSCH BALLIN
J. W. BROUWERSSTRAAT 30
AMSTERDAM-ZUID
DE TIJD 11 Dec '54

Anne Frank's „Achterhuis" wordt afgebroken

Plaats waar wereldberoemd dagboek werd geschreven

Drie titelbladen van het boek van de jeugdige Anne Frank, dat in vijftien talen werd vertaald.

(Van onze verslaggever)

„Vader, moeder en Margot kunnen nog steeds niet aan het geluid van de Westertorenklok wennen, die om het kwartier zegt hoe laat het is". Zo begon Anne Frank weer een nieuwe dag

de omgeving van meisje tot vrouw groeide, is in Nederland minder bekend dan in het buitenland. Het meisje begon haar dagboek op 12 Juni 1942, de dag dat zij dertien jaar werd. Zij schreef tot 1 Augustus 1944 alles wat in het achterhuis van het pand op de Prinsengracht gebeurde op. Haar visie was nog

Toen de Duitsers haar en haar
noten, onder wie haar vader, moe
zuster, meenamen, bleven die
schreven kladschriften achter.
Frank keerde na de oorlog w
las voor het eerst het dagboek va
dochter. Hij las alles wat er in d
derduikperiode was voorgevalle
alles wat zich in die rijpende m
ziel had afgespeeld. Zelf schreef
Frank van haar dagboek: „Ik zal
ik aan jou alles kunnen toevertr
zoals ik het nog nooit aan iemar
kund heb en ik hoop dat je een
steun voor me zult zijn".

Sinds 1947 is het boek in v
talen verschenen. Millioenen m
namen kennis van de lotgevallen
Achterhuis op de Prinsengrach
universiteiten van Amerika en
gebruiken de studenten in de p
logie het als studieboek. Bijna da
ontvangt de heer Frank brieve
diep ontroerde mensen uit alle
streken. Talloze buitenlandse
kers zijn de trap van het gracht
opgegaan en hebben gezien waar
Frank leefde en groter werd. D
tanjeboom achter in de tuin, de
sterrenfoto's die Anne aan de
had geplakt, alles waarmee de v
delingen door het boek vertrouw
geraakt. Streepjes op het behar
aanduiden hoe groot Anne w
werd en de kast met ordners
toegang naar het achterhuis verb

Binnenkort verschijnen de gesc
nissen uit het „Achterhuis". op
Yorkse toneelplanken. Binnenkor
zal men aanvangen met de slopin
het „Achterhuis".

In het vervolg zullen de vele v
delingen en de schaarse Amste
mers tevergeefs komen kijken.
het boek blijft.

2

3

Am 27. November 1956 hat das Theaterstück »Das Tagebuch von Anne Frank« in den Niederlanden Premiere. Tagebuch und Versteck werden immer bekannter. Jo Kleiman erhält von der Firma Berghaus einen Schlüssel, um Interessierte durch das Hinterhaus zu führen. Immer mehr Stimmen protestieren gegen den Abriss. Im Januar 1957 bietet die Stadtverwaltung von Amsterdam der Firma Berghaus ein Ersatzgelände an. Die Drohung des Abrisses ist abgewendet. Am 3. Mai 1957 wird die Anne Frank Stiftung gegründet. Ihr Ziel ist *»die Instandsetzung und, falls erforderlich, der Umbau des Hauses Prinsengracht 263 und insbesondere die Erhaltung des dazugehörigen Hinterhauses sowie die Verbreitung der Ideale, die der Welt in Anne Franks Tagebuch hinterlassen wurden«*, so heißt es in den Statuten. Otto Frank, der inzwischen in der Schweiz lebt, ist bei der Gründung zugegen. Im Vorstand wird er von Jo Kleiman vertreten. Die anderen Gründer und zugleich ersten Vorstandsmitglieder sind Truus Wijsmuller-Meijer, eine ehemalige Widerstandskämpferin, Floris Bakels, Verleger und Überlebender der Konzentrationslager, Jacob van Hasselt, ein Notar, Herman Heldring, der Direktor der KLM, und Ton Koot, der Sekretär des »Bond Heemschut« (Heimatschutzbund). Im Oktober 1957 schenkt die Firma Berghaus das Anne Frank Haus offiziell der Anne Frank Stiftung.

»Am Tag der Premiere war ich mit den Schauspielern noch in dem Haus. Als wir uns gerade im Zimmer der Familie van Pels befanden, wurde unten heftig an die Tür gehämmert. Es klang unheimlich und machte ihnen noch mehr bewusst, welche Ängste die Untergetauchten ausgestanden haben.« (Jo Kleiman, 2. Dezember 1956)

»Nachdem das Anne Frank Haus restauriert worden war, fragte man mich, ob die Zimmer wieder möbliert werden sollten. Aber ich antwortete: ›Nein‹. Während des Krieges wurde das Hinterhaus leergeräumt, und ich möchte es so lassen. Aber nach der Eröffnung des Hauses äußerten Besucher, dass sie die Zimmer sehr geräumig fänden. Ich erwiderte ihnen, sie hätten einen falschen Eindruck, und sagte: ›Vergessen Sie nicht die unerträgliche Spannung, die dort herrschte …‹
(Otto Frank, 24. Mai 1962)

1 Otto Frank mit Truus Wijsmuller-Meijer am 19. Juli 1957 vor dem Haus an der Prinsengracht, kurz nachdem die Schenkungsabsicht bekannt geworden war.

2 Jo Kleiman führt in den fünfziger Jahren viele Besucher durch das Haus.

3 Der Amsterdamer Künstler Anton Witsel fertigt im Hinterhaus Zeichnungen an, April 1958. Er protestiert

1

2

gegen den Abriss des Nachbarhauses, Prinsengracht 265. Durch diesen Abriss würde sich das Anne Frank Haus bedenklich senken. Das Haus Nummer 265 blieb erhalten und ist heute Teil des Museums.

3

Bei der Restaurierung in den Jahren 1958 und 1959 bleibt das Hinterhaus so weit wie möglich im ursprünglichen Zustand erhalten. Am 3. Mai 1960 wird das Haus offiziell eröffnet. Otto Franks Wunsch, auch das Vorderhaus im Originalzustand zu belassen, ließ sich nicht mit seinem Ideal vereinbaren, im Anne Frank Haus auch ein internationales Begegnungszentrum für Jugendliche zu schaffen. Zu diesem Zweck werden die Räume im Vorderhaus, das ehemalige Magazin und der Gewürz-Mahlraum zu einem Vortragssaal umgebaut. Die früheren Büros im ersten Stock und der alte Lagerraum im zweiten Stock werden für Ausstellungen und zur Dokumentation benutzt. Im Nachbarhaus sind Aufenthaltsräume und Büros untergebracht. Die alten Eckhäuser werden abgerissen. Die Stadt Amsterdam errichtet hier ein Studentenwohnheim. Im Sommer wohnen dort die Besucher der Jugendkonferenzen. Otto Frank ist ein regelmäßiger Besucher dieser Konferenzen im Anne Frank Haus, wo unterschiedliche Themen wie das Verhältnis Judentum - Christentum, Diskriminierung, Vorurteile und Krieg auf der Tagesordnung stehen. Im Hinterhaus werden Modelle der Räume aufgestellt, um den Besuchern einen Eindruck von der Situation im Haus während der Zeit des Untertauchens zu vermitteln. Die Besucher des Hauses werden so zahlreich (gut 180.000 im Jahr 1970), dass ein baulicher Eingriff notwendig wird. In den siebziger Jahren sind Ausstellungen über die Judenverfolgung von 1933 bis 1945 und über gegenwärtige Verletzungen der Menschenrechte zu sehen. Auf die erste Wanderausstellung über Antisemitismus Anfang der achtziger Jahre folgt 1985 die Ausstellung »Die Welt der Anne Frank, 1929-1945«. Diese Ausstellung zieht viele Besucher aus der ganzen Welt an. Die pädagogische Arbeit zu den Themen Anne Frank, Antisemitismus, Rassismus und Vorurteile weitet sich aus, national und international.

1 Eröffnung des Anne Frank Hauses am 3. Mai 1960. Links Otto Frank, rechts der Amsterdamer Bürgermeister van Hall.

2 Teilnehmer an einer internationalen Jugendkonferenz im Anne Frank Haus mit Otto und Fritzi Frank in ihrer Mitte, Mai 1969.

3 Das Studentenwohnheim an der Ecke Prinsengracht/Westermarkt. Im Sommer verlassen die Studenten ihre Zimmer, und die Teilnehmer der Jugendkonferenzen werden dort untergebracht.

1

2

3

COMENIUS

Anfang der neunziger Jahre erweist sich eine Erweiterung des Museums als notwendig, um die ständig wachsende Zahl der Besucher besser empfangen und sie über die Umstände, unter denen Anne Franks Tagebuch entstand, informieren zu können. Im November 1993 gibt die Stadt Amsterdam grünes Licht für das Projekt »Erhaltung und Zukunft des Anne Frank Hauses«. Während der umfangreichen Umbauarbeiten, die bis zum Sommer 1999 dauern, bleibt das Hinterhaus für Besucher geöffnet. Wo früher das Studentenwohnheim stand, wird ein neues Gebäude errichtet, entworfen vom Architektenbüro Benthem Crouwel. Das Nachbarhaus Prinsengracht 265 wird renoviert. Das Vorderhaus des Unterschlupf-Gebäudes wird weitgehend rekonstruiert und in den Zustand zurückversetzt, in dem es sich während der Zeit des Untertauchens befand. Die Helfer arbeiteten dort, und die Untergetauchten hielten sich außerhalb der Arbeitszeit auch oft dort auf. Die Fotos von Maria Austria bieten dabei gute Anhaltspunkte, ebenso die Bauzeichnungen aus dem Jahr 1957. Die Restaurierungsarbeiten werden vom Architektenbüro Verlaan und Bouwstra ausgeführt; Prof. Dr. Dipl.-Ing. C.L. Temminck Groll hat dabei eine beratende Funktion. Innenarchitektin Marijke van der Wijst entwirft die Museumseinrichtung und ist auch an der Restaurierung des Hauses beteiligt. Im Hinterhaus wird die noch vorhandene ursprüngliche Einrichtung konserviert. So erhält die Bilderwand im Zimmer von Anne Frank einen sicheren Schutz. Das gilt auch für die anderen Teile der originalen Tapete, mit den Wachstumsmarkierungen und der (aus einer Zeitung ausgeschnittenen) Karte der Normandie. Einige Dinge werden in den ursprünglichen Zustand zurückversetzt. Über dem originalen Drehregal, das den Zugang zum Hinterhaus verbirgt, hängt wieder die Karte von Belgien. Die alte Farbe der Holzverkleidungen, durch Farbproben festgestellt, wurde von neuem angebracht. Die Fenster sind wieder verdunkelt. »*Die Konservierung des Hinterhauses ist eine Summe von Details*«, konstatiert Professor Temminck Groll, »*Türknäufe, Lichtschalter, Vorhänge, Lampen, Tapete und Fußbodenbedeckung. Das ganze Haus Nummer 263 hat eine dunklere Atmosphäre erhalten. Die alten Farben im Hinterhaus dienten bei den Arbeiten im Vorderhaus als Vorbild. Auch hier herrscht nun mehr die Atmosphäre der vierziger Jahre; wir müssen sozusagen sehen können, wie die Untergetauchten an den Sonntagen und nach Feierabend im Haus umhergehen!*«

1 Modell der Einrichtung des Hinterhauses, angefertigt von J. Weiss (rechts) im Jahr 1961, anhand von Hinweisen von Otto Frank. Außer den Fotos von Maria Austria und den Bauzeichnungen bildeten auch diese Modelle

1

eine Informationsquelle für die Restaurierung in den neunziger Jahren.

2 Die Rekonstruktion der Büroetage, 1996.

3 Das »Instituut Collectie Nederland« (Niederländisches Institut für Kulturgut) untersucht die Bilderwand in Annes Zimmer im Zusammenhang mit der Konservierung, April 1999. Die Tapetenfragmente mit aufgeklebten Bildern sind original. Mit einer Replik davon, angefertigt von der Firma Rath & Doodeheefver, wurden die übrigen Wände im Hinterhaus erneut tapeziert.

»Restaurierung und Museumseinrichtung gehören zusammen. Der Besucher muss genau sehen können, was authentisch ist und was später hinzugefügt wurde. Darum haben wir später vorgenommene Durchbrüche zwischen den Häusern überall deutlich gekennzeichnet. Im Vorder- und Hinterhaus müssen die Besucher Raum bekommen, sich in die Zeit des Untertauchens zu versetzen. Die Zitate aus Anne Franks Tagebuch erläutern den Raum und die Gegenstände.« (Marijke van der Wijst, Gestalterin der Museumseinrichtung)

»Der Neubau des Anne Frank Hauses macht einen transparenten und offenen Eindruck, und das ist auch so beabsichtigt. Der typische Amsterdamer Grundriss, der ein Haus in ein Vorder- und Hinterhaus unterteilt und dazwischen einen Lichthof vorsieht, wurde bei der Realisierung des Neubaus beibehalten. Im Neubau kann der Besucher, der noch kurz zuvor der Vergangenheit Auge in Auge gegenüberstand, wieder zu Atem kommen. Der geräumige Ausstellungssaal ist für die aktuellen Themen geeignet, die das Anne Frank Haus ansprechen will.« (Mels Crouwel, Architekt des Neubaus)

2

3

»Ich sehe, wie die Welt langsam immer mehr in eine Wüste verwandelt wird, ich höre immer lauter den anrollenden Donner, der auch uns töten wird, ich empfinde das Leid von Millionen Menschen mit. Und doch, wenn ich zum Himmel schaue, denke ich, dass sich alles wieder zum Guten wenden, dass auch diese Grausamkeit aufhören, dass wieder Ruhe und Frieden in die Weltordnung kommen wird. Inzwischen muss ich meine Ideen hochhalten, in den Zeiten, die kommen, lassen sie sich vielleicht doch noch verwirklichen.« (Anne Frank, 15. Juli 1944)

Anhang

Bibliographie

- Frank, Anne
  Het Achterhuis. Dagboekbrieven 14 juni 1942 – 1 augustus 1944, Bert Bakker, Amsterdam, 1991
- Frank, Anne
  De Dagboeken van Anne Frank, Nederlands Instituut voor Oorlogsdocumentatie, Bert Bakker, 1986
- Frank, Anne
  Verhaaltjes en gebeurtenissen uit het Achterhuis, Bert Bakker, Amsterdam, 1986

- Barnouw, David
  Anne Frank voor beginners en gevorderden, Sdu, Den Haag, 1998
- Benz, Wolfgang, Hermann Graml und Hermann Weiß
  Enzyklopädie des Nationalsozialismus, Deutscher Taschenbuch Verlag, München, 1998
- Benz, Wolfgang (Hrsg.)
  Dimension des Völkermords, R.Oldenbourg Verlag, München, 1991
- Czech, Danuta
  Kalendarium der Ereignisse im Konzentrationslager Auschwitz-Birkenau 1939 - 1945, Rowohlt, 1989
- Gies, Miep und Leslie Anne Gold
  Herinneringen aan Anne Frank, Bert Bakker, Amsterdam, 1987
- Jäckel, Eberhard, Peter Longerich und Julius H. Schoeps (Hrsg.)
  Enzyklopädie des Holocaust, Argon, 1993
- Kolb, Eberhard
  Bergen-Belsen. Vom Aufenthaltslager zum Konzentrationslager 1943 - 1945, Sammlung Vandenhoeck, 1988
- Lee, Carol Ann
  Anne Frank 1929 – 1945, Pluk de rozen en vergeet mij niet, Balans, Amsterdam, 1998
- Levi, Primo
  De verdronkenen en de geredden, Meulenhoff, Amsterdam, 1986
- Lindwer, Willy
  De laatste zeven maanden, Gooi en Sticht, 1988
- Maarssen, Jacqueline van
  Anne en Jopie, Balans, Amsterdam, 1990
- Müller, Melissa
  Anne Frank – de biografie, Bert Bakker, Amsterdam, 1998
- Shapiro, Eda en Kardonne, Rick
  Victor Kugler – The Man Who Hid Anne Frank, His memoirs in his own words, 1996
- Schnabel, Ernst
  Spur eines Kindes, Fischer Taschenbuch Verlag, Frankfurt am Main, 1958
- Steen, Jürgen und Wolf von Wolzogen
  Anne aus Frankfurt, Historisches Museum, Frankfurt am Main, 1994
- Winter-Levy, Rosa de
  Aan de gaskamer ontsnapt, Misset, Doetinchem, 1945
- Anne Frank Stichting
  Anne Frank 1929 - 1979, Verlag Lambert Schneider, Heidelberg, 1979

Quellennachweis

pag 4 De Dagboeken van Anne Frank, 9 april 1944
12 Het Achterhuis, 20 juni 1942
Archief Anne Frank Stichting
14 Anne aus Frankfurt, 30
Spur eines Kindes, Ernst Schnabel, 13
Basler Magazin, 24. Februar 1979
16 Interview Otto Frank, Südwestfunk, 14. Juni 1979
Archief Anne Frank Stichting
20 Archief Anne Frank Stichting
Spur eines Kindes, Ernst Schnabel, 20
22 Het Achterhuis, 20 juni 1942
The man who hid Anne Frank, Eda Shapiro, 19
24 Archief Anne Frank Stichting
Basler Magazin, 24. Februar 1979
28 Het Achterhuis, 20 juni 1942
Spur eines Kindes, Ernst Schnabel, 49
30 Archief Anne Frank Stichting
Het Achterhuis, 20 juni 1942
32 Het Achterhuis, 20 juni 1942
Herinneringen aan Anne Frank, Miep Gies, 85
36 Anne en Jopie, Jacqueline van Maarsen, 87
Het Achterhuis, 20 juni 1942
38 De dagboeken van Anne Frank, 8 juli 1942 (A-versie)
Archief Anne Frank Stichting
40 Het Achterhuis, 9 juli 1942
Het Achterhuis, 11 juli 1942
46 Het Achterhuis, 9 juli 1942
Het Achterhuis, 11 juli 1942
50 Het Achterhuis, 11 juli 1942
Het Achterhuis, 25 september 1942
Het Achterhuis, 13 januari 1943
52 Het Achterhuis, 4 maart 1943
Het Achterhuis, 1 maart 1943
Archief Anne Frank Stichting
54 Het Achterhuis, 15 juni 1943
Het Achterhuis, 4 maart 1943
Het Achterhuis, 25 april 1943
Erklärung W.A. van Maaren, 31. März 1948
56 Het Achterhuis,12 maart 1943
Het Achterhuis, 20 oktober 1942
Het Achterhuis, 9 juli 1942
58 Het Achterhuis, 9 juli 1942
Het Achterhuis, 11 juli 1942
62 Het Achterhuis, 1 april 1943
Het Achterhuis, 21 september 1942
Het Achterhuis, 27 april 1943
Archief Anne Frank Stichting
66 Het Achterhuis, 8 juli 1944
Het Achterhuis, 13 juni 1944
Het Achterhuis, 27 september 1942
68 Het Achterhuis, 9 juli 1942
Het Achterhuis, 26 mei 1944
72 Het Achterhuis, 7 december 1942
Het Achterhuis, 28 januari 1944
Zettel mit Steno im Tagebuch von Anne Frank, bisher unveröffentlicht
Het Achterhuis, 7 november 1942
Victor Kugler, The Man Who Hid Anne Frank, Eda Shapiro, 1996
74 Het Achterhuis, 9 juli 1942
Het Achterhuis, 28 januari 1944
78 Het Achterhuis, 10 augustus 1943
Het Achterhuis, 28 januari 1944
Het Achterhuis, 26 mei 1944
80 Herinneringen aan Anne Frank, Miep Gies, 128
Het Achterhuis, 11 juli 1943
Het Achterhuis, 20 oktober 1942
Archief Anne Frank Stichting
82 Archief Anne Frank Stichting
Het Achterhuis, 27 februari 1943
Het Achterhuis, 5 augustus 1943
Het Achterhuis, 5 juli 1942
Het Achterhuis, 1 april 1943
Het Achterhuis, 21 september 1943
Het Achterhuis, 24 december 1943
84 Het Achterhuis, 9 augustus 1943
Het Achterhuis, 29 september 1943
Het Achterhuis, 1 oktober 1943
Rosita, februari 1960
88 Het Achterhuis, 29 september 1942
Het Achterhuis, 13 december 1942
Het Achterhuis, 13 december 1943
Het Achterhuis, 10 augustus 1943
90 Het Achterhuis, 8 juli 1942
Het Achterhuis, 19 november 1942
94 Archief Anne Frank Stichting
Het Achterhuis, 19 november 1942
Het Achterhuis, 27 november 1942
Het Achterhuis, 19 november 1942
96 Het Achterhuis, 3 oktober 1942
Het Achterhuis, 9 oktober 1942
Het Achterhuis, 28 januari 1944
Erklärung Victor Kugler vor der Polizei Amsterdam, 14. Januar 1948
Het Achterhuis, 3 februari 1944
98 Het Achterhuis, 9 juli 1942
Het Achterhuis, 21 augustus 1942
102 Het Achterhuis, 9 juli 1942
Het Achterhuis, 21 augustus 1942
Het Achterhuis, 20 oktober 1942
Het Achterhuis, 20 oktober 1942
106 Archief Anne Frank Stichting
Brief Bep Voskuijl an Otto Frank, 21. März 1951
Het Achterhuis, 5 augustus 1943
Het Achterhuis, 11 april 1944
Het Achterhuis, 11 april 1944
Het Achterhuis, 25 april 1944
108 Het Achterhuis, 8 juli 1942
Het Achterhuis, 11 november 1943
112 Het Achterhuis, 10 juli 1942
Het Achterhuis, 10 juli 1942
Het Achterhuis, 23 augustus 1943
Het Achterhuis, 28 november 1942
Het Achterhuis, 17 maart 1944
Het Achterhuis, 13 juni 1943
116 Het Achterhuis, 21 augustus 1942
Het Achterhuis, 5 augustus 1943
Het Achterhuis, 16 mei 1944
Het Achterhuis, 17 november 1943
Het Achterhuis, 14 oktober 1942
Het Achterhuis, 12 maart 1944
120 Het Achterhuis, 16 mei 1944
Het Achterhuis, 29 oktober 1942
Het Achterhuis, 2 april 1943
Het Achterhuis, 12 januari 1944
Het Achterhuis, 6 januari 1944
122 Het Achterhuis, 10 november 1942
Het Achterhuis, 7 november 1942
Het Achterhuis, 15 juli 1944

Het Achterhuis, 6 juni 1944
Het Achterhuis, 6 juni 1944
126 Het Achterhuis, 9 juli 1942
Het Achterhuis, 15 maart 1944
130 Het Achterhuis, 3 november 1943
Het Achterhuis, 11 juli 1942
Het Achterhuis, 4 augustus 1943
Het Achterhuis, 11 juli 1942
Het Achterhuis, 28 september 1942
132 Het Achterhuis, 28 januari 1944
Archief Anne Frank Stichting
Verhaaltjes en gebeurtenissen uit het Achterhuis,
24 december 1943
Het Achterhuis, 28 januari 1944
De Dagboeken van Anne Frank, 18 oktober 1942
136 Het Achterhuis, 10 november 1942
Het Achterhuis, 19 november 1942
Archief Anne Frank Stichting
Het Achterhuis, 19 november 1942
Het Achterhuis, 19 maart 1943
Het Achterhuis, 30 juni 1944
Het Achterhuis, 28 november 1942
Het Achterhuis, 16 mei 1944
138 Het Achterhuis, 6 april 1944
Het Achterhuis, 11 mei 1944
Het Achterhuis, 30 december 1943
Het Achterhuis, 18 april 1944
Het Achterhuis, 6 april 1944
Het Achterhuis, 5 april 1944
143 Het Achterhuis, 13 juli 1943
144 Het Achterhuis, 7 november 1942
Het Achterhuis, 4 augustus 1943
Het Achterhuis, 8 november 1943
Het Achterhuis, 24 december 1943
Het Achterhuis, 19 januari 1944
146 Het Achterhuis, 29 maart 1943
Het Achterhuis, 5 april 1944
Het Achterhuis, 14 april 1944
Het Achterhuis, 20 februari 1944
Het Achterhuis, 5 april 1944
148 Het Achterhuis, 9 juli 1942
Het Achterhuis, 23 augustus 1943
152 Het Achterhuis, 9 augustus 1943
Het Achterhuis, 19 februari 1944
Het Achterhuis , 9 mei 1944
Het Achterhuis, 5 februari 1943
Het Achterhuis, 25 maart 1943
Het Achterhuis, 4 augustus 1943
154 Het Achterhuis, 9 juli 1942
Het Achterhuis, 27 maart 1944
158 Het Achterhuis, 14 augustus 1942
Verhaaltjes en gebeurtenissen uit het Achterhuis,
4 augustus 1943
Verhaaltjes en gebeurtenissen uit het Achterhuis,
4 augustus 1943
Het Achterhuis, 17 november 1942
Het Achterhuis, 27 september 1942
160 Het Achterhuis, 16 mei 1944
Het Achterhuis, 9 augustus 1943
Het Achterhuis, 10 december 1942
Het Achterhuis, 31 maart 1944
Het Achterhuis, 2 mei 1943
162 Het Achterhuis, 10 december 1942
Het Achterhuis, 28 september 1942
Het Achterhuis, 9 augustus 1943
Het Achterhuis, 27 april 1944
Het Achterhuis, 21 september 1942

164 Het Achterhuis, 5 augustus 1943
Het Achterhuis, 16 mei 1944
Het Achterhuis, 16 september 1943
Het Achterhuis, 17 oktober 1943
166 Het Achterhuis, 9 november 1942
Het Achterhuis, 14 maart 1944
Het Achterhuis, 30 december 1943
Het Achterhuis, 28 januari 1944
168 Het Achterhuis, 4 augustus 1943
Het Achterhuis, 10 maart 1943
170 Verhaaltjes en gebeurtenissen uit het Achterhuis,
22 februari 1944
Het Achterhuis, 9 november 1942
174 Het Achterhuis, 14 augustus 1942
Het Achterhuis, 9 november 1942
Het Achterhuis, 25 september 1942
Het Achterhuis, 6 januari 1944
176 Het Achterhuis, 16 maart 1944
Het Achterhuis, 2 maart 1944
Het Achterhuis, 3 maart 1944
Het Achterhuis, 28 maart 1944
Het Achterhuis, 10 maart 1943
Het Achterhuis, 23 februari 1944
180 Het Achterhuis, 1 april 1944
Het Achterhuis, 16 april 1944
Het Achterhuis, 17 april 1944
Het Achterhuis, 2 mei 1944
182 Het Achterhuis, 19 mei 1944
Het Achterhuis, 13 juni 1944
Het Achterhuis, 15 juli 1944
184 Erklärung Kleiman
Spur eines Kindes, Ernst Schnabel, 103, 105, 107, 108
186 Archief Anne Frank Stichting
Victor Kugler, The man who hid Anne Frank,
His memoirs in his own words, Eda Shapiro, 1996
De Dagboeken van Anne Frank, 53 en 54
190 Het Achterhuis, 9 oktober 1942
192 Victor Kugler, The man who hid Anne Frank,
His memoirs in his own words, Eda Shapiro, 1996
194 'So you will remember'– A mother writes to her
children, Rose Judy Deliema, 1982, 51
'Anne Frank remembered', Dokumentarfilm
'Anne Frank remembered', Dokumentarfilm
196 'Anne Frank remembered', Dokumentarfilm
'De laatste zeven maanden', Willy Lindwer, 158
198 'Ich will Versöhnung', Otto Frank in Welt am
Sonntag, 4. Februar 1979
200 'Ich will Versöhnung', Otto Frank in Welt am
Sonntag, 4. Februar 1979
Fritzi Frank-Markovits, 14. Dezember 1990
204 'De laatste zeven maanden', Willy Lindwer, 142/143
Archief Anne Frank Stichting
'Aan de gaskamer ontsnapt', Rosa de Winter-Levy,
1945, 24
'Aan de gaskamer ontsnapt', Rosa de Winter-Levy,
1945, 26 e.v.
206 Archief Anne Frank Stichting
'De laatste zeven maanden', Willy Lindwer, 117/118
208 'Anne Frank remembered', Documentary
Archief Anne Frank Stichting
210 'De laatste zeven maanden', Willy Lindwer, 122
212 Brief Max Stoppelman an die Anne Frank Stichting,
9. August 1990
214 Otto Frank in einem Brief an seine Mutter, zitiert
aus: Pluk de rozen en vergeet mij niet, Anne Frank
1929 – 1945, Carol Ann Lee, 228
Archief Anne Frank Stichting

Otto Frank in einem Brief an seine Mutter, zitiert
aus: Pluk de rozen en vergeet mij niet, Anne Frank
1929 – 1945, Carol Ann Lee, 228
Otto Frank an Milly Stanfield, 7. Juli 1945
Otto Frank an Milly Stanfield, 27. Juli 1945
Otto Frank an Milly Stanfield, 26. August 1945
216 Het Achterhuis, 11 mei 1944
218 Het Achterhuis, 12 juni 1942
220 Het Achterhuis, 21 september 1942
De Dagboeken van Anne Frank, 18 april 1944
Het Achterhuis, 7 augustus 1943
222 Het Achterhuis, 5 april 1944
Het Achterhuis, 17 februari 1944
Het Achterhuis, 18 april 1944
Het Achterhuis, 17 februari 1944
224 Verhaaltjes en gebeurtenissen uit het Achterhuis,
23 april 1944
Het Achterhuis, 25 april 1944
Het Achterhuis, 9 mei 1944
Het Achterhuis, 21 april 1944
226 Het Achterhuis, 29 maart 1944
Het Achterhuis, 5 april 1944
Het Achterhuis, 11 mei 1944
228 De Dagboeken van Anne Frank, 20 mei 1944
De Dagboeken van Anne Frank, 24 december 1943
(A-versie)
De Dagboeken van Anne Frank, 24 december 1943
(B-versie)
230 Het Achterhuis, 25 maart 1944
232 'Over jou schrijf ik ook', Herinneringen van Miep
Gies aan Anne Frank, Dokumentarfilm der Anne
Frank Stichting, 1998
Otto Frank in einem Brief an seine Mutter, zitiert
aus: Pluk de rozen en vergeet mij niet, Anne Frank
1929 – 1945, Carol Ann Lee, 259
Otto Frank in einem Brief an seine Schwester,
26. September 1945 (Sammlung Buddy Elias)
Otto Frank in einem Brief an seine Mutter,
30. September 1945 (Sammlung Buddy Elias)
Otto Frank in einem Brief an seine Mutter, zitiert
aus: Pluk de rozen en vergeet mij niet, Anne Frank
1929 – 1945, Carol Ann Lee, 259
De Dagboeken van Anne Frank, RIOD, 73
Brief von Otto Frank an Milly Stanfield,
16. September 1945
De Dagboeken van Anne Frank, RIOD, 77
Otto Frank in: Pluk de rozen en vergeet mij niet,
Anne Frank 1929 – 1945, Carol Ann Lee, 267
234 Het Parool, 3 april 1946
236 E.C. Farrell, 'Postscript to a diary', in: The Globe
Magazine, 6 maart 1965
Archief Anne Frank Stichting
Rabbi David Soetendorp in: 'Diary – journal of the
Anne Frank Educational Trust UK', 1997, 3
Anne Frank, 1929 - 1979, Keesing Boeken b.v., 1979
238 Brief von Otto Frank an alle Beteiligten des
Theaterstücks, 1955
Anne Frank voor beginners en gevorderden,
David Barnouw, 45
242 Primo Levi, De verdronkenen en de gereddenen,
Meulenhoff, Amsterdam, 1986, 52
Nelson Mandela bei der Eröffnung der Ausstellung
'De wereld van Anne Frank 1929 – 1945' in Johannes-
burg (Südafrika), 15. August 1994
Laureen Nussbaum, 'Anne Frank, From Shared
Experiences to a Posthumous Literary Bond' in:
Oregon Journal of English XXI, I (Spring), pp. 5-10

John F. Kennedy, 'Kennedy, Praising Anne Frank, Warns of New Nazi-Like Peril' in: The New York Times, 20 september 1961
Vaclav Havel bei der Eröffnung der Ausstellung 'De wereld van Anne Frank 1929 – 1945' in Prag (Tschechien), 14. Juni 1994
Yehuda Lev, 'Revisiting our annexes' in: The Jewish Journal of Los Angeles, 31. März 1995
244 Otto Frank in Brief an Jo Kleiman 23. Juni 1957
246 Archief Anne Frank Stichting
248 Archief Anne Frank Stichting
Brief Amstelodamum an die Stadt, zitiert in: MJ Rijnders, gesch. AFS 0.4
250 Jo Kleiman in Brief an Otto, 2. Dezember 1956
Zitat Otto Frank aus Zeitungsausschnitt über Raummodell, 24. Mai 1962, Zeitung unbekannt
254 Archief Anne Frank Stichting
256 Het Achterhuis, 15 juli 1944

Decknamen

Als Anne Frank ihr Tagebuch mit der Absicht, es später zu veröffentlichen, umschreibt, gibt sie allen Hauptpersonen ein Pseudonym. Otto Frank behält einen Teil dieser Decknamen in der Ausgabe von 1947 bei. In der wissenschaftlichen Ausgabe von 1985 werden alle wirklichen Namen veröffentlicht. In der neuen Version von 1991 behalten nur die Untergetauchten ihre Decknamen. Die Helfer jedoch bekommen wieder ihren eigenen Namen. In diesem Katalog haben alle Beteiligten ihren eigenen Namen.

Wirklicher Name	Deckname
Anne Frank	Anne Frank
Margot Frank	Margot Frank
Otto Frank (»Pim«)	Otto Frank
Edith Frank	Edith Frank
Hermann van Pels	Herr van Daan
Auguste van Pels	Frau van Daan
Peter van Pels	Peter van Daan
Fritz Pfeffer	Herr Dussel
Jo Kleiman	Herr Koophuis
Victor Kugler	Herr Kraler
Bep Voskuijl	Elli Vossen
Johan Voskuijl	Herr Vossen
Miep Gies	Miep van Santen
Jan Gies	Henk van Santen

Fotonachweis

Abkürzungen

AB	Allard Bovenberg, Amsterdam
AFF	Anne Frank Fonds, Basel
AFS	Anne Frank Stichting, Amsterdam
AKG	Archiv für Kunst und Geschichte, Berlin
AN	Arnold Newman
ANP	Algemeen Nederlands Persbureau
AR	Algemeen Rijksarchief
BA	Bundesarchiv, Koblenz
BPK	Bildarchiv Preußischer Kulturbesitz, Berlin
BR	M.Chagall, Anne Frank, 1999 c/o Beeldrecht, Amstelveen
CS	Caroline Schröder
Coll.vB	Sammlung Van Beusekom
Coll.D	Sammlung Deliema
Coll.G	Sammlung Gies
Coll.S	Sammlung Schloss
Coll.Si	Sammlung Silverberg
Coll.So	Sammlung Souget
Coll.St	Sammlung Stanfield
Coll.V	Sammlung Visser
Coll.dW	Sammlung de Winter
Coll.vW	Sammlung Van Wijk
Coll.W	Sammlung Wijnberg
DS	Dineke Stam
EvZ	Egbert van Zon
GA	Gemeentearchief, Amsterdam
GB	Gon Buurman
GBW	Galerie Bilderwelt, Berlin
GD	Gedenkstätte Dachau, München
GL	Gerechtelijk Laboratorium, Rijswijk
GN	Gedenkstätte Neuengamme
HNP	Harry Naef Pressebilder, Zürich
IS	Institut für Stadtgeschichte, Frankfurt am Main
IWM	Imperial War Museum, London
JH	Juul Hondius
KB	Karel Bönnekamp
KLM	KLM Aerocarto
LH	Linda Hirsch
MA	Maria Austria Instituut, Amsterdam
MDR	Museum of the Danish Resistance 1940-1945
ME	Marie Ellifritz
MJR	Marie-José Rijnders
MV	Maarten van de Velde
NA	National Archives, Washington DC
NFA	Nederlands Fotoarchief, Rotterdam (Violette Cornelius)
NRK	Informatiebureau Nederlandse Rode Kruis, coll. Oorlogsarchief
NIOD	Nederlands Instituut voor Oorlogsdocumentatie, Amsterdam
PC	Privatsammlung
PL	P. Lust
PMO	Panstwowe Muzeum Oswiecim
SF	Spaarnestad Fotoarchief
SO	Sovfoto/Eastfoto, New York
TMM	Terezin Memorial Museum
USHMM	United States Holocaust Memorial Museum, Washington DC
VM	Verzetsmuseum Amsterdam
W	Erven H.J. Wijnne
WB	Herinneringscentrum Kamp Westerbork, Westerbork
YV	Yad Vashem, Jeruzalem
Yivo	Yivo Institute for Jewish Research, New York

Die mit p beginnenden Angaben in blauer Schrift beziehen sich auf das Porträtfoto am Anfang der jeweiligen Seite. Diese Veröffentlichung enthält Fotos, deren Ursprung nicht mit Sicherheit ermittelt werden konnte. Sollte jemand ein ihm gehörendes Foto entdecken, wird er gebeten, sich mit dem Anne Frank Haus in Verbindung zu setzen.

pag 4		AFF/AFS
10	1	AFF/AFS
12	2	PC/Fraifeld
	3	AFF/AFS
	p	AFF/AFS
		IS
		BPK
14	4	AFF/AFS
	5	PC/Elias
	6	PC/Fraifeld
	p	AFF/AFS
		BPK
		AFS
16	7	AFF/AFS
	8	AFF/AFS
	9	AFF/AFS
	p	AFF/AFS
		AKG
		NIOD
18	10	AFF/AFS
19	11	AFF/AFS
20	12	AFF/AFS
	13	AFF/AFS
	14	AFS (AB)
	p	AFF/AFS
		NIOD
		IS
22	15	AFS/Coll.vB
	16	AFS (AB)
	17	AFF/AFS
	p	AFS/Coll.V
		BA
		NIOD
24	18	AFF/AFS
	19	AFF/AFS
	20	PC
	p	PC/v.Creveld
		NIOD
		NIOD
26	21	AFF/AFS
28	22	AFF/AFS
	23	AFF/AFS
	24	AFS
	p	AFS
		BPK
		NIOD
30	25	AFF/AFS
	26	AFF/AFS
	27	AFF/AFS
	p	AFF/AFS
		BPK
		SF
32	28	AFF/AFS
	29	AFF/AFS
	30	AFS/Coll.G
	p	AFS/Coll.G
		NIOD
		AFS (AB)
34	31	AFS/Coll.G
36	32	AFS (AB)
	33	AFS (AB)
	34	AFF/AFS
	35	AFF/AFS
	p	AFS (GB)
		BPK
		BPK
38	36	AFF/AFS
	37	KLM
	38	AFS/Coll.S
	p	AFS/Coll.Si
		VM
		NIOD (A.Wijnberg)
40	39	MA
	40	MA
42		AFF/AFS
		AFS/Coll.G
		AFS/Coll.V
43		AFS (MV)
		AFS (MV)
48		AFS (AB)
50	1	AFS
	2	MA
	3	AFS (AB)
	4	AFS (AB)
	5	AFS (AB)
52	1	MA
	2	AFS (AB)
	3	AFS (AB)
	4	AFS (PL)
	5	AFS/Coll.W
	p	AFS (GB)
54	1	AFS (AB)
	2	MA
	3	AFS
	p	AFS
56	1	AFS (AB)
	2	AFS
	3	AFS (AB)
	4	MA
	5	AFS (AB)
60		AFS (AB)
62	1	MA
	2	AFS (AB)
	3	AFS (AB)
64		MA
65		AFS (AB)
66	1	AFS (AB)
	2	MA
	3	AFS (AB)
70		AFS (AB)
72	1	AFS (AB)
	2	AFS (AB)
	3	AFS (AB)
	p	AFS/Coll.V
76		AFS (AB)
78	1	AFS/Coll.vW
	2	AFS (AB)
	3	AFS (AB)
	4	AFS/Coll.V
80	1	AFS/Coll.G
	2	PC/v.Hoeve
	3	PC/v.Hoeve
	4	AFS (AB)
	5	AFS/Coll.G
	6	AFS/Coll.G
	p	CS
82	1	AFS (AB)
	2	AFS (AB)
	3	MA
	4	AFS (AB)
	p	AFS/Coll.V
84	1	AFS/Coll.G
	2	AFS/Coll.vW
	3	AFS/Coll.G

p AFS/Coll.vW
86 AFS (AB)
88 AFS (AB)
92 AFS (AB)
94 1 MA
2 NIOD
3 AFS/Coll.So/W
4 AFS/Coll.So
p AFS (GB)
96 1 NIOD
2 KB (VM)
3 NFA
4 NIOD
5 AFS (AB)
100 AFS (AB)
102 1 AFS (PL)
2 AFS (AB)
3 MA
4 MA
5 AFS (AB)
104 MA
105 AFS (AB)
106 1 AFS (AB)
2 MA
p AFS/v.d.Vennen
110 AFS (AB)
112 1 MA
2 AFS (AB)
3 AFS (PL)
114 AFF/AFS
115 AFS (MV)
116 1 AFS (AB)
2 AFF/AFS
3 AFS (AB)
4 AFS (AB)
5 AFS (AB)
118 AFF/AFS
119 AFF/AFS
120 1 AFF/AFS
2 AFS (AB)
3 AFS (AB)
122 1 AFF/AFS
2 AFS (AB)
124 AFS (MV)
125 MA
128 AFS (AB)
130 1 MA
2 MA
3 AFS (AB)
132 1 AFS
2 AFS
3 AFS
4 AFS
5 AFS
6 AFS
7 AFS
8 AFS
9 AFS (AB)
10 AFS (AB)
134 AFS (MV)
136 1 AFS
2 AFS
3 AFS (AB)
4 AFS (AB)
5 AFS (AB)
138 1 AFS (AB)
2 AFS
3 AFS
4 AFS
5 AFS
6 AFS
7 AFS (AB)
8 AFS (AB)
140 AFS (MV)
142 1 AFS (AB)
2 AFS (AB)
144 AFS (AB)
146 1 AFS (AB)
2 AFS (AB)
3 AFS (AB)
150 AFS (AB)
152 1 MA
2 AFS (AB)
3 AFS (AB)
4 AFS (AB)/Coll.G
5 MA
156 AFS (AB)
158 1 MA
2 AFS (AB)
3 AFS (AB)
160 1 AFS/Coll.G
2 AFS (AB)/Coll.G
3 AFS (AB)
4 MA
162 1 AFS (AB)
2 AFS (AB)/Coll.G
3 AFS (AB)
4 AFS (AB)
164 1 AFS (AB)
2 MA
3 MA
166 1 MA
2 AFS (AB)
3 AFS (AB)/Coll.G
4 AFS (AB)/Coll.G
168 AFS (AB)
172 AFS (AB)
174 1 MA
2 AFS (AB)
3 AFS (AB)
4 MA
176 1 AFS (AB)
2 AFF/AFS
3 AFF/AFS
178 MA
179 MA
180 1 AFS (AB)
2 AFS (AB)
3 AFS (AB)
4 AFS (AB)
182 AFF/AFS
183 AFS (AB)
187 AFS
192 1 NIOD
2 NRK
3 AFS (AB)/Coll.V
4 NIOD
5 NRK
6 AFS (AB)/Coll.V
7 NRK
194 1 NIOD
2 NIOD
3 NIOD
4 WB
5 NRK
196 1 NRK
2 AFS (AB)/Coll.dW
3 NIOD
4 NIOD
5 WB
198 YV (USHMM)
200 1 NRK
2 NIOD
3 BPK
4 YV (USHMM)
202 1 NRK
2 GN
3 GN
4 NIOD (USHMM)
5 MDR (GN)
6 NRK
204 1 NRK
2 YV (USHMM)
3 SO
4 NIOD
5 PMO
206 1 NRK
2 NIOD
3 NIOD
4 NIOD
208 1 NRK
2 IWM
3 AFS (GB)
4 IWM
210 1 NRK
2 NRK
3 TMM (USHMM)
4 Yivo (USHMM)
5 NIOD
212 1 NRK
2 GD
3 NRK
4 NRK
5 NA
6 USHMM (ME)
214 1 NRK
2 AFS/Coll.D
3 GBW
4 AFS
5 AFS
6 AFS (AB)/Coll.G
7 AFS (AB)/Coll.St
218 AFS (AB)
220 1 AFS (AB)
2 AFS (AB)
3 AFS (AB)
4 AFS (AB)
5 AFS (AB)
6 AFS (AB)
222 1 AFS (AB)
2 AFS (AB)
3 AFS (AB)
224 1 AFS (AB)
2 AFS (AB)
3 AFS (AB)
226 1 NIOD
2 KLM
3 AFS (AB)
228 1 AFS (AB)
2 AFS (AB)
232 1 MA
2 PC/Elias
3 AFS (AB)/Coll.St
4 AFS
234 1 AFS (AB)
2 AFS (AB)
3 AFS (AB)
4 AFS
236 1 AFS (AB)
2 AFS (AB)
3 AFS (AB)
4 HNP
238 1 MA
2 AFS
3 AFS
4 AFS
5 SF
6 AN
240 1 AFS (AB)
2 LH
3 AFS (AB)
4 GL
5 AFS (AB)
242 1 AFS (JH)
2 AFS
3 AFS (AB)
4 AFS (AB)
5 BR
6 AFS
246 1 MA
2 KLM
248 1 MA
2 AFS (AB)
3 MA
250 1 ANP (GA)
2 MA
3 AFS
252 1 AR (GA)
2 EvZ
3 GA
254 1 AFS
2 AFS (MJR)
3 AFS (DS)
256 KLM

Impressum

Eine Ausgabe des S. Fischer Verlags,
Frankfurt am Main, 2004

Herausgabe und Produktion Anne Frank Stichting, Anneke Boekhoudt, Nico de Bruijn, Mieke Sobering
Zusammenstellung und Redaktion Anne Frank Stichting, Menno Metselaar, Ruud van der Rol und Dineke Stam
Endredaktion Hansje Galesloot
Übersetzung Waltraud Hüsmert
Fotoarchiv Anne Frank Stichting, Yt Stoker
Illustration Eric van Rootselaar
Korrektur Mirjam Gerretzen
Layout Beukers Scholma, Haarlem
Umschlaggestaltung und Einband Yellowstone Ltd.
Lithographie Grafisch Produktie Bureau, Lia Durrer
Mit Dank an J.J. van Borssum Waalkes, Max van Creveld, Sally Deliema, Buddy Elias, Ed Fraifeld, Henry Giersthove, Miep Gies, Paul Gies, Stef van Hoeve, Gertrud Naumann, Arnold Newman, Jacqueline Sanders, Eva Schloss, Edmond Silverberg, Sonja Souget, W.F. van Tellingen, Marijke Witsel, M. Wijnne-Rouma

Printed in China

ISBN 3-10-076715-2

Neueinrichtung Anne Frank Haus Anne Frank Haus, Wouter van der Sluis, Gerrit Netten
Requisiten Neueinrichtung David Peters, NOB requisieten, Rein van der Pol
Fotografie Neueinrichtung Allard Bovenberg

S. Fischer Verlag
www.fischerverlage.de

Anne Frank House
Prinsengracht 263, Amsterdam
P.O. Box 730, 1000 AS Amsterdam
The Netherlands
www.annefrank.nl